RAPPORT SUR L'ÉTAT DES SERVICES PUBLICS

Collectif Nos services publics

RAPPORT SUR L'ÉTAT DES SERVICES PUBLICS

Préface d'Anicet Le Pors

ÉQUATEURS

ISBN 978-2-3828-4707-7.

Dépôt légal : janvier 2024.

170 *bis*, boulevard du Montparnasse, 75014 Paris.

editions-des-equateurs@orange.fr
www.editionsdesequateurs.fr

Sommaire

Préface d'Anicet Le Pors

Chaque pays éprouve de manière singulière la crise générale aux multiples dimensions que connaît notre époque, en raison de son histoire, de son développement, de sa localisation, de ses perspectives. En France, les services publics occupent une position stratégique en raison de leur importance dans l'organisation de l'État et de l'administration, des modèles économiques et sociaux pratiqués, de la culture du service public ancrée dans la population, d'une théorisation ancienne des concepts associés. Ainsi, le vice-président du Conseil d'État a-t-il pu confirmer la plus haute juridiction administrative de notre pays comme « maison du service public ». Mais, aujourd'hui, nos services publics rencontrent de graves difficultés et connaissent une forte dégradation qui inquiète et mécontente légitimement la population, décourage les fonctionnaires et les autres agents publics. Aussi, lorsque surgissent, dans ce contexte pessimiste, des analyses de qualité conduites par un collectif jeune, constitué d'acteurs compétents et transpartisans, les médias de toutes orientations ne peuvent qu'accueillir la nouvelle avec intérêt. C'est un événement.

Le diagnostic dégagé par l'étude menée par le collectif Nos services publics (NSP) montre, comme c'est souvent le cas, que c'est avec des idées simples que l'on fait des politiques publiques efficaces. Il faut pour cela que les finalités et les objectifs qui leur correspondent soient clairement identifiés, solidement étayés et mis en cohérence de façon convaincante. C'est la démarche retenue par le collectif Nos services publics sur la base de cinq études sectorielles d'importance significative (santé, éducation, transports, justice et sécurité, fonctionnement et financement). La synthèse globale s'établit ainsi clairement de la manière suivante. Le centre de la réflexion sur la politique des services publics doit se situer dans le champ des besoins sociaux et non dans celui des moyens, notamment des dotations budgétaires comme c'est généralement le cas aujourd'hui. C'est un choix pertinent, mais qui peut présenter de sérieuses difficultés d'évaluation des valeurs d'usage et des effets externes. En face de cette évaluation des besoins, qui doit être un préalable, celle des moyens doit évidemment être poursuivie et améliorée. Mais comme le soulignent les auteurs, ce n'est pas leur croissance lente, parfois déniée, qui doit principalement retenir l'attention, mais le fait que la croissance des moyens est inférieure à celle des besoins sociaux et que l'écart entre les deux évolutions est croissant au cours des quarante dernières années. Il s'ensuit que la précarité des couches les plus pauvres de la population s'accroît, tandis que de nouvelles opportunités lucratives s'ouvrent pour le secteur privé.

À la question soulevée par le collectif NSP sur ce que l'état de nos services publics dit de la France, il est possible d'apporter des réponses : tout en conservant majoritairement sa confiance dans le service public, la population souffre des dysfonctionnements, des insuffisances de ces services ; les fonctionnaires ont le sentiment d'un déclassement social, en raison de l'abaissement de leur pouvoir d'achat et de conditions de travail souvent dégradées, ce qui entraîne une perte d'attractivité de leurs emplois ; tout cela pèse sur le moral de la nation en participant d'une crise systémique plus générale. Le diagnostic sérieusement établi ayant été peu contesté, la question de l'avenir de nos services publics devient incontournable.

Le collectif NSP a choisi de placer son analyse de l'évolution des services publics dans le temps long, limité pour les besoins propres de l'initiative aux dernières décennies dans la perspective des prochaines. Dans le même esprit, on peut développer la réflexion sur plusieurs siècles, ce qui permet d'identifier trois tendances lourdes de nature à éclairer le présent. C'est ainsi que l'on peut, à cette échelle, caractériser une sécularisation et une autonomisation de l'appareil d'État et de ses administrations depuis la fin du Moyen Âge. On peut aussi relever, en dépit des nombreuses exceptions qu'évoquent les études sectorielles, la socialisation des besoins ainsi que celle des moyens de fonctionnement et de financement. Couronnant l'ensemble, on observe une maturation permanente de concepts, de valeurs, de principes qui nous sont aujourd'hui familiers : intérêt général, service public, fonction publique. Il existe donc bien un déterminisme historique des services publics et nous débattons encore aujourd'hui de problèmes déjà abordés dans un passé lointain. Ainsi, par exemple, à la fin du XVIe siècle, Michel de Montaigne distingue le service public, reposant selon lui sur l'allégeance à un protecteur, du service privé qu'il préfère, fondé sur la responsabilité individuelle dans l'exercice de la charge. La Révolution française supprime la vénalité des charges octroyées sous l'Ancien Régime et met l'accent pour l'accès aux emplois publics sur la capacité, le mérite, les vertus et les talents. À la fin du XIXe siècle, l'École française du service public, dite aussi École de Bordeaux, dégage les composantes majeures du service public : une mission d'intérêt général, une personne morale de droit public, un droit et un juge administratifs, la couverture par l'impôt et non par les prix. L'un des principaux représentants de ce mouvement, Léon Duguit, définit alors l'État comme une coopération de services publics. Bernard Stirn considère aujourd'hui que cette époque fut « l'âge d'or » du service public. Mais, en même temps, la fonction publique de l'État est alors gérée selon un modèle hiérarchique autoritaire où les gouvernants menacent régulièrement les fonctionnaires de leur appliquer un statut contraignant, dénoncé comme statut-carcan par les intéressés dont les représentants réclament la conclusion d'un contrat collectif. Nos services publics ont ainsi forgé leurs constantes à travers des séquences très diverses : permanences et contradictions, les deux dimensions dont il convient de tenir compte dans l'analyse.

La priorité conférée par le collectif NSP au débat sur les besoins sociaux plutôt que sur les moyens change le regard de l'analyste. Elle nous engage également à repenser la dialectique besoins-moyens, qui invite à réfléchir sur la pertinence des moyens destinés à répondre à telle ou telle catégorie de besoins du service public. La dépense publique et les effectifs des services ne sont pas les seuls moyens à prendre en considération. À titre d'exemple, un choix qui pourra sans doute apparaître extrême, on peut citer le point 9 du Préambule de la Constitution de 1946 aux termes duquel : « Tout bien, toute entreprise, dont l'exploitation a ou acquiert le caractère d'un service public ou d'un monopole de fait, doit devenir propriété de la collectivité. » Moyen radical, certes, mais qu'on ne saurait écarter par principe. Certains se souviendront peut-être que la principale question débattue au cours des années 1970 qui devaient conduire à l'alternance politique de 1981 était de savoir quel seuil minimum de nationalisation il convenait de réaliser pour « changer de cap » pour certains, voire « changer la vie » pour les plus ambitieux ! D'autres types de moyens pourraient d'ailleurs être évoqués et participer à cette rétrodéfinition des moyens du service public comme les différentes formes d'établissements publics, de conventions, de délégation de service public, etc. Ces moyens devraient relever de la loi et non du « droit souple » (*soft law*), faiblement normatif, que tentent de promouvoir les tenants de l'économie et de la société de marché. Par là, la réflexion se déplace sur le terrain de l'État de droit en intégrant la question institutionnelle et celle de la citoyenneté. On ne peut concevoir de service public de qualité répondant à son objet, la poursuite de l'intérêt général, sans citoyennes et citoyens conscients et organisés, et, inversement, il ne peut y avoir de citoyenneté active sans que soient créées par les services publics les conditions de l'égalité et de la responsabilité. La perte de sens qui résulte de l'affaiblissement des idéologies messianiques du XXe siècle et la multiplication des crises du début du XXIe siècle ne facilitent pas le développement de cette autre dialectique.

Si les mouvements sociaux conservent une vitalité appréciable, c'est le pessimisme qui domine dans l'opinion publique, débouchant sur différentes formes de renoncement : résignation, option de substitution, colère déclamatoire. Le pessimisme est un confort malsain. Le mérite du collectif Nos services publics, animé par des figures renouvelées de « fonctionnaires citoyens », c'est donc d'abord d'avoir défini une méthode et traité rationnellement la réalité des services publics et des moyens qui leur sont actuellement affectés. C'est ensuite d'avoir su dégager des conclusions fortes traduites sous forme de messages adressés aux citoyens et citoyennes, pour être débattus sans condition d'affiliation partisane. C'est enfin d'avoir le courage d'affronter le conformisme autoritaire ambiant pour conjurer une nouvelle trahison des clercs et ouvrir la voie d'un « nouvel âge d'or » du service public.

Synthèse

Remerciements

Ce rapport est le fruit d'un long travail collectif qui n'aurait pas été possible sans la contribution, à tous moments, des regards riches et toujours précieux des nombreuses personnes qui ont accepté de partager de leur temps et leur expertise pour cette aventure. Nous remercions ici chaleureusement celles qui ont accepté d'être mentionnées, mais aussi toutes celles qui ne l'ont pas souhaité. Elles ne sauraient être comptables d'éventuelles erreurs ou désaccords qui subsisteraient et qui sont de la seule responsabilité du collectif Nos services publics. La richesse du rapport leur est en revanche entièrement due.

Marc Abadie • Annabelle Allouch • Pascal Angers • Fanny Arav • Thomas B. • Godefroy Beauvallet • Charlotte Becquart-Rousset • Farida Belkhir • Nejma Benmalek • Saïd Benmouffok • Henri Bergeron • Aurélien Bigo • Yannick Blanc • Arnaud Bontemps • Claire Bornais • Fiorella Bourgeois • Yann Briand • André Broto • Johanna Buchter • Lucie Castets • Raphaël Chambon • Clémence Chapelle • Pierre-Emmanuel Charon • Sigrid Claviéras • Laurence De Cock • Vincent D. • Jean-Paul Delahaye • Anne-Laure Delatte • Nathan Delavictoire • Oriane Delivré • Maÿlis Dupont • François Ecalle • Guillaume Faburel • Johan Faerber • Gregory Frackowiak • Djéhanne Gani • Elvire Guillaud • Marie H. • Prune Helfter-Noah • Pierre Helwig • Stéphanie Henette • Caroline Izambert • Corinne J. • Erwann Kerrand • Yasmina Kettal • Razmig Keucheyan • Martin Koning • Véronique L. • Jonathan L. • Caroline L. • Blaise Lechevalier • Bernard Lejeune • Claire Lemercier • Laurent Luchinni • Olivier Maffre • Pierre Messulam • Quentin Parrinello • Marie Pla • Claire Plouhinec • Léo Quennesson • Maud R. • Cindy R. • Kim Reuflet • Cécile Robert • Maria Roubstova • Camille Rouge • Christophe Saint-Martin • Rémi Salomon • Gilles Savary • Charlotte Serrano • Alexis Spire • Hugo Stéphan • Nicolas T. • Pierre Vermeren • Mathilde Viennot • Stéphane Vincent • Tram Anh Vo • Philippe Watrelot • Michaël Zemmour.

Ce que l'état de nos services publics dit de la France

Depuis le début des années 2000, la France a été marquée par une préoccupation citoyenne croissante pour l'état des services publics. Les dernières années ont, en particulier, fait l'objet d'une cristallisation des inquiétudes autour de leur délabrement. Ces préoccupations communes sont portées par une grande diversité d'acteurs dans chaque secteur : hôpital public, éducation nationale, transports, justice et sécurité, tous ces services publics ont été, à leur manière, au cœur de débats intenses et de mobilisations collectives.

Dans le débat public, le sentiment croissant d'urgence et de dégradation des services publics s'exprime essentiellement à travers un discours déplorant des services publics qui s'effondrent. Ce discours fait écho de manière forte aussi bien au vécu des citoyens empêchés dans leur accès aux services publics, qu'à celui des agents publics qui subissent une perte de sens. **Si ce discours dit quelque chose du quotidien des services publics, il ne permet pas de qualifier précisément la nature des dégradations vécues. Il ne permet pas non plus de rendre compte de la place que continuent à occuper nos services publics dans la cohésion de la société, la réponse aux crises, la préparation de l'avenir et la défense de l'intérêt général.** Bien souvent, il conduit les détracteurs et les défenseurs des services publics à centrer leur regard sur le seul enjeu des moyens financiers et humains. Alors que les premiers appuient sur le coût supposément déjà excessif des services publics et l'impossibilité d'augmenter – voire la nécessité de réduire – les dépenses publiques, les derniers répondent par l'impératif d'augmenter ces ressources, sans que le débat ne porte vraiment sur les services publics dont la population a aujourd'hui besoin, et pourquoi.

En croisant les regards de plus d'une centaine d'agentes et d'agents de terrain, de chercheuses et de chercheurs, de cadres de l'administration, de citoyennes et de citoyens, le présent rapport a pour ambition de poser un diagnostic documenté et transversal sur les principales évolutions des services publics au cours de ces dernières décennies. **Il prend le parti de s'attarder d'abord sur les évolutions démographiques, sociales, environnementales ou technologiques qui ont transformé les besoins de la population, plutôt que de prendre comme point d'entrée les moyens qui sont alloués à la réponse publique à ces besoins.** Hausse de l'espérance de vie, massification scolaire, augmentation des distances parcourues au quotidien, attention croissante aux violences faites aux femmes : retracer cette évolution des besoins sociaux conduit à mettre en évidence certaines des conséquences fortes de l'action publique – ou de son absence – autant que des défis pour les politiques publiques de demain.

Articulé autour de cinq chapitres thématiques, ce rapport sur l'état des services publics **retrace ainsi le développement des principaux services publics – santé, éducation, transports, justice et sécurité, fonctionnement et finances publiques** – au vu de ces besoins sociaux et de leurs transformations, depuis le début des années 1980 – pour autant que les données disponibles le permettent. S'ancrant dans le temps long, il propose un récit lucide et argumenté des évolutions de la société française, par le prisme de ses services publics.

En complément des analyses propres à chacune des cinq thématiques traitées dans les chapitres de ce rapport, la lecture des évolutions des services publics dans l'ensemble des secteurs étudiés permet de dégager **cinq enseignements généraux** :

1. **Au cours des dernières décennies, les besoins sociaux ont augmenté et évolué**, souvent d'ailleurs du fait de la réussite, de l'échec ou des effets imprévus des politiques publiques passées (croissance démographique, allongement de l'espérance de vie, etc.). Les défis d'avenir – la transition écologique au premier rang – feront encore croître les sollicitations adressées au service public dans les prochaines années et les défis auxquels la société sera confrontée.

2. Si les services publics ont été amenés à s'adapter pour répondre à l'évolution de ces besoins, **les efforts engagés ont été insuffisants pour les prendre en charge de manière satisfaisante.** Bien qu'ils aient été sporadiquement renforcés – le nombre de fonctionnaires a par exemple augmenté dans les vingt dernières années – les moyens des services publics augmentent depuis vingt ans moins rapidement que les besoins sociaux, et l'écart entre les premiers et les seconds tend à s'aggraver. La répartition de ces moyens, qui est le reflet des priorités politiques successives, reste souvent centrée sur des problématiques accessoires, souvent plus visibles politiquement, ou en décalage par rapport aux évolutions de la société et aux attentes de la population.

3. Cet écart croissant entre les besoins de la population et les services publics **conduit à l'existence, dans tous les secteurs, d'un espace grandissant pour une offre privée, désocialisée, de prise en charge des besoins.** Fortement subventionnés, voire totalement solvabilisés par la puissance publique, ces services privés se développent sur des segments précis : les

enfants de familles à fort capital culturel dans les écoles privées sous contrat, ou encore les actes médicaux les plus facilement programmables dans les cliniques privées.

4. Les inégalités sociales et géographiques dans l'accès aux principaux services publics, voire dans le traitement des différents publics par l'action publique, ont **connu une augmentation dans tous les secteurs.** Les services publics sont également de moins en moins à même de remplir leur mission de réduction des inégalités dans la société.

5. Impensé majeur de ces évolutions des services publics, le rapport des citoyens aux services publics se dégrade. Si l'attachement de la population aux grands services publics est réel, la confiance pratique qu'elle accorde à ces services est amoindrie. Les agents publics assistent, au premier rang, à cette détérioration du lien entre services publics et population, autant qu'ils en subissent directement les conséquences dans leur travail.

Schéma : Pourquoi les services publics « craquent »-ils ?

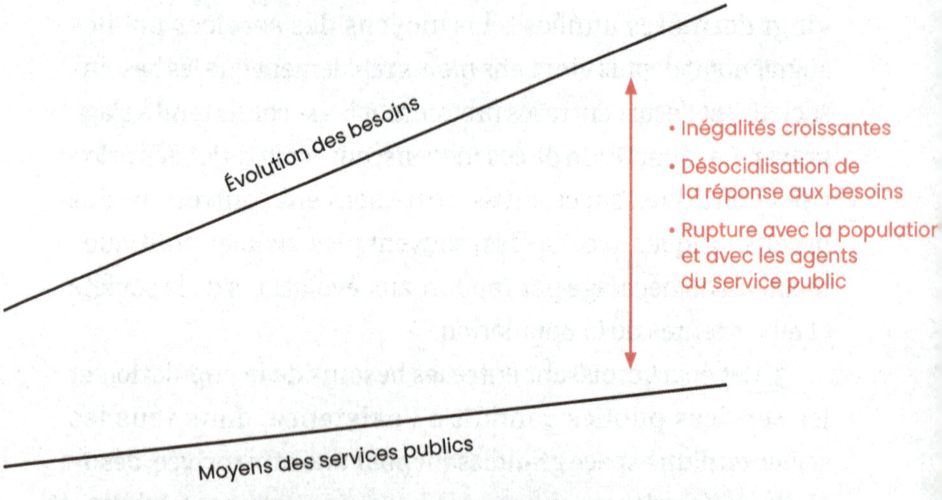

Un écart croissant entre les besoins de la population et les moyens des services publics qui renforce les inégalités, crée un espace croissant de désocialisation de la réponse aux besoins et accentue la rupture avec la population et avec les agents des services publics.

Estimer que les services publics doivent répondre aux besoins de la population et proposer une chronique de l'évolution de ces besoins, c'est assumer de **proposer des objectifs pour les services publics dans les années et décennies à venir.** En ce sens, ce rapport a une vocation non seulement technique mais également politique : **dans une période où l'on peut parfois penser que les services publics seraient une idée démodée ou un luxe que la France ne pourrait plus se permettre, il affirme que le pays a plus que jamais besoin de services publics, et propose des pistes pour renouer le lien avec les besoins de la société.** Loin d'être un plaidoyer pour la défense du *statu quo*, ce rapport est ainsi l'occasion de rouvrir les débats - sans prétendre les régler - sur la signification que devraient aujourd'hui revêtir les principes qui fondent l'ambition du service public : démocratie, égalité, émancipation, universalité.

Ce rapport sur l'état des services publics est en réalité un pari : celui qu'en partageant publiquement un diagnostic exigeant et « dans le bon ordre de priorités », il est possible de construire un débat public plus représentatif de la réalité des politiques publiques et plus connecté aux réalités des citoyennes et des citoyens. Le collectif Nos services publics s'attachera à mettre ce travail en débat dans la société, au sein des services publics et au plus près des usagers : c'est par le débat démocratique que nous construirons et réinventerons des services publics adaptés aux défis d'aujourd'hui et de demain.

Des besoins sociaux en forte évolution et dont la croissance sollicite fortement les services publics.

Au cours des dernières années, les besoins sociaux ont connu d'importantes évolutions, qui ont transformé les attentes de la population envers les services publics, et ce dans tous les secteurs. Le **vieillissement** de la population et les avancées médicales conduisent à mieux reconnaître et prendre en charge les **maladies chroniques**, qui par ailleurs connaissent une croissance massive. La **désindustrialisation** et la concentration des emplois au sein des **métropoles** ont conduit à la hausse du nombre de kilomètres parcourus au quotidien. Le **niveau moyen de diplôme** a fortement augmenté, et avec lui le nombre de bacheliers et de jeunes fréquentant l'enseignement supérieur. La criminalité a diminué sans pour autant relâcher une demande de **sécurité** croissante. L'**urgence écologique** et la nécessité - qui en découle - d'**accompagnement social de la transformation de notre société** continueront à faire croître de manière importante les besoins dans les années à venir.

C'est ce que le présent rapport qualifie de besoins sociaux: un ensemble de dynamiques démographiques (comme le vieillissement de la population), de progrès sociaux (dont l'attention croissante aux violences faites aux femmes) d'évolutions techniques (par exemple le développement du numérique) ou de transformations de l'environnement (le dérèglement climatique) qui modifient les attentes de la population et le niveau de référence de prise en charge de celles-ci. Retracer cette évolution des besoins conduit à mettre en évidence certaines des conséquences et des résultats forts de l'action publique.

La chronique de ces besoins permet également de retracer la nature de leur évolution: ils peuvent décroître ou croître quantitativement (servir moins ou davantage), croître qualitativement (mieux servir) ou évoluer et nécessiter des adaptations (servir différemment). **La réponse à ces besoins pourrait constituer un objectif prioritaire des services publics, et alors refléter le choix d'une prise en charge collective de ces besoins. Ne pas constituer ces besoins comme un enjeu des politiques publiques, c'est renvoyer implicitement ou explicitement leur prise en charge sur les sphères individuelle et privée.**

Si évaluer l'action des services publics au regard des besoins de la population constitue un changement d'approche radical pour les services publics, c'est que **ces besoins sociaux ne sont en l'état que très rarement définis**, encore moins estimés et, partant, ne constituent ni des priorités de l'action publique ni, le plus souvent, des enjeux du débat public. Dès lors, ce rapport met en évidence le fait que **l'action publique ne s'attaque que rarement aux causes de ces augmentations de besoins, lorsqu'ils pourraient être réduits**: les services publics de santé sont centrés sur le soin, bien plus que sur la réduction des déterminants sociaux ou environnementaux (qualité de l'air, logement, travail, etc.) d'une santé dégradée. L'action publique dans le domaine des transports a largement aménagé le territoire par et pour la voiture et, ce faisant, a contribué à l'augmentation des distances contraintes parcourues et à l'augmentation des émissions de gaz à effets de serre.

Malgré des renforcements conjoncturels, le niveau des moyens publics n'augmente pas à la hauteur des besoins, et est en passe d'être encore contraint malgré les enjeux de l'investissement social et écologique.

Sur les 20 dernières années, les dépenses publiques ont augmenté en montant comme en valeur. Les moyens publics ont également augmenté en termes humains: le nombre d'agents publics est passé de 4,8 à 5,4 millions. Cette augmentation apparente masque en réalité une attrition par rapport à la tendance forte d'évolution des besoins. En cela, il apparaît inopérant de commenter, en soi, **les moyens des services publics qui « augmentent » ou « diminuent »: débattre de l'évolution des services publics n'a de sens qu'au regard des évolutions sociales auxquelles ils répondent**. Ainsi, sur les dix dernières années et à l'exception d'une année 2021 marquée par la crise Covid, un "effort structurel positif" en dépenses a été constaté: autrement dit, l'augmentation des dépenses publiques a été continuellement inférieure à leur tendance d'évolution. De la même façon, la part des fonctionnaires dans l'emploi total est passée de 16,3% en 2006 à 14,6% en 2021. La rémunération moyenne réelle dans la fonction publique a diminué de 0,9% depuis 2009 quand elle a augmenté de 13,1% pour les salariés du secteur privé.

Cette diminution relative des moyens n'est pas homogène dans tous les secteurs et reflète une priorisation politique des secteurs et des activités. Les effectifs des forces de sécurité ont augmenté de manière importante entre 2010 et 2020, en particulier dans la lutte contre l'immigration illégale (+ 31%) et dans le maintien de l'ordre public (+ 10%), alors qu'ils ont baissé de 10% dans la sécurité et la paix publiques. Dans les secteurs considérés comme moins prioritaires, tels que l'éducation nationale, les augmentations de moyens ponctuelles n'ont pas suffi à compenser l'accumulation de lacunes structurelles, qui a par ainsi significativement pesé sur l'attractivité du métier d'enseignant et, partant, la qualité du système éducatif.

Dans un contexte marqué par l'urgence de la transition écologique, **les perspectives financières pour les années à venir prévoient une accentuation très marquée de ce décrochage des moyens publics**. Les investissements supplémentaires nécessaires à l'atteinte des objectifs de l'accord de Paris sur l'atténuation du changement climatique sont pourtant estimés entre 25 et 70 milliards d'euros par an en 2030. Or, d'ici à 2027, non seulement **la réduction du déficit prévue devrait se concentrer exclusivement sur le levier de la baisse des dépenses publiques, mais le projet de loi de programmation des finances publiques prévoit de poursuivre la baisse des impôts amorcée lors du quinquennat précédent (50 milliards d'euros de baisses d'impôts), donc d'accroître le manque à gagner en termes de ressources publiques.** Les projections financières des 5 années à venir laissent donc entrevoir à la fois une forte dégradation de la capacité des services publics à s'adapter pour répondre aux besoins de la population et des difficultés majeures à faire face aux investissements nécessaires à la transition écologique.

Un espace croissant pour le développement d'une offre privée lucrative de prise en charge des besoins, pourtant largement financée sur fonds publics.

Il n'existe pas de service public « par nature » : l'histoire, les valeurs et les orientations politiques dominantes dans une société contribuent à organiser la réponse aux besoins ou bien de manière socialisée, soit en France principalement par l'intermédiaire des services publics, ou bien de manière individuelle, par des prestations privées. Au cours des dernières décennies, **le décalage croissant entre les besoins de la population et les services publics a organisé, dans chaque secteur, un espace croissant pour une offre privée de prise en charge des besoins**. Ainsi, les écoles privées sous contrat progressent peu en capacités d'accueil, mais scolarisent une part croissante d'enfants de familles à fort capital culturel (40 % d'enfants de familles très favorisées en 2021 contre 29 % en 2003), quand la part des enfants de familles défavorisées y a reculé. Les cliniques privées augmentent leur nombre de places, en favorisant en priorité la chirurgie ambulatoire - activité programmable et rentable (les deux tiers de l'activité de chirurgie de moins d'une journée est effectuée dans des établissements privés à but lucratif) - au détriment des urgences et des soins complexes (les trois quarts des séjours de médecine de plus d'une journée sont effectués dans les hôpitaux publics). Hors Ile-de-France, les déplacements du quotidien - dont l'augmentation a été massive dans les décennies passées et permise par le développement des infrastructures routières publiques - sont réalisés à 92 % en voiture, donc de manière désocialisée, coûteuse et représentant plus de la moitié des émissions carbone du secteur des transports.

Les services privés qui se développent se caractérisent par un coût supérieur au coût des services publics et une absence d'accueil inconditionnel. Ils sont pourtant fortement – voire intégralement – financés par la puissance publique, et dépendent totalement des infrastructures qu'elle met en place. L'éducation privée sous contrat bénéficie ainsi, en ce qui concerne l'enseignement scolaire, de financements globalement équivalents à ceux de l'éducation publique, et ce malgré l'absence d'assujettissement à la carte scolaire (8,5 Md€ par an). Les biens et services médicaux fournis par le secteur privé représentait une dépense de 21,9 Md€ en 2020, majoritairement constituée de financements publics calculés de manière identique à ceux des hôpitaux[1]. Dans les deux cas, les financements publics perçus par ces entités privées peuvent être complétés par des frais d'inscription ou des dépassements d'honoraires. Lorsque le secteur privé n'est pas directement financé par le service public, il est fortement solvabilisé par celui-ci : dans le secteur de l'éducation nationale, les cours "du soir" privés sont fortement défiscalisés ; dans celui de la santé, les complémentaires santé d'entreprise ont été rendues obligatoires et prennent en charge une part importante du panier de soins.

Tant le coût du secteur privé que l'absence des engagements d'accueil inconditionnel propres au service public font office de **filtres sociaux vis-à-vis des populations qui peuvent ou ne peuvent pas y accéder**. Les études sur les indices de position sociale des établissements de l'éducation nationale mettent ainsi en évidence un écart croissant de composition sociale entre les collèges privés et publics. En 2021, 51,3 % de la population résidait dans un département où plus de la moitié des spécialistes pratiquent des honoraires libres, contre moins de 17 % en 2007. Ce développement d'un secteur privé de niche entraîne progressivement la transformation du service public en un service minimum et dégradé et, partant, la perte progressive de sa vocation universelle.

---

[1] DREES, les établissements de santé, 2023, fiche n° 27

Ce que "craquer" veut dire: l'accès aux services publics est de plus en plus inégalitaire; leur action ne suffit pas à endiguer l'accroissement des inégalités.

L'évolution des services publics dans les dernières années n'est pas qu'un tableau noir. Des virages importants et renforcements de l'action publique ont eu lieu: massification scolaire, développement des transports en commun ou encore numérisation des procédures administratives pour les publics qui y sont habitués. **Néanmoins, pour une partie importante de la population et notamment pour celles et ceux qui n'ont que ce recours, la qualité du service public se dégrade.** Les délais moyens de jugement connaissent une augmentation continue: le délai de jugement d'une affaire civile devant le tribunal de grande instance était de 14 mois en 2019 contre 7 mois en 2005, et il était de 16 mois devant les conseils de prud'hommes en 2019 contre 12 mois 2005. La numérisation des services publics, parce qu'elle s'accompagne du recul des implantations territoriales des guichets, conduit à des **ruptures d'accès aux droits sanctionnées par le Conseil d'État et la Cour européenne des droits de l'Homme.**

Cette **dégradation de la qualité du service public a contribué à un accroissement des inégalités.** Dans le secteur de la santé, le reste à charge est trois fois plus élevé pour les 10 % les plus précaires que pour les 10 % les plus aisés, alors même qu'ils sont plus exposés à la maladie et qu'ils renoncent plus fréquemment aux soins. Dans le champ judiciaire, seulement la moitié des cas de violences sexuelles sont élucidés en moins d'un mois, contre les trois quarts des homicides, coups et blessures volontaires. Par ailleurs, les délais entre les faits et le jugement est trois fois supérieur en matière économique et financière («délinquance en col blanc») que pour la moyenne des condamnations. Ces **inégalités sociales accrues face aux services publics sont également liées à des disparités géographiques** qui s'accroissent. Dans les dix dernières années, 10 départements déjà en surdensité médicale relative ont vu leur nombre de médecins par habitant augmenter, quand 48 départements en dessous de la moyenne nationale voyaient leur nombre de médecins par habitant diminuer.

Dans l'ensemble, les services publics contribuent à réduire fortement les inégalités de revenus: la moitié de la réduction des inégalités sociales permise par l'ensemble du système socio-fiscal français tient aux transferts dits «en nature» réalisés par les services publics: éducation, santé, logement[1]. Cependant, la **capacité des services publics à réduire ces inégalités est de plus en plus mise à mal, en raison notamment de défaillances dans la régulation publique**, comme c'est le cas en matière éducative. **Ils en viennent à constituer, dans certains cas, un facteur d'accroissement des inégalités**, comme ce pourrait être le cas de l'interdiction progressive des véhicules thermiques les plus polluants dans les principales agglomérations («zones à faibles émissions») à des fins d'amélioration de la qualité de l'air, alors même que plus du tiers des personnes concernées ne disposent pas du budget nécessaire à un changement de véhicule.

[1] INSEE, revenus et patrimoines, 2021

Impensé majeur de ces évolutions des services publics dont le pilotage est centré sur les enjeux budgétaires, le rapport aux citoyens se dégrade.

Le décalage croissant entre le service public et les besoins de la société s'explique moins par une incapacité à y faire face que par le fait que la réponse aux besoins n'ait pas constitué l'objectif principal des évolutions des services publics dans les dernières décennies. La prévalence des objectifs de diminution des dépenses publiques et de gestion à court terme des services a conduit à reléguer au second plan la vocation des services publics à soutenir la démocratie, l'émancipation, l'autonomie et l'égalité. **La capacité des services publics à prendre soin, à adapter leurs exigences à celles de la société et à penser les citoyens, leur place et leurs relations avec le service public, a dès lors été négligée.** À côté des besoins de formation et de transmission des connaissances, l'école tarde à prendre en compte les besoins des enfants à l'école ; la préoccupation pour leur bien-être reste réduite à la lutte contre les violences et contre le harcèlement. La police de proximité a été abandonnée au cours des vingt dernières années, accompagnant la dégradation du rapport entre police et population.

Dès lors que le service public n'est plus conçu par ceux qui le dirigent comme une réponse aux besoins des citoyennes et des citoyens, ceux-ci le considèrent logiquement de moins en moins comme une réponse diligente à leurs problèmes quotidiens. **Cette dégradation de la confiance dans les services publics est paradoxale. D'une part, se maintient un attachement symbolique fort aux services publics, une confiance élevée dans leur capacité de règlement des conflits. D'autre part, l'expérience effective des services publics peut entraîner découragements, frustrations** et porter atteinte à cette confiance symbolique, comme c'est le cas en matière de justice ou de sécurité. Les polémiques récentes autour du **développement de l'externalisation publique et du recours accru aux cabinets de conseil** traduisent également cette ambivalence : critiques fortes à destination des pratiques des dirigeants publics, elles traduisent, en creux, l'attachement persistant d'une part importante de la population à une certaine idée de l'État.

Les agents publics assistent, au premier rang, à cette détérioration des relations entre les services publics et la population, autant qu'ils en subissent directement les conséquences dans leur travail. Depuis 25 ans, le nombre de candidats aux concours de la fonction publique d'État a été divisé par quatre. Le nombre moyen de jours d'absence pour raisons de santé progresse de plus de 20 % entre 2014 et 2019, pour l'ensemble de la fonction publique. La stagnation de la rémunération des agents publics (*cf.* supra, -0,9 % depuis 2009) a par ailleurs participé à la dégradation relative de la valeur de leurs métiers dans la société. Cette perte de sens constitue également une jonction entre citoyens et agents des services publics qui subissent, de leurs côtés respectifs, la dégradation de la vocation d'universalité des services publics, vocation dont les deux dernières décennies ont paradoxalement à la fois abîmé le modèle et montré sa très grande actualité.

Santé

Introduction

La crise sanitaire du Covid-19 a mis en exergue les difficultés structurelles des hôpitaux, qui avaient préalablement fait l'objet de mobilisations importantes, et a remis les enjeux de santé au cœur du débat public. Ces enjeux sont pluriels et, si les difficultés rencontrées dans l'hôpital public sont importantes, l'étude des services publics de santé ne saurait s'y résumer. Ce chapitre tâche ainsi de proposer une approche large des évolutions des enjeux de santé sur le temps long.

La France se caractérise, comme beaucoup de pays occidentaux, par des dépenses de santé importantes. La consommation de soins et de biens médicaux s'élève à 226,7 milliards d'euros en 2021, soit 9,1 % du produit intérieur brut (PIB), ce qui représente en moyenne 3 350 euros par an et par habitant. L'ensemble des dépenses de santé représente 12,3 % du PIB en France contre 17,8 % pour les États-Unis, et 12,8 % pour l'Allemagne.

Sur une longue période, l'état de santé en France est marqué par un allongement quasi continu de l'espérance de vie et également par l'augmentation et la prise en charge des affections longue durée (ci-après ALD)[1]. Plus de 12 millions de personnes sont aujourd'hui concernées par une ALD – alors qu'environ 9 millions

[1] Les ALD recouvrent plus d'une trentaine d'affections. Il s'agit principalement des maladies cardio-neurovasculaires, des diabètes, des tumeurs malignes, des affections psychiatriques, et des maladies chroniques actives du foie (hépatite B ou C).

de patients étaient suivis au titre des ALD en 2010 –, ce qui représente plus de 60 % des dépenses de santé : ainsi, la réussite de notre système de santé est essentiellement liée à la capacité d'adaptation de ce système aux évolutions de la prise en charge des maladies chroniques[1] **(1)**.

Cette forte croissance des ALD est notamment liée à des déterminants en santé, souvent bien identifiés, et qui sont très inégalement distribués au sein de la société. Ces déterminants peuvent être qualifiés de « comportementaux », comme la consommation d'alcool ou de tabac, ou être dits environnementaux : la pollution de l'air ou la faible qualité des logements contribuent également de manière importante à une mauvaise santé des personnes exposées. Alors que les populations socialement défavorisées sont les premières touchées par ces déterminants d'une santé dégradée, les politiques de prévention peinent encore à sortir d'une responsabilisation individuelle pour faire face aux enjeux collectifs, *a fortiori* lorsqu'ils tiennent à la qualité de l'environnement **(2)**.

En réponse à cette évolution de l'état de santé de la population, le système de santé, encore largement centré sur le modèle du médecin dit « libéral », est aujourd'hui fragilisé **(3)**. L'offre de santé dite « de ville » se modifie : la part des médecins généralistes libéraux est de plus en plus faible. D'une part, car les infirmières et les masseurs-kinésithérapeutes sont de plus en plus nombreux. D'autre part, car l'exercice libéral exclusif et

[1] Le périmètre des maladies chroniques (diabète, asthme…), même s'il inclut la plupart des ALD, ne recouvre pas totalement toutes les ALD : par exemple les cancers ne sont pas des maladies chroniques.

individuel attire de moins en moins. Dans ce contexte, l'amélioration de la prise en charge des patients chroniques en ville sera directement déterminée par le développement de l'exercice coordonné des soins, autrement dit du travail en équipe des différents professionnels de santé.

Ces difficultés de prise en charge sont renforcées par une offre de soins de plus en plus inégalitaire sur le plan géographique et social **(4)**. C'est notamment le cas pour les médecins généralistes exerçant en libéral, dont l'inégale répartition géographique s'intensifie et aggrave les difficultés d'accès aux soins, en dépit des mesures incitatives des pouvoirs publics. Par ailleurs, l'accès aux médecins spécialistes libéraux est également contraint par le recours de plus en plus fréquent aux dépassements d'honoraires : en 2021, 51,3 % de la population résidait dans un département où plus de la moitié des spécialistes pratiquent des honoraires libres, contre moins de 17 % en 2007.

Les difficultés d'accès aux professionnels de soins primaires accroissent la pression exercée sur les établissements de santé, et en particulier sur l'hôpital public **(5)**. Des écarts significatifs dans la prise en charge de patients en difficulté sociale existent en effet entre établissements publics, privés lucratifs et non lucratifs, en fonction de la rentabilité des séjours. Ainsi, les hôpitaux publics sont spécialisés en médecine et en obstétrique : ils prennent en charge les trois quarts des séjours en médecine supérieurs à une journée (contre environ 15 % dans le secteur privé à but lucratif) alors qu'ils représentent 60 % des places et des lits.

Les établissements de santé privés commerciaux, qui représentent pour leur part un quart des places et des lits, sont spécialisés principalement dans les pathologies les moins sévères et la chirurgie ambulatoire, pour laquelle les séjours durent moins d'une journée, et dont ils prennent en charge les deux tiers des séjours.

Enfin, la délégation de certains remboursements de dépenses en santé aux organismes complémentaires limite les effets redistributifs de notre système de santé **(6).** Si les personnes en ALD sont en moyenne mieux remboursées de leurs dépenses de santé par l'Assurance maladie que les personnes hors ALD, leurs dépenses sont six fois plus élevées et leur reste à charge reste donc sensiblement plus élevé (772 € par an contre 440 € par an).

01

BESOINS DE SANTÉ DE LA POPULATION

L’espérance de vie des Français augmente et leur état de santé se structure autour de la prise en charge des maladies chroniques

L'état de santé de la population est souvent mesuré selon des indicateurs démographiques. L'allongement de l'espérance de vie ou le faible taux de mortalité infantile sont régulièrement utilisés comme garantie d'une amélioration de la santé générale. Cependant, en s'intéressant à la prévalence des affections de longue durée ou à la santé mentale des Français, l'état de santé se dégrade. La hausse régulière des affections de longue durée ainsi que la brusque augmentation des troubles de la santé mentale chez les plus jeunes sont deux tendances structurantes de notre système de santé pour les années à venir.

Évolution du nombre de patients en ALD entre 2010 et 2020 par type d'affection

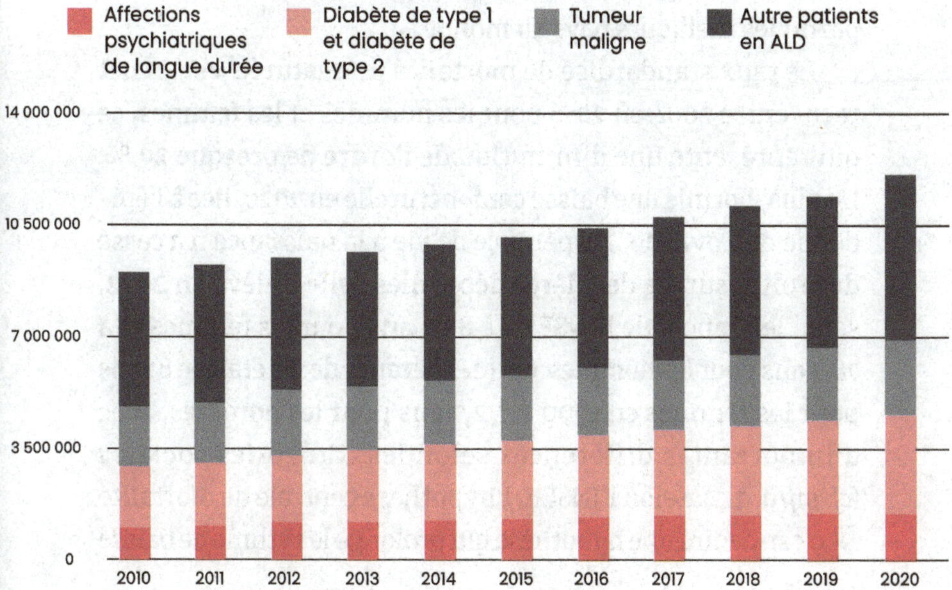

1. L'espérance de vie des Français à la naissance est en augmentation constante malgré des inégalités persistantes

La santé est définie par l'OMS comme « un état de complet bien-être physique, mental et social et ne consist[ant] pas seulement en une absence de maladie ou d'infirmité ». Malgré cette définition, le système de santé est souvent réduit au système de soins et s'évalue, en premier lieu, par sa capacité à maintenir les patients en vie. Ainsi, les données les plus régulièrement utilisées pour évaluer notre système de santé sont celles des indicateurs comme l'espérance de vie, le taux de mortalité infantile, le taux de mortalité prématurée et l'espérance de vie sans incapacité. Sur ces points, l'état de santé en France évolue plutôt favorablement et se positionne souvent parmi les meilleurs pays au monde.

Le taux standardisé de mortalité prématurée[1] est en net recul entre 2004 en 2016 pour les hommes et les femmes, ce qui représente une diminution de l'ordre de presque 20 %. De plus, hormis une baisse conjoncturelle en 2020, liée à l'épidémie du Covid-19, l'espérance de vie à la naissance n'a cessé de croître sur les dernières décennies : elle s'élève en 2022, selon le rapport de l'INSEE[2], à 85,2 ans pour les femmes et à 78,7 ans pour les hommes. Cette espérance de vie était de 81 ans pour les femmes en 1990 et 72,7 ans pour les hommes, avec d'importantes différences selon les catégories sociales (*cf. infra*, 2.2). Selon l'INSEE, l'hypothèse centrale de mortalité — c'est-à-dire une hypothèse qui prolonge le rythme de baisse

[1] Le taux de mortalité prématurée est le nombre de décès, au cours de l'année, d'individus âgés de moins de 65 ans, rapporté à la population moyenne totale des moins de 65 ans de la même année.

[2] INSEE, *Espérance de vie à la naissance selon le sexe.*

de la mortalité observé au cours des 30 dernières années — conduirait les Français à une espérance de vie à la naissance en 2050 de 84,3 ans pour les hommes et 91 ans pour les femmes.

L'espérance de vie sans incapacité, qui évalue le nombre d'années qu'une personne peut compter vivre sans souffrir d'incapacité dans les gestes de la vie quotidienne, **s'élevait en 2021[1] à 67 ans pour les femmes et à 65,6 ans pour les hommes.**

L'augmentation de l'espérance de vie est un des facteurs importants du vieillissement de la population. En France, l'INSERM estime, dans une étude de février 2019[2], que la part des personnes âgées de 60 ans et plus devrait passer de 25 % en 2015 à 33 % de la population en 2040. Le système de santé vient renforcer l'augmentation de l'espérance de vie, notamment par une meilleure prise en charge des patients âgés et le prolongement de la vie une fois les personnes tombées malades. **Le vieillissement de la population est à la fois une conséquence de l'amélioration du système de santé français et une cause de la hausse des besoins de santé.**

2. Une augmentation significative en 10 ans de la prise en charge de personnes souffrant d'affections de longue durée

Cependant, en s'intéressant non plus au nombre d'années de vie gagnées mais à l'état de santé des Français et en particulier aux maladies, la situation se dégrade. En effet, **les affections de longue durée (ALD) concernent aujourd'hui plus de**

[1] Thomas Deroyon (DREES) (février 2023), « L'espérance de vie sans incapacité à 65 ans est de 12,6 ans pour les femmes et 11,3 ans pour les hommes, en 2021 », *Études et résultats*, 1258.

[2] INSERM (janvier 2019), *Activité physique. Prévention et traitement des maladies chroniques*, Éditions EDP Sciences.

12 millions de personnes, soit plus d'une personne sur six. Entre 2015 et 2019, les effectifs de personnes prises en charge au titre d'une affection de longue durée (ALD) se sont accrus de 3,3 % par an en moyenne, alors que l'effectif des assurés sans prise en charge en ALD est resté stable sur la même période.

Les ALD sont recensées dans des listes d'affections, établies par décret[1]. Ce sont des maladies dont la gravité et/ou le caractère chronique nécessite un traitement prolongé et coûteux. Il en existe plusieurs types, les ALD exonérantes et non exonérantes, qui ne donnent pas les mêmes droits. Il s'agit principalement du diabète de type 1 et 2 qui correspond à 25 % des patients en ALD en 2020, des tumeurs malignes (19 %), des affections psychiatriques de longue durée (12 %), des insuffisances cardiaques (11 %) et des maladies coronaires (11 %).

D'après les données de l'Assurance maladie[2], **le nombre de patients en ALD a augmenté de plus de 3 millions, passant d'environ 9 millions à 12 millions entre 2010 et 2020, ce qui correspond à une croissance de plus de 34 %.** Le nombre de patients en ALD croît bien plus vite que la population et le vieillissement de la population ne peut expliquer entièrement cette hausse.

Cette croissance est encore plus marquée pour certaines affections. Entre 2010 et 2021, le nombre de nouvelles exonérations pour les tumeurs malignes de l'encéphale a progressé de 86 %, pour le mélanome malin de la peau de 145 %[3].

[1] Assurance maladie (mars 2023), *Affection longue durée (ALD)*.

[2] Assurance maladie (mars 2023), *Effectif, prévalence et caractéristiques des bénéficiaires d'une ALD – 2008 à 2021*.

[3] Le taux de croissance des tumeurs malignes n'a été calculé que pour les localisations avec un effectif supérieur à 1 000 en 2010, les tumeurs malignes de l'encéphale et du mélanome malin de la peau présentent les deux plus forts taux de croissance.

Certains cancers touchent une population plus jeune : les cancers des organes génitaux (testicules, vagin, utérus...). Bien qu'ils restent assez rares, leur effectif augmente et les personnes qui en sont atteintes sont de plus en plus jeunes. En 2021, les tumeurs malignes du testicule touchent environ 2 000 personnes, pour une moyenne d'âge de 39 ans[1].

Sans qu'il soit possible de déterminer la part du facteur démographique, d'un meilleur dépistage ou d'une hausse nette de la prévalence des ALD, **la part croissante des maladies chroniques et des ALD transforme les attentes et besoins du système de soins, car la prise en charge nécessaire pour leur accompagnement diffère d'une prise en charge de maladie aiguë. La hausse des ALD implique ainsi une transformation importante des besoins de prise en charge et d'accompagnement des patients où la coordination des acteurs de soins et la prévention prennent une place plus importante.**

En parallèle de la hausse des maladies chroniques, une attention particulière doit être portée sur les maladies relatives à la santé mentale. Ces dernières sont encore assez mal représentées au sein des affections de longue durée, seules les maladies psychiatriques sont reconnues comme une ALD mais le syndrome dépressif en est exclu. Or, la crise sanitaire a eu un impact psychologique sur une part importante de la population, notamment sur les jeunes (15-24 ans). Les taux de syndromes dépressifs restent encore très élevés chez les 15-24 ans (19 %). En 2020, presque une jeune femme sur quatre était concernée par un syndrome dépressif et plus d'une sur dix par un syndrome majeur, soit respectivement une augmentation de +50 % et +270 % par rapport à 2019. Cette

[1] Assurance maladie (mars 2023), *Nombre, incidence et caractéristiques des nouvelles exonérations pour l'ALD « Tumeur maligne » par localisation – 2010 à 2021.*

très forte accélération, qui touche en particulier les jeunes, marque le début d'une tendance de long terme pour notre système de santé.

Décembre 2022 : Le développement de plusieurs vaccins suscite beaucoup d'espoir pour de nombreux malades et leur famille

Si la crise du Covid a apporté de nombreux bouleversements dans nos vies, elle a également permis le développement extrêmement rapide de nouveaux vaccins.

Reprenant la technologie des vaccins à ARN messager utilisée pour les vaccins contre le Covid, le laboratoire Moderna a annoncé des premiers résultats encourageants pour un vaccin contre le cancer de la peau. Lors de la phase II du développement du vaccin (phase intermédiaire avant la mise sur le marché), le vaccin combiné à un médicament anticancéreux a montré des résultats positifs. L'essai, portant sur environ 150 personnes atteintes d'un mélanome, a permis de réduire de 44 % le risque de réapparition du cancer de décès, comparé aux personnes uniquement traitées avec l'anticancéreux.

D'autres recherches sur le développement de nouveaux vaccins sont en cours. C'est notamment le cas pour les vaccins contre le VIH et la sclérose en plaques.

Une nouvelle technologie de vaccin qui repose sur l'injection des protéines du VIH fixées sur des anticorps monoclonaux montre une bonne tolérance au vaccin et une réponse immunitaire positive en phase I (phase préliminaire). Le laboratoire français chargé du développement de ce vaccin mise sur la stimulation des cellules clés du système immunitaire qui permettrait de préparer le système immunitaire avant une infection. Les recherches se poursuivent par le suivi de 72 volontaires pendant douze mois.

Relativement à la sclérose en plaques, la découverte de l'implication du virus Epstein-Barr dans l'apparition de cette maladie permet d'imaginer le développement d'un nouveau traitement. Le laboratoire Moderna a commencé des essais cliniques sur l'homme pour développer un vaccin contre ce virus et protéger contre la sclérose en plaques. Pour rappel, la sclérose en plaques est une maladie auto-immune qui affecte le système nerveux central. Elle touche en particulier les femmes et les jeunes adultes et concerne 110 000 personnes en France, ce qui représente la première cause de handicap sévère non traumatique chez les jeunes adultes.

02

DÉTERMINANTS DE SANTÉ

Des facteurs multiples, peu considérés par les politiques publiques, qui favorisent des inégalités en santé

Nombre de décès par an et par cause[1]

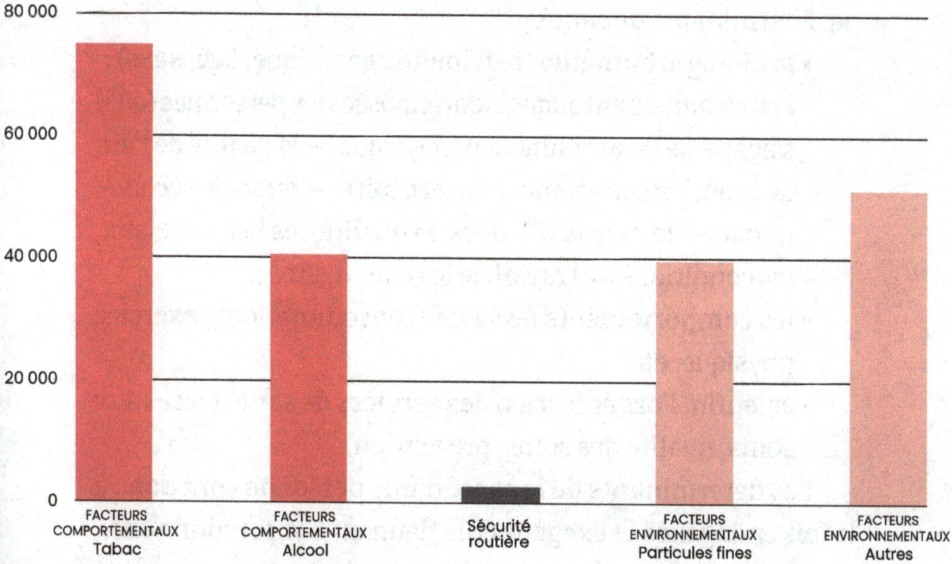

1. L'état de santé de la population tient à des facteurs multiples : biologie, environnement, comportements et organisation du système de santé

L'état de santé de la population, et donc les besoins de santé auxquels notre société fait face, ne dépend que partiellement du système de santé. Il tient avant tout à des facteurs déterminant la santé des individus bien en amont des soins.

[1] Ce graphique a été recomposé à l'aide de plusieurs sources : le nombre de décès liés aux facteurs environnementaux a été recalculé selon les données de santé publique France évoquant 15 % des décès liés à cette cause, soit 91 500 décès pour l'année 2018, le nombre de décès liés au tabac (75 000) a été estimé par Santé publique France pour l'année 2015, le nombre de décès liés à l'exposition aux particules fines (40 000) a été calculé selon une moyenne entre les années 2016 et 2019 par Santé publique France, le nombre de décès attribués à l'alcool a été estimé par Santé publique France à 41 000 pour l'année 2017. Selon les estimations de l'Observatoire national interministériel de la sécurité routière (ONISR), 2 947 personnes ont perdu la vie sur les routes de France métropolitaine en 2021.

La classification dite « de Lalonde » distingue quatre groupes de déterminants de santé :

- **la biologie humaine** (patrimoine génétique, âge, sexe) ;
- **l'environnement** auquel sont exposées les personnes (qu'il s'agisse de l'environnement physique — la qualité de l'air, de l'eau, l'aménagement du territoire — ou socio-économique — le niveau d'études, la qualité des liens sociaux, les conditions de travail, le logement, etc.) ;
- **les comportements de santé** (consommations, exercice physique, etc.) ;
- et, enfin, **l'organisation des services de santé** (accès aux soins, qualité des soins, prévention).

Les déterminants de la santé d'une personne sont donc à la fois endogènes et exogènes (ils tiennent à la personne elle-même et à ses interactions avec son environnement), et sont associés à des comportements individuels mais aussi collectifs, aux conditions et aux environnements de vie.

Il n'existe pas en France de pondération précise de l'importance de ces différents déterminants. Pour autant, l'OMS a montré que dans les pays d'Europe **les facteurs environnementaux qui pourraient être évités ou supprimés provoquent au moins 15 % des décès**[1], soit plus de 90 000 décès pour la France, **soit l'équivalent d'un décès sur 7**. Parmi ces facteurs environnementaux, Santé publique France estime que 40 000 décès sont attribuables, chaque année, à la pollution de l'air ambiant, et en particulier aux particules fines (PM 2,5)[2].

En outre, parmi les déterminants comportementaux, on retrouve les comportements à risque, la sédentarité, une mauvaise alimentation, les addictions. Le tabagisme reste l'une des

[1] Santé publique France (avril 2022), *Santé environnementale: une priorité de santé publique.*

[2] Santé publique France (avril 2021), *Pollution de l'air ambiant: nouvelles estimations de son impact sur la santé des Français.*

premières causes de mortalité évitables, avec environ 75 000 décès estimés en 2015, soit environ 13 % des décès survenant en France métropolitaine. Comme le précise le site Santé publique France[1], un cancer sur trois est dû au tabagisme. Le plus connu est le cancer du poumon, dont 80 à 90 % des cas sont liés au tabagisme actif.

2. Les catégories sociales défavorisées sont plus touchées par les déterminants environnementaux et comportementaux de santé dégradée

Les différents déterminants de santé sont répartis de manière très inégalitaire dans la société, induisant des inégalités sociales en santé liées au niveau de revenu, au métier exercé, à la composition du foyer, etc. La branche européenne de l'Organisation mondiale de la santé estime ainsi à 130 000 par an le nombre de décès liés au mal-logement ou à un logement inadapté[2]. Les inégalités en santé peuvent également apparaître avant la naissance : ainsi, la probabilité de naître avec un faible poids (inférieur à 2,5 kg) est plus élevée de 50 % pour les enfants nés d'une mère non diplômée par rapport à ceux nés d'une mère ayant le baccalauréat[3], ce faible poids étant associé à un risque plus élevé de pathologies cardiovasculaires à l'âge adulte[4].

[1] Santé publique France (mai 2023), *Quelles sont les conséquences du tabagisme sur la santé ?*

[2] Braubach, M., Jacobs, D. & Ormandy, D. (2011), « Environmental burden of disease associated with inadequate housing: a method guide to the quantification of health effects of selected housing risks in the WHO European Region », World Health Organization, Regional Office for Europe.

[3] Panico, L., Tô, M., Thévenon, O. (2015), « La fréquence des naissances de petit poids: quelle influence a le niveau d'instruction des mères ? », *Population et sociétés*, n° 523.

[4] Delpierre (2017), cité dans DREES, « L'état de santé de la population en France », septembre 2022, Bagein *et al.*

Ces différences d'exposition aux facteurs de risque se traduisent par des risques de mortalité jeune renforcés pour les ouvriers par rapport aux cadres : ainsi, selon une étude de l'INSEE, un homme de 35 ans, soumis toute sa vie aux conditions de mortalité de 2000-2008, a 13 % de risque de mourir avant 60 ans s'il est ouvrier, contre 6 % s'il est cadre (respectivement 5 % et 3 % pour une femme), soit un taux deux fois moindre. De même, un homme a 27 % de risque de mourir avant 70 ans s'il est ouvrier contre seulement 13 % s'il est cadre (respectivement 11 % et 7 % pour une femme).

Ces différences d'exposition à des facteurs de risque en santé conduisent à d'importantes inégalités en matière d'espérance de vie. C'est le cas pour l'espérance de vie à la naissance : on constate ainsi un **écart de 13 ans d'espérance de vie à la naissance entre les 5 % des hommes les plus aisés et les 5 % les plus pauvres**, cet écart étant de 8 ans chez les femmes[1]. C'est également le cas de l'espérance de vie à 60 ans, qui admet un écart de 3,3 ans entre les femmes cadres et les femmes ouvrières, et de 6,5 ans entre les hommes cadres et les hommes ouvriers. Les inégalités entre catégories sociales sont plus marquées encore en ce qui concerne l'espérance de vie sans incapacité : l'écart constaté est alors de 11 ans entre ouvriers et cadres, chez les hommes comme chez les femmes[2].

Ces inégalités vis-à-vis de l'espérance de vie se retrouvent en ce qui concerne le développement des maladies chroniques, dont la survenue est bien plus fréquente dans les catégories les plus modestes.

On constate ainsi une augmentation significative des hospitalisations et de la mortalité pour certaines maladies

[1] *INSEE première* (février 2018), « L'espérance de vie par niveau de vie : chez les hommes, 13 ans d'écart entre les plus aisés et les plus modestes », n° 1687.

[2] Lojkine, U., Blasco, J. (2023), « Mortalité, incapacité et retraite par catégorie socio-professionnelle ».

cardio-neuro-vasculaires (AVC, infarctus du myocarde, insuffisance cardiaque et embolie pulmonaire) lorsque le niveau socio-économique des patients diminue[1]. Pour mesurer cette différence, la DREES dans son rapport d'octobre 2022 sur « L'état de santé de la population en France[2] » fait ressortir que les 10 % les plus pauvres (1er décile de niveau de vie) ont un risque 1,4 fois plus élevé de développer une maladie cardio-vasculaire, et 3 fois plus de risque de contracter un diabète, que les 10 % les plus riches (dernier décile de niveau de vie).

Les maladies chroniques accentuent les inégalités sociales en matière d'espérance de vie : sans elles, l'écart d'espérance de vie à la naissance entre les plus aisés et les plus modestes serait réduit de plus d'un tiers[3].

3. Les politiques publiques de prévention, centrées sur des « campagnes » visant les comportements individuels au détriment des logiques collectives, ne permettent pas une réduction significative des inégalités sociales en santé

Les déterminants en santé sont un des concepts clefs sur lesquels repose le principe de l'intervention en santé publique : de la même façon qu'ils se combinent au niveau individuel et au niveau collectif, ils devraient conduire à une action de prévention multifactorielle sur les différents déterminants de santé.

[1] Lecoffre, C., Decool, E., Olié, V. (2016), « Hospitalisations pour maladies cardio-neuro-vasculaires et désavantage social en France en 2013 », *Bull. épidémiol. hebd.*, 20-21, 359-66.

[2] Bagein, G., Costemalle, V., Deroyon, T., Hazo, J.B., Naouri, D., Pesonel E., Vilain A. (DREES) (2022), « L'état de santé de la population en France », *Les Dossiers de la DREES*.

[3] Allain S., Costemalle V. (DREES) (2022), « Les maladies chroniques touchent plus souvent les personnes modestes et réduisent davantage leur espérance de vie ».

La majorité de la prévention en santé en France est effectuée par le biais de « campagnes » ciblant les déterminants de comportements individuels : habitudes alimentaires (« 5 fruits et légumes par jour »), activité physique (« manger-bouger ») et dépistages (octobre rose). **Si elles ont l'intérêt de mettre l'accent sur des déterminants de santé intervenant en amont du système de soins, elles restent en retrait sur les déterminants endogènes et collectifs**, largement occultés, comme les facteurs environnementaux (qualité du logement, de l'air et l'eau) pourtant aujourd'hui premiers responsables des décès en France.

L'obésité, une problématique croissante de santé publique

L'obésité est un des facteurs contribuant aux maladies chroniques : hypertension, maladies cardiaques et accidents vasculaires cérébraux, arthrose, apnée du sommeil et maladies respiratoires. Elle est due à des facteurs biologiques (prédispositions génétiques), mais également environnementaux (logement, travail, qualité de l'air), comportementaux (alimentation et activité physique) et liés à l'organisation du système de santé (adaptation de la prévention aux populations concernées).

En France, en 2019, 17 % de la population métropolitaine adulte est obèse, ce qui représente plus de 8 millions de personnes. Ce chiffre, en augmentation constante, a doublé de 1997 à 2022, passant de 8,5 % à 17 %. Une étude de février 2023 coordonnée par des chercheurs de l'Inserm et du CHU de Montpellier et publiée dans la revue *Journal of Clinical Medicine* souligne que 47,3 % des adultes français seraient obèses ou en surpoids (contre 38,3 % en 1997).

L'obésité est en outre un miroir des inégalités sociales, puisque celle-ci, selon une étude 2020 de l'Institut Obépi-Roche, est près de deux fois plus répandue au sein des catégories les plus modestes (18 % chez les ouvriers et les employés) que chez les catégories plus aisées (10 % chez les cadres supérieurs). De même, la prévalence de l'excès de poids est de 51,1 % chez les ouvriers, 45,3 % chez les employés, 43 % chez les professions intermédiaires et 35 % chez les cadres.

À ces inégalités socio-professionnelles s'ajoutent d'importantes disparités géographiques entre régions de l'Hexagone : ainsi, en 2020, l'obésité touchait 22 % de la population des Hauts-de-France ou 20 % de la population du Grand Est, contre seulement 14,2 % des Franciliens ou 14,4 % de la population des Pays de la Loire.

Les stratégies et les campagnes de prévention, généralement menées de manière homogène sur l'ensemble de la population, sont mieux perçues et assimilées par les catégories sociales les plus favorisées. Si elles ne sont pas adaptées aux différences populationnelles, elles alimentent le gradient social, creusant un peu plus les inégalités de santé[1]. De nombreuses études recensent des disparités de pratique de dépistage contre le cancer selon les milieux socio-économiques[2]. La Haute Autorité de santé (HAS) a démontré, par exemple, que plus de la moitié des femmes ne se font pas ou insuffisamment dépister du cancer du col de l'utérus tandis que d'autres bénéficient d'un suivi trop rapproché, avec d'importantes disparités géographiques : les Hauts de France, le Cher, le Doubs ou Corse étant peu couverts, au contraire de l'ouest parisien, de la Gironde ou de la Haute-Garonne. La HAS a également identifié les principaux freins à la participation

[1] Affeltranger, B., Potvin, L., Ferron, C., Vandewalle, H. & Vallée, A. (2018), « Universalisme proportionné : vers une "égalité réelle" de la prévention en France ? », *Santé publique*, 1, 13-24.

[2] Duport 2008 ; Lançon 2012 ; Rondet 2013 ; Menvielle 2014 ; Ouédraogo 2014 ; Sicsic 2014 ; Menvielle 2016 ; Kelly 2017 ; Goldzhal 2017 ; Dawidowicz 2019.

au dépistage : freins d'ordre comportemental mais également d'accès aux soins pour les femmes (physique, géographique et économique)[1]. Ainsi, ces inégalités sans être corrigées par l'action publique peuvent être accentuées par des actions de prévention non différenciées.

[1] Haute Autorité de santé (HAS), « État des lieux et recommandations pour le dépistage du cancer du col de l'utérus en France: argumentaire ».

03

OFFRE DE SOINS PRIMAIRES

Le système de santé est fragilisé par la baisse du nombre de médecins généralistes, ce qui renforce l'impératif de coordination des soins

Part des médecins au sein des professionnels de santé libéraux

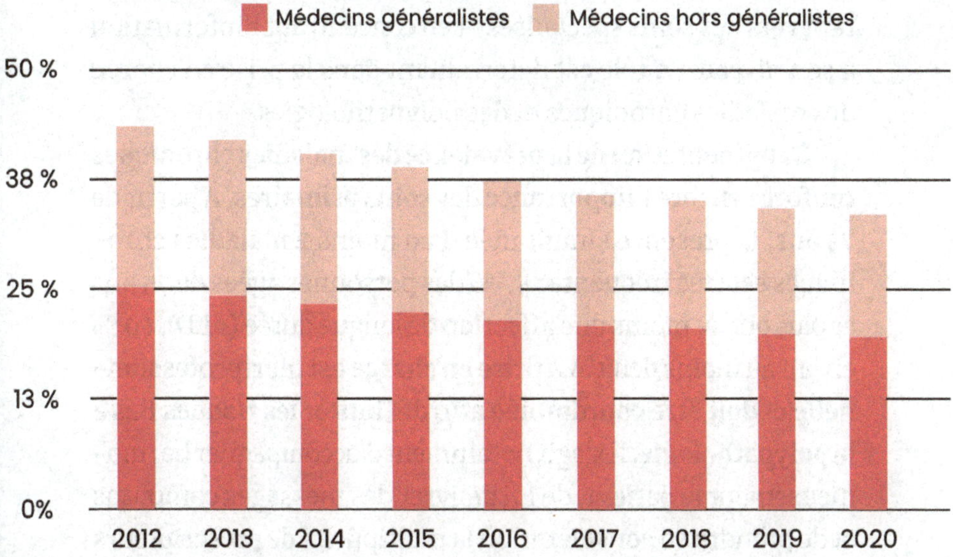

1. Les soins primaires : un échelon de prise en charge prépondérant pour la santé de la population

Les soins primaires désignent les soins de premier recours qui répondent aux problèmes de santé les plus courants et à faible intensité technologique. Ils regroupent les soins de ville (ou intervenant à domicile) dispensés le plus souvent par des professionnels libéraux tels que les médecins généralistes (environ 60 000), les infirmiers (125 000), les kinésithérapeutes (75 000)[1]. Les services d'urgence font également partie de l'offre de soins de premier recours. Au-delà des soins de premier recours, les soins primaires doivent orienter les patients vers des soins plus spécialisés (soins secondaires[2]) au besoin. C'est d'ailleurs le sens de la loi de 2004 en France, qui institue le médecin traitant en pivot dans le parcours de soins du patient.

[1] DREES (2022), *Démographie des professionnels de santé.*

[2] Les soins tertiaires sont ceux nécessitant des plateaux techniques le plus souvent pratiqués au sein d'établissements de santé (hôpital, clinique...).

Il doit pouvoir coordonner les soins des patients en les orientant vers des soins spécialisés et en concentrant l'information à son niveau. Ce rôle est déterminant dans la prise en charge des maladies chroniques et des polypathologies.

L'augmentation de la prévalence des maladies chroniques renforce encore l'importance des soins primaires. À partir de 75 ans, la présence simultanée d'au moins 2 maladies chroniques est très fréquente : 57 % des personnes âgées de 75 ans et plus ont au moins une affection de longue durée (ALD), 40 % en ont au moins deux[1]. **La prise en charge est pluriprofessionnelle et doit être coordonnée afin de limiter les risques liés à la polypathologie.** Il s'agit notamment d'accompagner harmonieusement le patient, de lui délivrer des messages communs et de prendre en considération la multiplicité de prescripteurs et les risques liés à la polymédication.

La part des montants remboursés des soins de ville rend compte de la prépondérance des soins primaires par rapport aux postes de remboursements hospitaliers. En effet, si l'on considère les pathologies chroniques (hors phase aiguë), la prise en charge par les soins primaires reste majeure. Pour le diabète, 60 % des montants remboursés proviennent des soins de ville contre 5 % en hospitalisation engagée dans la pratique de la médecine, de la chirurgie ou de l'obstétrique (MCO). Pour les cancers sous surveillance, les montants remboursés des soins de ville représentent 56 % contre 4 % pour les hospitalisations MCO[2].

[1] HAS (2015), *Prendre en charge une personne âgée polypathologique en soins primaires.*

[2] Assurance maladie (2023), *Dépenses remboursées affectées à chaque pathologie — 2015 à 2021.*

2. La part des médecins dans l'offre de soins baisse progressivement au profit notamment des infirmiers et des kinésithérapeutes

L'offre de soins primaires en France est marquée par une diminution progressive de la part des médecins généralistes : leurs effectifs recensés par la DREES restent stables, environ 100 000 depuis 2012, mais, d'une part, la population augmente et, d'autre part, ils représentent une proportion de moins en moins importante de l'offre de soins primaires du fait de l'augmentation du nombre d'infirmières et de kinésithérapeutes. En effet, le nombre d'infirmiers augmente de 100 000 professionnels entre 2012 et 2022, passant de 537 000 à 637 000, et celui des kinésithérapeutes progresse de 68 000 à 92 000.

En prenant les données de la DREES, de 2012 à 2020, relatives aux effectifs des professionnels libéraux[1], la part des médecins parmi ces professionnels passe de 44 % à 34 %. Pour les médecins généralistes, cette part passe de 25 % à 19 %. À l'inverse, la part des infirmiers passe de 34 % à 40 % et celle des masseurs-kinésithérapeutes de 21 % à 24 %[2]. À noter que le suivi en effectifs des professionnels de santé ne permet pas d'évaluer le nombre d'heures passées à travailler, qui peut baisser par exemple du fait d'une généralisation des temps partiels.

Cette baisse relative s'accompagne de fortes disparités entre certains territoires qui tendent à s'aggraver (*cf. infra*, 4) et renforce la sous-densité médicale de certaines régions. Le système de santé français est en outre confronté au défi de la pyramide des âges des médecins. Selon une étude du Conseil

[1] Effectif regroupant les médecins, infirmiers, masseurs-kinésithérapeutes et sages-femmes libéraux exclusifs.

[2] DREES (2022), *Démographie des professionnels de santé.*

de l'Ordre des médecins, en 2020, les médecins âgés de plus de 60 ans représentent 47,3 % de l'ensemble des inscrits[1]. En 2010, ces derniers représentaient 30,7 %. L'âge moyen des médecins actifs réguliers en 2020 en France est de 50,5 ans (soit un vieillissement important par rapport à 2010) avec un minimum pour le département de l'Ille-et-Vilaine (46,9 ans) et un maximum pour le département de la Creuse (54,5 ans). En 2020, 47 départements ont un âge moyen supérieur à la moyenne nationale et 48 départements connaissent un vieillissement par rapport à 2010, ce qui pose la question de leur attractivité territoriale, et de l'avenir de l'offre de soins sur ces territoires.

Ainsi, l'effectif relativement stable du nombre de médecins généralistes au niveau national ne permet pas de maintenir constant l'accès aux soins. Cette raréfaction des médecins généralistes est particulièrement préoccupante dans la mesure où ils restent la porte d'entrée du parcours de soins et devraient pouvoir orienter et informer les patients. **Les difficultés d'accès à un médecin traitant, positionné aujourd'hui au centre de notre système de santé, pénalisent l'ensemble du parcours de soins des patients.**

3. L'État favorise l'émergence de l'exercice coordonné sans se positionner sur l'essor d'une activité de plus en plus salariée, au risque d'aggraver le déficit de médecins

La baisse progressive de la part des médecins généralistes et le besoin accru de coordination des soins, lié à la prise en charge de maladies chroniques et des polypathologies, rendent de plus en plus nécessaire l'exercice coordonné des soins.

[1] Conseil national de l'Ordre des médecins (janvier 2020), *Atlas de la démographie médicale en France*.

Cet exercice coordonné est encouragé par le ministère de la Santé et l'Assurance maladie, essentiellement dans le cadre d'un exercice libéral — par contraste avec un exercice salarié, notamment pratiqué dans les centres de santé ou en PMI (protection maternelle et infantile). Ainsi, des financements importants accompagnent depuis 2017 le déploiement de structures comme les maisons de santé pluriprofessionnelles (MSP) — structures physiques qui rassemblent différents professionnels de santé d'exercice libéral — ou, depuis 2019, la mise en place de communautés professionnelles territoriales de santé (ci-après CPTS). Regroupements de professionnels de santé sur une base territoriale autour d'un projet de santé, sans besoin de rassemblement physique, les CPTS se déploient largement, en termes quantitatifs : en juin 2022, 282 communautés étaient en fonctionnement, couvrant 36 % de la population française, et 261 autres étaient en projet[1]. À ce stade, aucune étude d'ampleur n'a été menée sur l'activité effective de ces structures.

La part des cabinets individuels diminue fortement de 2012 à 2022 : de 21 % à 14 %. À l'inverse, la part des centres de santé et des cabinets de groupe passe de 28 % à 30 %[2].

L'émergence de l'exercice coordonné ne doit pas faire oublier une autre tendance de fond, celle de la hausse d'une activité mixte et donc du salariat des professionnels de santé. Entre 2012 et 2022, le nombre de praticiens exclusivement libéraux chute de près de 11 000 médecins pour un effectif de près de 100 000 médecins libéraux en 2022. Cette perte est presque complètement compensée par la hausse des effectifs en activité mixte, c'est-à-dire un exercice partagé entre activité

[1] DREES, « Médecins généralistes : début 2022, 1 sur 5 participe à une communauté professionnelle territoriale de santé (CPTS) et 1 sur 20 emploie un·e assistant·e médical·e », Bergeat *et al.* (mai 2023), *Études et résultats*, n° 1268.

[2] DREES (2022), *Démographie des professionnels de santé.*

libérale et salariat. Les médecins abandonnent donc progressivement une pratique libérale exclusive pour se salarier une partie de leur temps de travail. La part de l'exercice libéral exclusif représentait 52 % des effectifs en 2012 et 44 % en 2022[1].

Ainsi, si les professionnels de santé préfèrent à titre individuel de plus en plus l'exercice mixte et donc la possibilité de se salarier sur une partie de leur temps de travail, ils le font en partie dans le secteur privé à but lucratif. De 2012 à 2022, la part des établissements privés à but lucratif passe de 4 % à 6 %. Cette hausse cache par ailleurs le doublement des effectifs du privé à but lucratif en dix ans, passant d'environ 11 000 praticiens à 21 000 pour les établissements privés à but lucratif.

Il apparaît que l'exercice libéral attire beaucoup moins et que l'exercice salarié, pourtant en augmentation, n'est pas accompagné ou suivi par l'État. Ces tendances expliquent en partie une fuite de certains médecins vers le secteur privé mais peuvent également être à l'origine de l'abandon de la profession médicale pour les jeunes diplômés. En effet, le Conseil de l'Ordre s'inquiète « d'un abandonnisme à la fin des études » car certains médecins diplômés n'exercent plus leur métier 10 ans après la fin de leur formation. Ce qui, pour le Conseil de l'Ordre des médecins, serait révélateur du fait que « l'exercice médical tel qu'il est aujourd'hui n'est pas attractif pour les jeunes médecins[2] ».

L'atlas de la démographie médicale en France diffusé par le Conseil de l'Ordre des médecins fait état d'un suivi de cohorte des médecins primo-inscrits entre 2010 et 2023[3]. Une part

[1] DREES (2022), *Démographie des professionnels de santé.*

[2] Claereboudt, L. (juin 2023), « "Le plus inquiétant, c'est l'abandonnisme à la fin des études de médecine": l'Ordre dévoile les terribles chiffres de la démographie », *Egora.*

[3] Conseil national de l'Ordre des médecins (janvier 2023), *Atlas de la démographie médicale en France.*

significative d'entre eux n'exerce plus la médecine à la fin du suivi. Malheureusement, l'absence de données fines ne permet pas d'évaluer l'ampleur de ce mouvement. Il ne prend pas en compte, non plus, l'abandon de la médecine par les étudiants avant l'obtention de leur diplôme. Or ces données sont essentielles pour les projections démographiques médicales. Sans leur prise en compte, celles-ci seraient surestimées car elles projetteraient une résorption du déficit de médecins à la suite d'un élargissement du numerus clausus, ne permettant pas de prendre la juste mesure de la situation.

04

ACCÈS AUX SOINS PRIMAIRES

Des inégalités géographiques et sociales importantes qui tendent à se renforcer

Évolution de la densité des médecins par département entre 2012 et 2022 en France

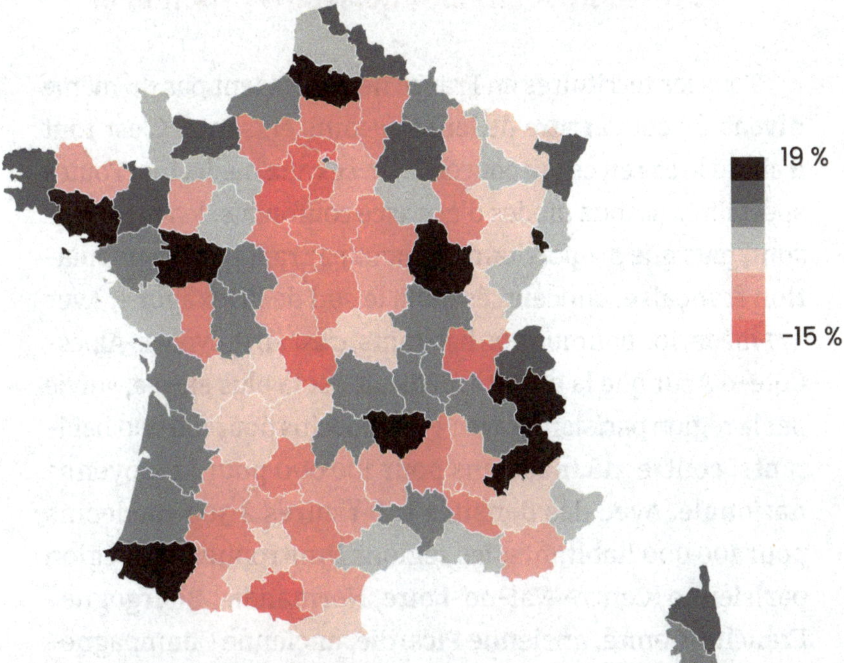

Évolution de la densité des médecins par département entre 2012 et 2022 en Île-de-France

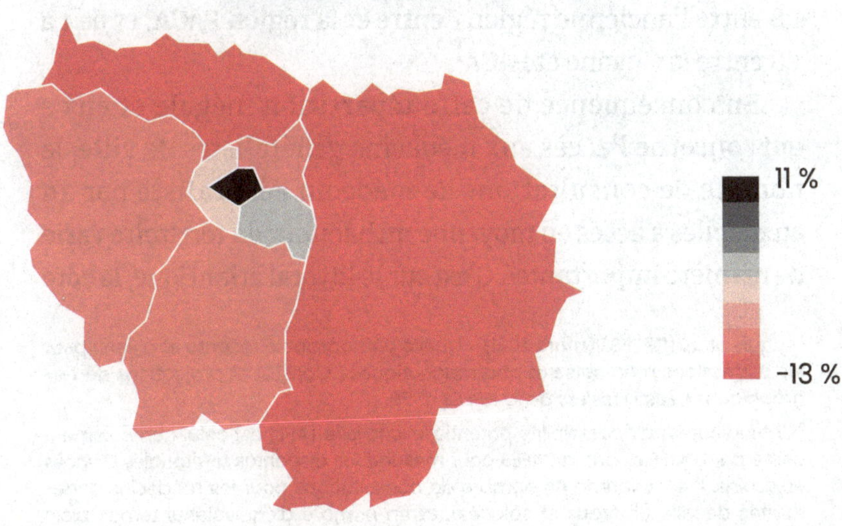

1. Une inégale répartition géographique des ressources en santé qui tend à se renforcer

Tous les territoires en France ne bénéficient pas du même niveau de couverture de leurs besoins en santé. C'est tout d'abord le cas en ce qui concerne l'accès aux médecins. Toutes spécialités et tous modes d'exercice confondus, les médecins sont, plus que proportionnellement par rapport à la population française, concentrés dans le sud de l'Hexagone. Avec 377 médecins pour 100 000 habitants, c'est en Provence-Alpes-Côte-d'Azur que la densité médicale est la plus élevée, suivie par la région parisienne avec 354 médecins pour 100 000 habitants, contre 318 médecins pour 100 000 pour la moyenne nationale. Avec des densités inférieures à 300 médecins pour 100 000 habitants, les régions limitrophes à la région parisienne (Centre-Val-de-Loire, Normandie, Bourgogne-Franche-Comté, ancienne Picardie, ancienne Champagne-Ardennes) ainsi que la Corse et les DOM hors Réunion sont les moins dotées. Le rapport entre les densités médicales régionales les plus faibles et celle la plus élevée sont de 1 à 1,6 et de 1,8 entre l'ancienne région Centre et la région PACA, et de 1 à 1,8 entre la Guyane et PACA[1].

En conséquence de cette répartition inégale et en ce qui concerne l'accès aux médecins généralistes de ville, le nombre de consultations de médecin généraliste par an auxquelles a accès en moyenne un habitant du territoire varie de manière importante[2]. C'est sur le littoral atlantique, la côte

[1] Anguis *et al.* (DREES) (mars 2021), « Quelle démographie récente et à venir pour les professions médicales et pharmaceutiques ? Constat et projections démographiques », *Les Dossiers de la DREES* n° 76.

[2] Cet indicateur d'accessibilité potentielle localisée (APL) est celui généralement utilisé par l'INSEE et par la DREES pour mesurer les disparités territoriales d'accès aux soins. Il est exprimé en nombre de consultations pour les médecins généralistes de ville (libéraux et salariés), et en nombre d'équivalents temps plein

méditerranéenne et le nord-est de la France que l'accès à un médecin généraliste est le plus aisé, au contraire du centre de la France et l'Outre-mer (Réunion exceptée). **Le nombre potentiel de consultations par an et par habitant connaît surtout d'importantes disparités au sein d'une même région : si ce chiffre s'élève généralement à plus de 4 consultations par an et par habitant dans les métropoles, il peut descendre en dessous de 1 consultation annuelle par personne dans certains bassins de vie ruraux**[1]. Selon les études récentes de la DREES, en 2018, 6 % de la population française vivait dans une zone au sein de laquelle l'accès potentiel moyen à un médecin généraliste était inférieur à 2,5 consultations par an et par habitant. Cette proportion n'était que de 3,8 % en 2015, soit une augmentation de plus de 50 % en 4 ans.

Ces inégalités de répartition géographique sont plus fortes encore en ce qui concerne les soins infirmiers de ville ou ceux de masso-kinésithérapie. Ceux-ci sont, à l'instar des médecins généralistes, également concentrés dans les métropoles et sur le littoral, mais également en Outre-mer. Le nombre d'infirmiers à équivalent temps plein (ETP) varie cependant quasiment du simple au double entre les Pays de la Loire, région Centre et Bourgogne-Franche-Comté d'une part, et la côte méditerranéenne d'autre part. Les inégalités territoriales sont enfin les plus marquées pour l'accès à des médecins spécialistes : le nombre d'ETP par habitant varie par exemple de 1 à 6 pour les ophtalmologues, de 1 à 14 pour les pédiatres[2], et de

de professionnels pour les autres professionnels de ville (infirmières, masseurs-kinésithérapeutes, sages-femmes).

[1] INSEE (2021), *Accessibilité aux professionnels de santé*.

[2] Les patients les mieux dotés (voir les cartes de densité médicale) ont 14 fois plus de chance d'avoir un rendez-vous chez un pédiatre que dans des départements où l'offre est faible.

1 à 19 pour les psychiatres[1], soins de spécialité particulièrement concentrés en région parisienne.

Ces inégalités de répartition de l'offre de soins se sont creusées lors des dix dernières années. Entre 2012 et 2022, la densité médicale de certains départements a augmenté fortement, quand elle a diminué ailleurs. Les départements du Territoire de Belfort, de la Savoie et des Hautes-Alpes ont augmenté leur densité médicale de respectivement 19 %, 17 % et 17 %. À l'inverse, les densités médicales de la Seine-et-Marne, du Val-d'Oise et de l'Ariège ont baissé de 13 %, 13 % et 15 %[2].

Ces divergences sont d'autant plus inquiétantes qu'elles concernent des départements parfois déjà sous ou sur-dotés. Ainsi, 11 départements dont la densité était supérieure à la moyenne nationale en 2012 ont connu une augmentation importante en dix ans. Au contraire, 48 départements déjà sous-denses ont connu une baisse relative de leur densité médicale. Par exemple, le département de l'Eure avait en 2012 une densité 3,5 fois inférieure à celle de Paris. Elle est aujourd'hui de 4,3 fois inférieure à la densité parisienne (96 médecins généralistes libéraux pour 100 000 habitants contre 415 médecins pour 100 000 habitants).

[1] Ministère de la Santé (2017), *Lutter contre les inégalités sociales et territoriales d'accès à la santé.*

[2] DREES (2022), *Démographie des professionnels de santé.*

2. Les inégalités d'accès aux soins primaires résultent à la fois des inégalités dans la répartition géographique des professionnels, de l'importance des dépassements d'honoraires et des discriminations qui persistent

Les difficultés d'accès aux soins résultent en partie des disparités croissantes d'implantation des professionnels de santé sur le territoire, pour toutes les professions, et en particulier en ce qui concerne les soins de ville (*cf. supra*).

Ces difficultés d'accès peuvent être renforcées par une offre de soins relevant du secteur conventionné à honoraires libres, ou dépassements d'honoraires (dit « secteur 2 », par opposition au secteur 1, le tarif de base fixé par l'Assurance maladie). Depuis 2018, aucun département ne dispose de plus de 20 % de médecins généralistes en secteur 2. En revanche, **l'accès aux spécialistes libéraux est de moins en moins favorable : 51,3 % de la population réside dans un département où plus de la moitié des spécialistes pratiquent des honoraires libres, contre moins de 17 % en 2007**[1]. Le taux moyen de dépassement d'honoraires (le montant des dépassements rapporté sur le nombre total d'actes) des médecins en secteur 2 est en légère diminution sur longue période : après une nette croissance entre 2007 et 2010 (de 50 à 54 %) il a connu une longue décrue entre 2010 et 2020 (-12 points), avant d'augmenter de nouveau entre 2020 et 2021 (45 %).

Les dépassements d'honoraires représentent donc en moyenne près de la moitié du montant du tarif de base remboursé par l'Assurance maladie, sur l'ensemble des actes des médecins généralistes et spécialistes exerçant en secteur 2

[1] *Rapport d'évaluation des politiques de sécurité sociale maladie 2022*, p. 112.

(actes au tarif opposable et actes avec dépassements d'honoraires). La mise en place des contrats OPTAM (pour option pratique tarifaire maîtrisée)[1] en 2017, afin de limiter les dépassements d'honoraires, a conduit à une concentration des dépassements d'honoraires sur certains actes des professionnels en secteur 2 : le taux de dépassement, pour les actes à honoraires libres, est passé de 78 % en 2011 à 85 % en 2021[2].

À ces difficultés s'ajoutent des discriminations sociales importantes qui renforcent l'inégalité d'accès aux soins. Selon une enquête du Défenseur des droits de 2019 qui souhaitait mesurer les différences de traitement dans l'accès aux soins pour plusieurs spécialités : **9 % des chirurgiens-dentistes, 11 % des gynécologues et 15 % des psychiatres ont refusé de recevoir des patients s'ils bénéficient de la couverture maladie universelle complémentaire (CMU-C) ou de l'aide au paiement d'une complémentaire santé (ACS)**[3].

[1] Contrats signés entre les professionnels de secteur 2 et l'Assurance maladie prévoyant la réalisation d'un certain nombre d'actes au tarif opposable et le respect d'un plafond de taux moyen de dépassements, en échange de la prise en charge partielle des dépassements d'honoraires par la Sécurité sociale.

[2] La question du renoncement aux soins pour raisons financières ne fait pas l'objet de données fiables sur le long terme, et n'a donc pas pu être abordée directement dans le présent rapport: en effet, le questionnaire qui permet de mesurer le renoncement aux soins pour raisons financières a été modifié en 2015, puis en 2020, ce qui ne permet pas de suivre l'évolution des réponses à une même question. En outre, le questionnaire administré entre 2015 et 2020 ne permet pas de différencier le renoncement aux soins pour raisons financières d'une absence de besoin de consultation.

[3] Défenseur des droits (2019), *Refus de soins: les plus démunis discriminés.*

3. Des politiques publiques qui peinent à répondre à la difficulté croissante d'accès aux soins primaires

Face à ces difficultés d'accès aux soins primaires, les politiques publiques récentes ont entre autres incité à l'exercice libéral dans des zones sous-denses, développé la télémédecine et favorisé l'accès de tous les assurés sociaux à un médecin traitant.

Les dernières années ont vu le développement important des aides financières à l'installation des professionnels de santé libéraux dans des zones dédiées, sans que celles-ci n'empêchent le creusement des inégalités territoriales : contrat d'aide à l'installation des médecins (CAIM) pour l'installation au moins un an en secteur 1 dans une zone « fragile », contrat de stabilisation et de coordination des médecins (Coscom) pour l'implication dans une démarche coordonnée dans un territoire sous-dense durant trois ans, contrat de solidarité territoriale médecin (CSTM) pour l'exercice ponctuel au sein d'une zone sous-dense, ou encore contrat de transition (Cotram) pour les professionnels de plus de 60 ans qui quittent une zone sous-dense mais préparent la reprise de leur patientèle. À noter que l'installation de professionnels en exercice salarié ne fait pas l'objet de ces aides, bien que cette pratique constitue une dynamique importante et qu'elle soit ancrée de longue date dans les réseaux mutualistes ou de collectivités territoriales.

Les téléconsultations sont souvent présentées comme une solution pour répondre au besoin d'accès à un médecin sur l'ensemble du territoire. Or les téléconsultations concernent avant tout les jeunes en milieu urbain, patients comme médecins, et ne sont pas spécialement utilisées par les personnes les plus éloignées du système de soins, ni

géographiquement, ni socialement[1]. Les téléconsultations se font moins souvent avec un patient bénéficiaire de la complémentaire santé solidaire (CSS) que les consultations en cabinet. Elles ne permettent pas de répondre aux problématiques de déserts médicaux : 23,3 % des téléconsultations sont réalisées avec les 20 % de la population les mieux dotés en médecins généralistes, tandis que 17,9 % le sont avec les 20 % les moins bien dotés.

Enfin, des tensions s'observent entre autres au travers des difficultés pour obtenir des rendez-vous médicaux et en particulier pour trouver un médecin traitant. En 2021, l'Assurance maladie estimait que près de 6 millions de Français n'avaient pas de médecin traitant, soit environ 11 % de la population[2]. Pour les personnes en ALD ce chiffre est passé de 510 000 fin 2018 à 714 000 fin 2022, soit une hausse de 40 % des personnes en ALD sans médecin traitant, alors qu'elles ont plus besoin que d'autres d'une coordination de leur parcours de soins[3]. Face à ces enjeux, l'Assurance maladie a donc développé un programme d'identification des patients en ALD âgés de 17 ans et plus ayant consulté 3 fois le même médecin dans l'année, pour que celui-ci puisse être déclaré comme médecin traitant. Ce qui permet d'aligner la situation administrative à la réalité du terrain sans pour autant apporter une amélioration à la prise en charge des patients.

[1] Kamionka, J. & Bergeat, M. (DREES) (2022), « Sept téléconsultations de médecine générale sur dix concernent en 2021 des patients des grands pôles urbains. » « En 2021, 45,2 % des téléconsultations de médecins généralistes libéraux sont réalisées avec des patients de 15 à 44 ans, contre 28,7 % des consultations en cabinet » et « 69,4 % des téléconsultations sont réalisées pour des patients vivant dans les villes-centres ou les banlieues des grands pôles, où réside 56,9 % de la population. »

[2] Laurent, B. (sept 2022), « VRAI OU FAUX. 6 millions de Français sont-ils vraiment sans médecin traitant ? », *La Dépêche*.

[3] Assurance maladie (mars 2023), *Patients en affection de longue durée (ALD) sans médecin traitant: un plan d'actions est lancé*.

05

ÉTABLISSEMENTS DE SANTÉ

Une spécialisation croissante entre cliniques commerciales et établissements publics de santé confrontés à de fortes tensions humaines et capacitaires

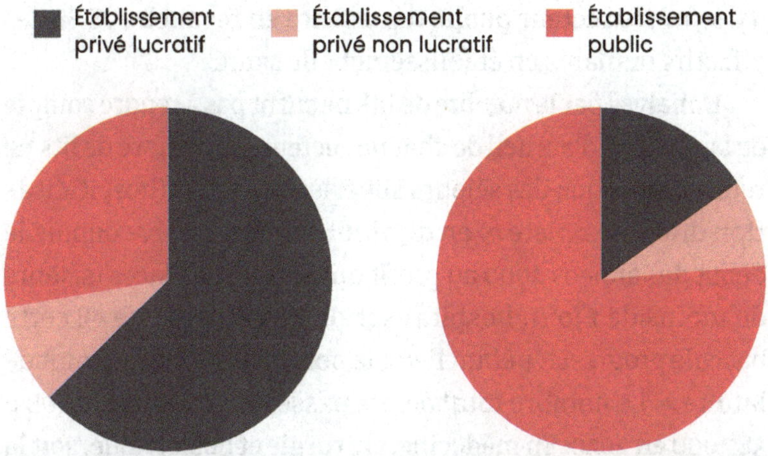

Répartition de la prise en charge des hospitalisations inférieures à 1 jour en chirurgie en 2019

Répartition de la prise en charge des hospitalisations supérieures à 1 jour en médecine en 2019

1. Des établissements de santé confrontés à une activité marquée par une diminution de la durée des séjours

Au-delà de l'offre de soins proposée par les professionnels libéraux, principalement installés en ville, l'offre de soins est également dispensée au sein d'établissements de santé tels que les hôpitaux ou les cliniques. Ces établissements peuvent dépendre d'institutions publiques, d'entreprises privées à but lucratif ou de fondations ou associations privées à but non lucratif.

Au niveau national, les établissements de santé publics concentrent 60 % des lits et des places, les cliniques privées à but lucratif 25 % et les établissements privés à but non lucratif 15 %[1]. Du fait des différences d'activité entre les secteurs

[1] DREES (2020), *Les grandes catégories d'établissements de santé.*

(*cf. infra*), le secteur public représente en revanche 78 % des effectifs humains en établissement de santé[1].

L'analyse par le nombre de lits ne suffit pas à rendre compte de la capacité d'accueil de chaque secteur. Le nombre de lits ne rend compte que des séjours supérieurs à 1 jour (hospitalisation dite « complète ») en diminution progressive depuis le début des années 2000 au profit du nombre de places (séjours de moins de 1 jour, hospitalisation dite « partielle »), cette bascule progressive étant liée à la politique du « virage ambulatoire ». Le nombre total de lits passe de 443 000 en 2008 à 387 000 en 2020. En médecine, chirurgie et obstétrique, soit la première activité des établissements avec 50 % des capacités totales[2], ce nombre de lits est en diminution progressive dans tous les secteurs (-9 % pour le secteur public, -8 % pour le privé non lucratif et -22 % pour le privé à but lucratif entre 2008 et 2020). À l'inverse, le nombre de places augmente sur longue période, passant de 58 000 en 2008 à 80 000 en 2020 (+33 %)[3].

Alors que les capacités d'accueil totales diminuent, la prise en charge par les établissements de santé[4] du nombre total de journées reste relativement stable — 136 millions de journées d'hospitalisation en 2011 contre 134 millions de journées en 2019, tous établissements confondus[5]. Le nombre de journées d'hospitalisation complète dans le secteur public a connu une diminution sur cette période (-4 millions de journées, soit -5 %)

[1] DREES (2022), *Les évolutions des effectifs salariés du secteur hospitalier.*

[2] L'activité de médecine, chirurgie obstétrique représente en 2020 plus de 50 % des capacités d'hospitalisation complète, tous secteurs confondus. Les soins de suite et de réadaptation en représentent 25 %, et la psychiatrie et les unités de soins de longue durée (USLD) un peu moins de 25 %.

[3] DREES (2020), *L'activité en hospitalisation complète et partielle.*

[4] Mesurée en journées d'hospitalisation, une journée équivalant à un épisode de soins en hospitalisation partielle ou à une journée calendaire dans un séjour d'hospitalisation complète.

[5] L'année 2020 a connu une forte baisse d'activité cumulée du fait des déprogrammations liées au Covid-19.

malgré la stabilité du nombre de séjours en hospitalisation complète (+1 %)[1].

Alors que l'augmentation du nombre de journées d'hospitalisation partielle dans le secteur public n'a été que de 3 % entre 2011 et 2019, cette activité a en revanche connu une hausse extrêmement marquée dans le secteur privé à but lucratif : +57 % sur la même période (+2,4 millions de journées)[2].

2. Des établissements privés principalement orientés vers la prise en charge de séjours de très courte durée, un secteur public qui accueille très majoritairement les populations les plus défavorisées et les diagnostics les plus sévères

La prise en charge de séjours dans des établissements de santé se caractérise par une réduction de la durée moyenne des séjours, principalement portée par le virage ambulatoire et par la réduction de la durée moyenne des séjours d'hospitalisation complète dans le secteur public. La part des séjours en journée ne donnant pas lieu à une nuit dans la structure, dits « ambulatoires », a augmenté depuis 2014[3] pour atteindre 60 % en 2019[4]. Ces entrées en ambulatoire représentent en 2019 un séjour sur deux dans les établissements publics et les trois quarts des séjours dans les établissements privés à but lucratif.

En outre, il ressort de l'analyse par catégorie d'établissement que les établissements de santé privés commerciaux sont

[1] Ce phénomène renvoie à la diminution des durées moyennes de séjour expliquées *infra*.

[2] DREES, *Le panorama des établissements de santé*, édition 2013 et DREES, *Les établissements de santé*, édition 2021. L'activité en hospitalisation complète et partielle.

[3] Cette part était de 58 % en 2014 selon les données issues du Système national des données de santé (SNDS).

[4] DREES, 2021, fiche 3, *op. cit.*

spécialisés, principalement dans les domaines des techniques interventionnelles de la chirurgie, et sont faiblement présents en médecine et en obstétrique. Ils prennent ainsi en charge une part majoritaire des séjours en chirurgie, soit plus de 53,4 % des séjours (le privé non lucratif représentant quant à lui plus de 9 % du nombre total de séjours pris en charge). En considérant les séjours en chirurgie inférieurs à une journée, ce taux atteint plus de 63 %[1].

À l'inverse, les établissements publics de santé sont très largement généralistes, très présents en médecine et en obstétrique et relativement peu en chirurgie. Ils prennent également en charge les séjours les plus longs. Ainsi, les établissements publics prennent plus de 76 % des séjours en médecine supérieurs à une journée (contre environ 15 % dans le secteur privé lucratif)[2].

L'activité des établissements publics est particulièrement marquée par la croissance des passages aux urgences. En 2010, 17 millions de passages aux urgences étaient enregistrés sur l'année, il y en a eu plus de 21 millions en 2019 (soit une hausse de plus de 20 % en moins de dix ans). Or plus de 80 % des passages aux urgences sont pris en charge au sein des établissements publics[3].

Par ailleurs, sur la totalité des 8 millions de séjours intégrant un niveau de sévérité en 2019, c'est-à-dire ceux concernant les situations de santé les plus sensibles (27 % du total), les établissements publics en prennent en charge plus de 67 %, soit une grande majorité. **Les hôpitaux publics assurent la**

[1] DREES (2022), *Les établissements de santé*. Les données retenues sont celles de 2019 pour éviter l'effet du Covid sur l'activité hospitalière.

[2] DREES (2022), *Les établissements de santé*.

[3] DREES (2021), *Les établissements de santé*.

prise en charge de 79 % des séjours avec stade de sévérité 4 (sévérité la plus lourde) et 78 % des séjours de sévérité 3.

Des écarts significatifs dans la prise en charge de patients en difficultés sociales entre établissements publics, privés et établissements privés non lucratifs ressortent des données issues du système national des données de santé. Le taux national moyen de prise en charge de patients bénéficiant de la complémentaire santé solidarité[1] (CSS, ex-couverture maladie universelle) a en moyenne légèrement augmenté entre 2014 et 2019 pour passer de 6,4 % à 6,6 %, mais cette évolution est principalement le fait des établissements publics. Au final, les hôpitaux publics prennent en charge 68 % des patients en complémentaire santé solidaire (CSS), 78 % des patients avec une aide médicale d'État (AME) et 97 % des patients en soins urgents.

Mai 2022 : Les urgences publiques du CHU de Bordeaux, l'un des plus grands hôpitaux français, ferment la nuit

La fermeture des urgences de nuit au CHU de Bordeaux à partir du mercredi 18 mai 2022, faute de personnel, est un révélateur du paroxysme atteint par les difficultés des services d'urgence: saturation des urgences notamment en raison de la difficulté à trouver un médecin traitant, désorganisation conséquente des soins programmés dans les établissements de santé, risques accrus pour les patients en situation de véritable urgence, etc.

Dans un contexte national où les services d'urgence sont très sollicités, le nombre de patients aux urgences du CHU de Bordeaux a augmenté de près de 50 % en deux ans entre 2020 et 2022.

[1] Cet indicateur correspond au nombre de patients bénéficiant de la CSS pris en charge lors d'un séjour hospitalier/nombre total de séjours en France sur une année dans des établissements publics de santé, privés et privés non lucratifs.

Dans ce contexte, et faute de personnels médical et paramédical disponibles, la décision de fermer les urgences adultes — ou de réserver l'accès à ces urgences uniquement pour les cas les plus graves où le pronostic vital est engagé (AVC, grands brûlés...) — sur la tranche horaire 17 heures - 8 heures du matin a été prise.

Dans le même temps, une organisation « dégradée » a été prévue : les patients qui voulaient se rendre aux urgences du CHU devaient appeler le Samu-15 pour avoir accès aux urgences du CHU. Les cas non vitaux étaient renvoyés vers d'autres services d'urgence du département ou de la région.

Des fermetures de structures d'urgence qui se sont poursuivies dans d'autres hôpitaux

La fermeture des services d'urgence — sur une tranche horaire ciblée — a été reprise dans de nombreux hôpitaux publics. C'est le cas notamment dans les hôpitaux de Langon (Gironde), Pontivy (Morbihan), La Ferté-Bernard (Sarthe), Château-du-Loir (Sarthe). Enfin, ces fermetures ont pu être étendues aux week-ends : l'hôpital de Chinon a décidé depuis le 27 octobre 2022 de fermer les urgences de 21 heures à 7 heures du matin ainsi que le week-end.

3. Des établissements de santé pris dans des injonctions contradictoires dont la crise sanitaire a aggravé les conséquences pour les professionnels

La spécialisation différente entre les établissements privés d'une part (spécialisés en séjours en chirurgie de courte durée) et publics d'autre part (séjours longs en médecine, avec une prise en charge des soins sévères et urgents) rend impossible une comparaison par secteur de la charge de travail. Un rapport de la commission d'enquête du Sénat de mars 2022, « Hôpital, sortir des urgences », met cependant l'accent sur les charges de travail excessives, le manque de temps médical et soignant auprès des patients comme des facteurs à l'origine d'un sentiment de perte de sens qui provoque des départs de personnels en cours de carrière. Le rapport montre que, **plus que le niveau des rémunérations ou les écarts de salaire entre secteurs public et privé, ce sont avant tout les conditions de travail dégradées qui génèrent une désaffection préoccupante à l'égard de l'hôpital par ses professionnels**. Si ces problématiques ont été accentuées par la crise sanitaire, elles traduisent un malaise hospitalier aux ressorts anciens.

En effet, à bien des égards les instruments de pilotage financier entrent en contradiction avec la croissance des besoins de prise en charge. D'une part, en particulier au sein de l'hôpital public, l'augmentation des ALD et des polypathologies conduit à une augmentation du besoin de coordination entre soignants et professionnels ainsi que de temps auprès des patients. Cette logique est d'autant plus nécessaire que le virage ambulatoire implique une articulation renforcée avec le secteur des soins primaires, en organisant des filières d'admission directe des patients sans passage par les urgences et en préparant leur sortie d'hospitalisation en lien avec le médecin traitant. D'autre part, la mise en place de la tarification à l'activité (T2A) en 2004 a conduit à une pression à la baisse sur les durées moyennes de séjour et à une réduction du temps par patient. Cette méthode de financement des établissements de santé, mise *de facto* en suspens en 2020 avec la crise du Covid-19, valorise en effet les actes techniques indépendamment les uns des autres, mais ne finance pas les actes de coordination et d'organisation. Alors que la T2A représente une des incitations les plus importantes à la réalisation du virage ambulatoire, elle entre paradoxalement en contradiction avec les implications de celui-ci : la nécessité de dégager plus de temps pour accompagner les patients dans une logique de parcours.

La pénurie de médecins généralistes en amont ainsi que le faible nombre de structures médico-sociales en aval (EHPAD) conduisent en outre à une saturation accélérée des établissements hospitaliers.

Dans ce contexte, la tension sur les ressources humaines des établissements de santé va croissant. Le suivi des effectifs par la DREES montre que, en apparence, le nombre de professionnels à l'hôpital a augmenté jusqu'en 2020, de +8,7 % par rapport à 2012. Les sources de données administratives ne permettent cependant pas de pondérer les effectifs selon les durées du contrat de travail (temps partiel). L'absence de système d'information généralisé sur le territoire ne permet pas non plus de suivre l'absentéisme, les démissions et turnover des salariés. En l'absence de suivi de l'activité et des ressources nécessaires pour sa prise en charge, il semble difficile d'assurer une bonne gestion des établissements de santé, soit d'un point de vue économique soit de celui de l'activité ou de la qualité des soins.

Le rapport sénatorial de mars 2022 sur la situation de l'hôpital met en évidence l'impact des postes vacants qui peuvent contribuer à imposer des fermetures de lits, l'accentuation des départs en cours de carrière et les difficultés de recrutement. Selon une enquête flash conduite par la Direction générale de l'offre de soins (DGOS) publiée en décembre 2022, l'hôpital a perdu, pour le seul mois d'octobre 2022, 784 infirmiers (dont 568 dans le public et 216 dans le privé).

06

REMBOURSEMENT DES SOINS

La délégation de certains remboursements de dépenses en santé aux organismes complémentaires limite les effets redistributifs de notre système de santé

Montant et répartition du reste à charge en santé selon le statut d'ALD[1]

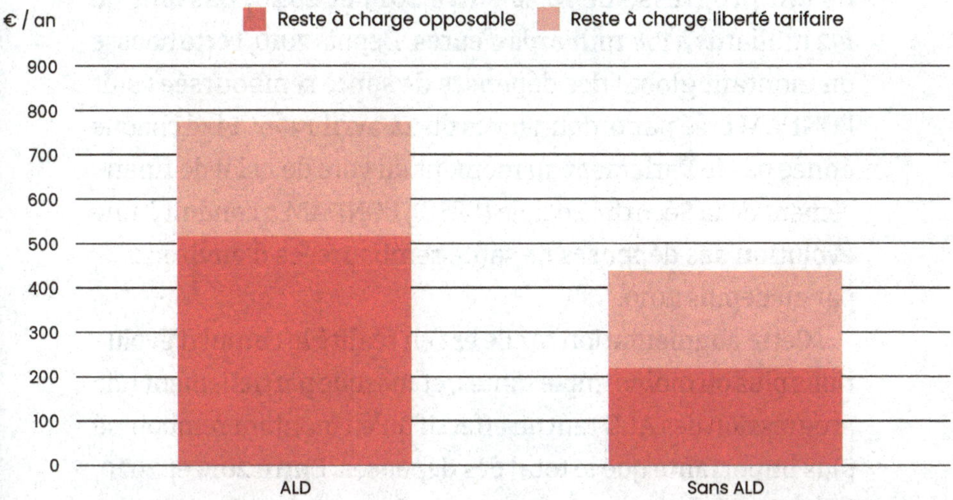

1. Des montants remboursés par l'assurance maladie obligatoire dont les postes principaux augmentent plus rapidement que l'ONDAM

En 2020, 168 milliards d'euros ont été remboursés par l'ensemble des régimes pour la prise en charge de près de 66,2 millions de personnes en matière de soins de ville, d'hospitalisations ou encore de remboursement de médicaments. L'objectif national de dépenses d'assurance maladie (ONDAM) a été fixé la même année à hauteur de 205 milliards, dont plus de 20 milliards pour le secteur médico-social.

[1] Les données sont issues de la note ER1251.pdf (solidarites-sante.gouv.fr) de la DREES. Bien que l'étude date de 2022, les données utilisées datent de 2017, avant la réforme 100 % santé, les effets de cette réforme sur le reste à charge ne sont donc pas pris en compte. La part prise en charge par la Sécurité sociale correspond à la part des dépenses en santé remboursée par l'Assurance maladie, le reste à charge opposable correspond aux participations forfaitaires et aux tickets modérateurs, le reste à charge liberté tarifaire correspond aux dépassements d'honoraires et aux tarifs libres sur certains produits ou actes.

Les montants remboursés augmentent d'année en année, ils ont progressé de 10 % entre 2015 et 2020, passant de 152 milliards à 168 milliards d'euros. Depuis 2010, cette hausse du montant global des dépenses de santé remboursées suit l'ONDAM créé par ordonnances du 24 avril 1996[1]. Fixé chaque année par le Parlement au moment du vote de la loi de financement de la Sécurité sociale (LFSS), l'ONDAM a conduit à une évolution des dépenses de santé remboursées d'environ 2 % par an depuis 2010.

Cette augmentation totale est en réalité le cumul d'évolutions plus ou moins importantes, et masque partiellement une progression des ALD tant en effectif qu'en montant remboursé plus importante que le total des dépenses. Entre 2015 et 2020, le nombre de personnes en ALD passe de 10 millions à 12 millions (+20 %) et le montant remboursé au titre des ALD de 92 milliards d'euros à 104 milliards (+13 %). Postes de soins particulièrement dynamiques, les remboursements liés aux cancers augmentent de 30 % entre 2015 et 2020, avec une forte augmentation du coût par patient liée aux avancées des traitements et aux innovations médicales. De manière plus marginale en montant remboursé, la progression des arrêts de travail est également bien plus rapide que celle de l'ONDAM (+50 % en 5 ans), la première cause des arrêts de travail étant les motifs liés à la santé mentale (20 % des montants remboursés, +33 % en 5 ans)[2].

Au total, les pathologies et traitements chroniques représentent près de 61,8 % des dépenses contre 60,5 % en 2015, avec un poids des ALD qui va donc croissant au sein des dépenses de santé.

[1] L'ONDAM, qui est un objectif et non une enveloppe limitative, était auparavant dépassé chaque fin d'année.

[2] Assurance maladie (2022), *Dépenses remboursées affectées à chaque pathologie — 2015 à 2021.*

2. Pour limiter le reste à charge des ménages, l'assurance maladie obligatoire délègue et régule des organismes d'assurance complémentaire

Les montants remboursés par l'assurance maladie obligatoire (AMO) permettent de prendre en charge environ 80 % des dépenses de santé de l'ensemble des ménages. **En 2021**, les organismes complémentaires de santé représentaient environ 13 % de la couverture des dépenses finales de santé des ménages. **Environ 95 % de la population disposait en effet d'un contrat de couverture santé complémentaire** — soit 2,5 millions de ménages non couverts. **Ces proportions sont globalement stables depuis 2010**, avec en cumulé une légère augmentation de la proportion des dépenses de santé prises en charge par l'assurance maladie obligatoire[1].

Cette stabilité apparente est en réalité la résultante de deux dynamiques croisées. Le premier facteur de cette stabilité est une augmentation de la part des dépenses de santé couvertes par l'assurance maladie obligatoire du fait de la hausse de la part de la population reconnue en affection de longue durée (cf. *supra*, 1). Cette reconnaissance ouvre en effet droit à la prise en charge à 100 % par l'Assurance maladie des soins les plus lourds et liés à ces affections chroniques, à hauteur des tarifs de la Sécurité sociale (exonération du ticket modérateur, pour les soins relatifs à ces ALD). Pour les patients en ALD, les dépenses de santé étaient couvertes, en 2017, à 91 % par l'assurance maladie obligatoire. Sur les 9 % de reste à charge dits « AMO », un peu moins des deux tiers concernaient des soins dits à tarif opposable, c'est-à-dire couverts en quasi-totalité par les contrats des complémentaires santé dits

[1] DREES, *Comptes de la santé 2022*, fiche 18, Le financement de la consommation de soins et de biens médicaux.

« responsables[1] ». En moyenne, en 2017, un peu plus de 3 % des dépenses de santé des patients en ALD restaient à leur charge financière[2].

Le second facteur de cette stabilité globale est une dynamique inverse : l'augmentation de la part prise en charge par les organismes d'assurance maladie complémentaire pour les patients hors ALD. En 2017, le reste à charge après intervention de l'assurance maladie obligatoire s'élevait à 33 % du montant total des dépenses. Un peu plus de la moitié de ce reste à charge AMO[3] était couvert par les contrats de complémentaires dits « responsables », et l'autre moitié (environ 16 % du total) était un reste à charge lié à la liberté tarifaire, couvert inégalement selon les contrats de complémentaires contractés[4].

Pour limiter le reste à charge des ménages mais également l'impact financier de nouvelles mesures, les pouvoirs publics se sont attachés à élargir l'accès aux complémentaires santé tout en encadrant les prises en charge dans certains secteurs[5], contribuant à augmenter la part des remboursements réalisés par les organismes complémentaires d'assurance maladie parmi les soins hors ALD.

[1] Encadrés juridiquement, ces contrats doivent notamment prendre en charge les forfaits journaliers hospitaliers et la plupart des tickets modérateurs (en dehors de certains médicaments et des actes réalisés en dehors du parcours de soins).

[2] DREES (déc. 2022), *Plus les dépenses de santé sont importantes, plus la part prise en charge par l'assurance maladie obligatoire est élevée.*

[3] Selon la catégorisation de la DREES, qui considère comme « reste à charge AMO » l'ensemble formé par la part du reste à charge « opposable », comprise dans les contrats de complémentaires santé responsables, et la part liée à la liberté tarifaire.

[4] DREES (déc. 2022), *Plus les dépenses de santé sont importantes, plus la part prise en charge par l'assurance maladie obligatoire est élevée.*

[5] DREES (2019), *La complémentaire santé.*

Ainsi, pour favoriser l'accès aux complémentaires santé, depuis le 1er janvier 2016, chaque entreprise a l'obligation de proposer à ses salariés une offre collective de complémentaire santé. En 2017, la mise en place des contrats OPTAM (*cf. supra*, 4), ayant pour objectif d'encadrer les dépassements d'honoraires des professionnels en secteur 2, a eu pour contrepartie une exigence de meilleure prise en charge de certains honoraires libres par les complémentaires santé. En 2019, la mise en place de la complémentaire santé solidaire (C2S) remplace la couverture maladie universelle complémentaire (CMU-C) et l'aide à la complémentaire santé et doit permettre un meilleur accès aux assurances complémentaires.

Enfin, devant le constat d'un reste à charge non couvert par les contrats complémentaires responsables dépassant les 75 % des coûts totaux dans les secteurs de l'optique, des audioprothèses et des soins dentaires, un dispositif « 100 % santé » a été institué progressivement à partir du 1er janvier 2019. Il doit permettre une prise en charge à 100 % par les contrats responsables sur un panier limité de soins en audiologie, optique et dentaire, obligatoirement proposé par les professionnels de ces secteurs. En 2021, des augmentations substantielles des dépenses totales de prothèses dentaires (+26 %) et d'appareils auditifs (+60 %) ont été constatées, en partie importante sur des appareils couverts par le 100 % santé. L'offre 100 % santé reste en revanche marginale dans l'optique (4 % des dépenses)[1].

En 2023, l'UFC-Que choisir constate une hausse des tarifs des organismes complémentaires supérieure à l'inflation (+ 7,1 % pour la hausse médiane entre 2022 et 2023), plus marquée encore pour les tarifs des sociétés d'assurance (+ 9 %) et les instituts de prévoyance (+ 8,8 %) que pour les mutuelles

[1] DREES, *Comptes de la santé 2022*, fiche 15, Le 100 % santé.

(+6,9 %). La part des sociétés d'assurance parmi les organismes complémentaires de santé a augmenté graduellement depuis 2010, passant de 26 % à 34 % des prestations versées, au détriment des mutuelles (de 55 % des prestations versées en 2011 à 46 % en 2021)[1].

Janvier 2022 : Publication du livre *Les Fossoyeurs* qui révèle les pratiques de « bonne gestion » des EHPAD par le groupe Orpea

Le 26 janvier 2022 paraissait le livre *Les Fossoyeurs : Révélations sur le système qui maltraite nos aînés*. Cet ouvrage est un livre d'investigation écrit par un journaliste indépendant, Victor Castanet. Il conclut trois ans d'enquête au sein du groupe Orpea, gérant une chaîne d'EHPAD privés, de maisons de retraite et de cliniques de soins. Leader mondial, Orpea représente 220 EHPAD en France.

Ce livre décrit de nombreuses situations illustrant les conséquences de la recherche de rentabilité au sein du secteur médico-social. Les décideurs du groupe, guidés par la volonté d'optimiser leurs profits, limitent les dépenses, qu'elles soient salariales (limitation des salaires, recours à des postes de vacataires, limitation de l'effectif) ou plus strictement budgétaires (rationnements alimentaire et de matériel), quitte à maltraiter les résidents et les travailleurs de leurs établissements. Dans cet ouvrage, il est également rappelé que le financement de ces établissements est en partie supporté par des dotations publiques alors même que le groupe génère plusieurs milliards d'euros de chiffre d'affaires par an, permettant ainsi l'enrichissement des dirigeants du groupe.

Ce livre, au-delà de la mise en cause d'Orpea, rappelle les difficiles conciliations entre l'objectif de profit et la dispense de soins de qualité.

[1] DREES, *Comptes de la santé 2022*, fiche 20, Le financement des dépenses de santé par les organismes complémentaires.

Rappelons que la problématique du grand âge, de la lutte contre la dépendance et la perte d'autonomie est régulièrement évoquée par le gouvernement depuis plusieurs années.

Le 1er janvier 2016 est entrée en vigueur la loi relative à l'adaptation de la société au vieillissement. Marisol Touraine, alors ministre des Affaires sociales et de la Santé, déclara à ce sujet : « Le Gouvernement prend ses responsabilités avec une loi de XXIe siècle qui anticipe les conséquences du vieillissement sur notre société et qui, parce qu'elle est financée, sera pérenne. »

Au 1er décembre 2021, une cinquième branche du régime général de la Sécurité sociale relative à l'autonomie est créée par ordonnance.

En 2022, le système d'inspection des EHPAD par les ARS reste insuffisant et ne permet pas d'éviter les situations telles que celles décrites dans *Les Fossoyeurs*.

3. Malgré une prise en charge élevée des dépenses de santé, des inégalités demeurent selon l'état de santé, la géographie et la catégorie sociale des patients

Malgré une prise en charge importante des dépenses de santé par l'assurance maladie obligatoire (AMO), des inégalités demeurent selon l'état de santé des individus. Les dépenses de santé prises en charge par l'AMO au titre des ALD reflètent la solidarité horizontale de notre système d'assurance obligatoire en faveur des individus qui font face aux risques santé les plus importants. **Si les personnes en ALD sont en moyenne mieux remboursées de leurs dépenses de santé par l'Assurance maladie que les personnes hors ALD** (*cf. supra*), **leurs dépenses sont six fois plus élevées** : 8 919 € en moyenne par an, contre 1 437 €, et leur reste à charge reste donc sensiblement plus élevé (772 € par an contre 440 € par an).

Sur le plan géographique, la forte présence de professionnels de santé pratiquant des dépassements d'honoraires explique un reste à charge élevé. Les dépassements d'honoraires sont plus régulièrement pratiqués par les médecins spécialistes et pour les soins dentaires. Certains départements, malgré une population jeune qui consomme peu de soins, ont des niveaux de dépassements d'honoraires par patient très élevés : Paris, Hauts-de-Seine, Yvelines, Rhône et Isère. La part du reste à charge du fait des dépassements d'honoraires est en moyenne égale à 27 % . Cette part s'élève à près de 40 % à Paris, dans les Hauts-de-Seine et les Yvelines. Les départements du Rhône et de l'Isère présentent eux aussi une part importante de dépassements (entre 30 % et 35 % de reste à charge [RAC])[1].

D'un point de vue social, les personnes les plus précaires ont 3 fois plus de risques de renoncer aux soins que les autres[2]. Ce renoncement aux soins s'accompagne d'un état de santé plus dégradé (*cf.* partie 2.2) mais également d'un taux d'effort plus important.

Ainsi les personnes les plus pauvres sont celles qui dépensent relativement le plus pour leur santé. Les 10 % les plus précaires consacrent 7,5 % de leur revenu à leur santé contre 2,4 % pour les 10 % les plus aisés[3].

Les 10 % les plus pauvres limitent leurs frais relatifs aux complémentaires santé. En 2017, ils dépensaient 386 € contre 1 414 € pour les 10 % les plus riches pour s'offrir une complémentaire santé. En conséquence, ils sont peu remboursés lors

[1] DREES (mai 2023), *Dépenses de santé et restes à charge pour les patients: comment expliquer les disparités entre départements?*

[2] DREES (juillet 2021), *Renoncement aux soins: la faible densité médicale est un facteur aggravant pour les personnes pauvres.*

[3] Sécurité sociale (2022), *Rapport d'évaluation des politiques de sécurité sociale.*

des dépassements d'honoraires et bénéficient de moins de soins impliquant des honoraires libres (310 € par an contre 708 € par an pour les 10 % les plus riches)[1].

Contrairement à l'assurance maladie obligatoire, l'assurance complémentaire crée peu de redistribution entre les personnes les plus modestes et les plus aisées : les cotisations payées sont dégressives selon le niveau de revenu, et les remboursements des organismes d'assurance maladie complémentaire plus élevés pour les ménages les plus aisés[2].

[1] Sécurité sociale (2022), *Rapport d'évaluation des politiques de sécurité sociale.*

[2] DREES (2019), *Les effets redistributifs de l'assurance maladie obligatoire et complémentaire.*

Chiffres essentiels

+34 % de patients en ALD (affection longue durée), passant d'environ 9 millions à 12 millions entre 2010 et 2020.

1 sur 6 : la proportion de personnes concernées par une ALD en France aujourd'hui.

67 ans : l'espérance de vie sans incapacité pour les femmes.

65,6 ans : l'espérance de vie sans incapacité pour les hommes.

1 sur 5 : la proportion de jeunes de 15 à 24 ans concernés par un syndrome dépressif.

+ 270 % d'augmentation du nombre de femmes concernées par un syndrome dépressif par rapport à 2019.

1 sur 7 : proportion de décès en France dus à des facteurs environnementaux qui pourraient être évités ou supprimés.

13 ans : l'écart d'espérance de vie à la naissance entre les 5 % des hommes les plus aisés et les 5 % les plus pauvres.

13 % des décès en France métropolitaine sont dus au tabagisme.

47,3 % de l'ensemble des inscrits à l'Ordre des médecins en 2020 ont plus de 60 ans, contre 30,7 % en 2010.

25 % → 19 % : évolution de la proportion de médecins généralistes libéraux entre 2012 et 2020.

34 % → 40 % : évolution de la proportion d'infirmières libérales entre 2012 et 2020.

21 % → 24 % : évolution de la proportion de masseurs-kinésithérapeutes libéraux entre 2012 et 2020.

6 % de la population française vivait en 2018 dans une zone au sein de laquelle l'accès potentiel moyen à un médecin généraliste était inférieur à 2,5 consultations par an et par habitant, contre 3,8 % en 2015.

11 départements dont la densité médicale était supérieure à la moyenne nationale en 2012 ont connu une augmentation importante de cette densité en dix ans.

48 départements déjà sous-denses ont connu une baisse relative de leur densité médicale dans les dix dernières années.

6 millions de Français étaient sans médecin traitant en 2021.

23 % des téléconsultations sont réalisées avec les 20 % de la population les mieux dotés en médecins généralistes, tandis que 17,9 % le sont avec les 20 % les moins bien dotés.

Entre 2008 et 2012 :

- 55 000 lits d'hospitalisation complète.

+ 22 000 places d'hospitalisation à la journée.

+ 20 % de passage aux urgences entre 2010 (17 millions) et 2019 (21 millions).

80 % des passages aux urgences sont pris en charge au sein des établissements publics.

x 3 : les personnes les plus précaires ont 3 fois plus de risques de renoncer aux soins que les autres.

772 € : montant moyen par an du reste à charge pour les personnes en affection longue durée (contre 440 € sans ALD).

Éducation

Introduction

L'éducation nationale est une politique publique qui s'incarne dans un service public de l'éducation, formé d'une communauté éducative autour d'enseignants et de personnels non enseignants exerçant leur activité dans des lieux scolaires, auquel peuvent concourir les parents. Aux termes de l'article L. 111-1 du code de l'éducation, il vise à la transmission des connaissances et des valeurs de la République aux élèves, tout en veillant à « l'égalité des chances », « la scolarisation inclusive », « la mixité sociale des publics scolarisés » et « la réussite de tous ».

Depuis la rentrée 2020, la scolarité est obligatoire en France pour les élèves de 3 ans à 16 ans (article L. 131-1 du code de l'éducation). Pour les besoins de la comparaison internationale, c'est toutefois le degré de scolarité, plutôt que l'âge des élèves, qui est retenu dans les analyses : l'OCDE parle ainsi du « primaire, secondaire et post-secondaire non tertiaire » pour décrire ce que l'on appelle en France l'école primaire, le collège, le lycée et les filières professionnelles au lycée, et comparer les pays. Il s'agit du canevas principalement utilisé dans ce chapitre. Le « tertiaire » désigne les études universitaires, et sera inclus ponctuellement dans le périmètre retenu.

Les premiers mots du code de l'éducation la désignent comme « première priorité nationale ». Elle représente en conséquence le premier poste de dépenses de l'État, 82 Md€ environ en 2023, soit un cinquième des crédits du budget général. Toutefois, tant les études internationales comme le rapport PISA de l'OCDE, conduit tous les 4-5 ans depuis 1997, que l'état des lieux de l'éducation témoignent de résultats décevants du système scolaire français, s'agissant par exemple du bien-être des élèves ou de celui des enseignants.

À travers six enjeux qui paraissent structurants pour la politique d'enseignement scolaire et les indicateurs liés, ce chapitre vise à objectiver la situation de l'école en France.

Phénomène marquant des quarante dernières années, la massification scolaire **(1)**, réalisée à modèle pédagogique quasi constant, ne s'est pas traduite par une démocratisation à la hauteur des enjeux de réduction des inégalités. Ce phénomène de « massification » est avant tout quantitatif : le taux de bacheliers a été multiplié par quatre pour une génération, permettant d'atteindre l'objectif politique de 80 % d'une classe d'âge à ce niveau de diplôme ; la proportion de diplômés du supérieur a été multipliée par deux en vingt-cinq ans chez les 25-34 ans, passant de 24 % à plus de 50 %. Il est également qualitatif, avec une modification dans la structure même des publics. D'une part, le collège unique a conduit à retarder la répartition des élèves entre filières générale et professionnelle, accroissant l'hétérogénéité des classes en termes d'origine sociale ou de rythmes de progression. D'autre part, le nombre d'élèves en situation de handicap scolarisés en milieu scolaire a été multiplié par trois en quinze ans, pour atteindre près de 400 000 élèves.

Cette massification s'est faite à modèle pédagogique relativement constant **(2)**. Les besoins des enfants à l'école concernent en premier lieu la pédagogie et la transmission des connaissances à l'école. Or ces méthodes pédagogiques, trop souvent conçues comme une sédimentation de « fondamentaux », dans une logique verticale, connaissent des résultats globalement décevants lors des grandes évaluations nationales et internationales. Accentuant les inégalités scolaires et sociales, ces méthodes doivent aujourd'hui être repensées. Au-delà de la pédagogie, le temps de l'école est si déterminant que l'enjeu est véritablement le bien-être et l'épanouissement des enfants **(3)**, condition même des apprentissages. Alors que cet enjeu du bien-être devrait être pensé, au-delà des seuls enseignantes et enseignants, par la totalité de la communauté éducative, il reste aujourd'hui le principal impensé du système éducatif.

Au total, la massification n'a pas permis de faire reculer les inégalités, et on retrouve une très forte polarisation des publics selon la filière du baccalauréat (général/technologique ou professionnel), pour le choix entre études courtes et études longues, et même dès l'orientation en classe ULIS à l'école primaire ou SEGPA dans le secondaire **(4)**.

En parallèle, les pratiques d'évitement des familles dotées d'un fort capital culturel se sont intensifiées, à la fois par le recours au secteur privé sous contrat et du fait du développement important des cours particuliers **(5)**, renforçant la mécanique de reproduction des inégalités sociales par l'école. Alors que la mixité au sein des établissements scolaires publics connaît une légère amélioration, les enfants de familles à fort capital culturel et/ou économique se concentrent de plus en plus au sein de l'école privée sous contrat. Il en découle une ségrégation croissante entre le public et le privé, et ce malgré des financements de l'État équivalents à ceux du public.

Enfin, le refus de prendre au sérieux la qualité de vie des élèves dans l'enceinte s'accompagne d'une perte de sens généralisée ressentie par des agents mis dans l'incapacité de réaliser leur mission au contact quotidien des enfants **(6).** Outre la stagnation de la rémunération et la précarisation croissante du corps enseignant comme des personnels d'accompagnement, qui sont de moins en moins titulaires de leur poste, l'augmentation de la taille des classes, notamment, dégrade les conditions de travail. La conséquence de cette dégradation progressive sur l'attractivité des métiers est immédiate : le nombre de candidats présents aux concours de l'Éducation nationale a été divisé par deux par rapport à la moyenne des années 1995-2005. Repenser notre système éducatif en profondeur apparaît ainsi comme une urgence, au croisement de la crise d'attractivité des professionnels de l'Éducation nationale, des impératifs sociaux et, surtout, des besoins des enfants.

01

LES BESOINS EN MATIÈRE D'ÉDUCATION

Une dynamique démographique fortement marquée par la massification scolaire

L'allongement de la durée moyenne des études et la hausse du niveau de diplôme sont le fruit de contraintes réglementaires, d'orientations politiques et d'une demande endogène des familles. La hausse du niveau moyen de diplôme détenu n'empêche pas le phénomène de tri à l'entrée sur le marché du travail : le diplôme est devenu indispensable pour éviter le chômage, mais ne garantit pas un emploi en rapport avec les qualifications détenues.

1. Aujourd'hui, 80 % d'une classe d'âge a le baccalauréat, pour moitié un baccalauréat général et pour moitié un baccalauréat technologique ou professionnel

En 1970, seuls 20 % de chaque génération étaient titulaires du baccalauréat. La quasi-totalité de ces bacheliers étaient alors titulaires d'un baccalauréat général. Entre 1985 et 1995, la proportion de bacheliers dans une génération a doublé (de 30 % à 63 %) : en dix années, le taux de titulaires d'un baccalauréat général parmi une génération a quasiment doublé (de 20 % à 37 %), à l'instar de celui de titulaires du baccalauréat technologique (de 10 % à 18 %), et 8 % de la tranche d'âge diplômée en 1995 est titulaire du nouveau baccalauréat professionnel. Entre 1995 et 2010, la proportion de bacheliers au sein d'une génération est restée stable, à hauteur de 65 %.

Depuis 2010, la France connaît une nouvelle période de croissance soutenue (80 % de bacheliers en 2017), principalement liée à la croissance des bacheliers généraux (34 % à 44 % entre 2010 et 2022). L'évolution du nombre de bacheliers professionnels est également très notable (14,4 % à 20,4 % entre 2010 et 2022), traduisant en réalité le remplacement de fait des CAP par le baccalauréat professionnel. L'année 2020, celle du premier confinement lié au Covid, a connu un pic en termes de proportion de bacheliers (86 %).

L'augmentation du volume de chaque génération de bacheliers a été accompagnée par quelques réformes de structure marquantes : première session du baccalauréat technologique en 1969 (dont, depuis 1995, environ 15 % de chaque génération est titulaire), première session du baccalauréat professionnel en 1987, et enfin le passage en trois ans du baccalauréat professionnel en 2009, qui conduit à une bascule importante avec le CAP (-450 000 titulaires du CAP par an entre 2007 et 2011, contre +400 000 titulaires du baccalauréat professionnel sur la même période)[1].

Un quadruplement de la proportion de titulaires du baccalauréat entre 1970 et 2022

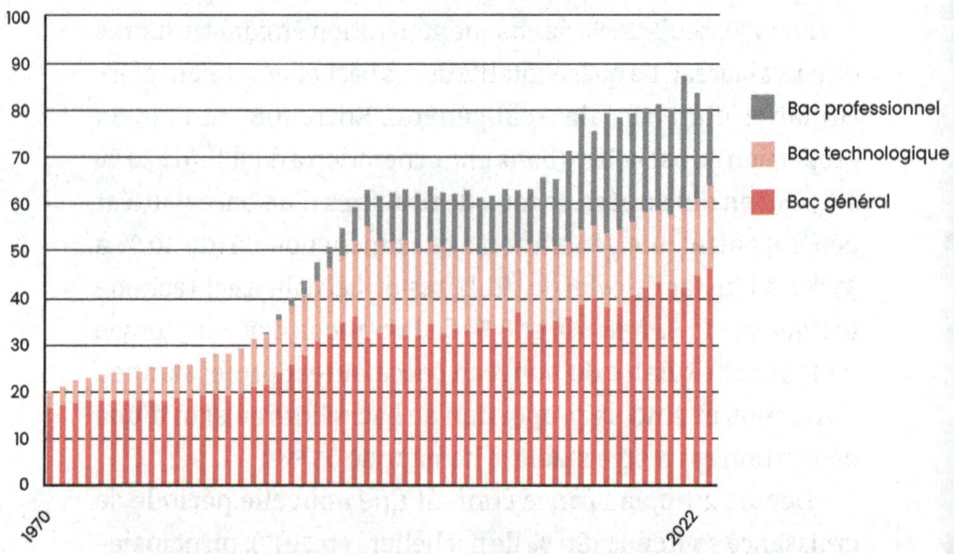

Champ: France métropolitaine jusqu'en 2000, France métropolitaine + DROM hors Mayotte à partir de 2001.
Sources: DEPP; INSEE; ministère en charge de l'Agriculture.

[1] DEPP, *État de l'école 2022*.

Conséquence de la hausse du nombre de bacheliers, la part d'une génération diplômée de l'enseignement supérieur représente en 2022 50,1 % des 25-34 ans. Cette part de diplômés du supérieur parmi les 25-34 ans a plus que doublé au cours des 25 dernières années, puisqu'elle n'était, en 1995, que de 24 %. Près de 38 % des 25-34 ans ont un diplôme supérieur à bac +2, contre une proportion plus de deux fois moindre (15,6 %) parmi la génération de leurs parents (55-64 ans). À l'inverse, la proportion des titulaires du seul brevet des collèges est passée de 25,4 % des 55-64 ans à 10,8 % pour les 25-34 ans (en 2022), et la part des titulaires d'un CAP, BEP ou équivalent de 32,5 % pour les 55-64 ans à 15,8 % pour les 25-34 ans[1].

L'apprentissage concerne pour sa part une très faible minorité des élèves (5,3 % des 16-25 ans en 2018). La légère hausse récente traduit la hausse des effectifs d'apprentis au sein de l'enseignement supérieur, qui sont passés de 37 % du total des apprentis en 2016 à plus de 50 % en 2020[2].

Depuis 2015, une légère baisse démographique est constatée, les effectifs au sein de l'ensemble du système éducatif hors supérieur (préélémentaire, élémentaire et enseignement spécialisé) passant de 680 000 à 650 000 en 2021[3]. Les diminutions d'effectifs sont plus marquées dans le premier degré et dans l'enseignement public que dans le secteur privé et le secondaire.

[1] INSEE, enquête emploi, données 2022, niveau du diplôme le plus élevé atteint par classe d'âge.

[2] Cour des comptes, rapport public thématique sur l'alternance, juin 2022.

[3] Croguennec Y., 2023, « Prévisions d'effectifs d'élèves du premier degré : la baisse des effectifs devrait se poursuivre jusqu'en 2027 », *Note d'Information*, n° 23.10, DEPP.

2. Les déterminants de la massification scolaire : une politique publique volontariste qui accompagne les souhaits de hausse du niveau de qualification

Le phénomène de massification scolaire est le fruit d'une conjonction de facteurs politiques, réglementaires, démographiques, économiques et sociaux. En termes politiques, le principal est sans doute le mot d'ordre tendant à amener 80 % d'une classe d'âge au bac, qui figure dans la loi d'orientation du 10 juillet 1989. Au niveau européen, deux objectifs chiffrés figurent au premier rang de la stratégie Europe 2020 : un taux de sorties précoces (part des jeunes de 18 à 24 ans sortis de formation initiale sans diplôme de second cycle de l'enseignement secondaire et sans suivre de formation) inférieur à 10 % ; et une part des 30-34 ans diplômés de l'enseignement supérieur au moins égale à 40 %.

Ces grandes orientations se sont accompagnées de politiques publiques volontaristes, alors que la prolongation à 16 ans de l'instruction obligatoire est entrée en vigueur dès 1967. Doivent notamment être relevées la réforme dite du collège unique en 1975 et la création des baccalauréats technologique et professionnel (1969 et 1987, *cf. supra*). Peut également être notée la limitation progressive du redoublement à une fois par cycle depuis les années 1980, et sa forte diminution en pratique depuis le milieu des années 1990, parachevée par une interdiction de fait du redoublement depuis le décret n° 2014-377 du 18 novembre 2014[1]. La diminution de la

[1] L'article D. 321-6 du code de l'éducation prévoit, pour la maternelle et le primaire : « … À titre exceptionnel, dans le cas où le dispositif d'accompagnement pédagogique mentionné au premier alinéa n'a pas permis de pallier les difficultés importantes d'apprentissage rencontrées par l'élève, un redoublement peut être proposé par le conseil des maîtres. […] Aucun redoublement ne peut

pratique du redoublement a eu pour conséquence une augmentation de la fluidité des parcours et une augmentation de la réussite des élèves[1]. Sa suppression en 2014 a eu pour conséquence la mise en place d'un corridor de passage d'une classe à l'autre, dont les conséquences sociales et pédagogiques n'ont pas à ce stade fait l'objet d'une évaluation.

Proportion de 25-34 ans diplômés de l'enseignement supérieur par niveau CITE (Classification internationale type de l'éducation)[2]

	Cycle court	Licence	Master	Doctorat
2018	14,0	12,8	19,5	0,6
2020	13,4	13,3	22,2	0,6

De manière plus marginale en termes de nombre d'enfants concernés mais symbolique, deux mesures ont contribué récemment à faire grossir la population concernée par la scolarité obligatoire au sein de l'école : l'avancement de 6 ans à 3 ans de l'âge de la scolarité obligatoire[2] et le passage d'un système déclaratif à un régime d'autorisation pour l'instruction en famille[3].

S'agissant de l'enseignement supérieur, la France reste un des pays au sein desquels la part des diplômés de filières courtes du supérieur est la plus élevée (12,2 % des 25-34 ans en 2021, contre 7,7 % pour la moyenne de l'OCDE). La réforme L/M/D (2003) a conduit à une élévation du niveau moyen de diplôme

intervenir à l'école maternelle... » Pour le second degré, l'article D. 331-62 du code de l'éducation dispose: «... À titre exceptionnel, lorsque le dispositif d'accompagnement pédagogique mis en place n'a pas permis de pallier les difficultés importantes d'apprentissage rencontrées par l'élève, un redoublement peut être décidé par le chef d'établissement en fin d'année scolaire... »

[1] DEPP, JP. Mattenet et X. Sorbe, Forte baisse du redoublement: un impact positif sur la réussite des élèves, note d'information n° 36, novembre 2014.

[2] Loi n° 2019-791 du 26 juillet 2019.

[3] Loi n° 2021-1109 du 24 août 2021, article 49.

obtenu par les étudiants. En 2021, 24 % des 25-34 ans étaient titulaires d'un master en France, soit le 7e rang de l'OCDE, contre 17 % en Espagne, 16 % en Italie, 15 % au Royaume-Uni ou en Suède, 14 % en Espagne et 11 % aux États-Unis ou en Australie[1].

Ces objectifs de massification ont rencontré un phénomène de croissance économique, ainsi que des aspirations endogènes à l'élévation du niveau de qualification, en particulier le souhait des familles de voir leurs enfants poursuivre les études le plus loin possible. Le diplôme reste notamment une protection individuelle efficace contre le chômage : en 2022, seuls 8 % des titulaires d'un diplôme de niveau bac +2 ou plus étaient au chômage 1 à 4 ans après leur sortie de formation initiale, contre 40,9 % pour les non-diplômés ou titulaires du seul brevet des collèges et 19,3 % pour les titulaires du baccalauréat, CAP, BEP ou équivalent. Cette protection est également efficace dans la durée : en 2022, 11 ans ou plus après la sortie de formation, le chômage touchait 10,4 % des non-diplômés ou titulaires du brevet des collèges, 6 % des titulaires d'un baccalauréat, CAP, BEP ou équivalent, et seulement 3,8 % des titulaires d'un diplôme de niveau bac +2 et plus[2].

3. Les effets paradoxaux de la massification scolaire par rapport à l'emploi : un rendement décroissant des diplômes

Les conséquences de la hausse du niveau de qualification sur l'insertion dans une activité professionnelle sont une des dimensions les plus objectivables de la massification scolaire en France.

[1] *État de l'enseignement supérieur, de la recherche et de l'innovation en France*, nº 16, juin 2023, fiche nº 22.

[2] France stratégie, J. Flamand, « Quelle influence du diplôme sur la participation au marché du travail ? », *Note d'analyse* nº 85, février 2020.

Si le diplôme protège individuellement du chômage, la hausse du niveau de qualification parmi les générations sorties de la formation dans les 30 dernières années a été bien plus rapide que celle de la structure des emplois au sein de l'économie. La proportion de cadres et professions intellectuelles supérieures est ainsi passée de 10 % à 20 % de l'emploi total entre 1990 et 2018 et celle de professions intermédiaires de 20 à 25 % sur la même période (+15 points dans l'emploi total). Parallèlement, le nombre de bacheliers était multiplié par deux et le nombre d'étudiants diplômés du supérieur augmentait de 50 %. Ainsi, alors qu'en 2003 76 % des diplômés du supérieur (bac +2 et plus) occupaient un poste de cadre 11 ans après leur sortie d'études, ils n'étaient que 68 % en 2018.

Cette hausse rapide du niveau de qualification des jeunes générations alimente, au niveau collectif, un phénomène d'inflation scolaire ou de rendement décroissant des diplômes[1]. Elle se traduit, à la sortie des études, par une augmentation du niveau de diplôme, toutes catégories professionnelles confondues. En 1982-1984, 18 % des employés administratifs d'entreprises étaient titulaires d'un diplôme de niveau baccalauréat et plus, contre 66 % entre 2017 et 2019. Sur la même période, le taux de bacheliers passait de 3 à 31 % parmi les ouvriers qualifiés de la réparation automobile, de 4 à 46 % parmi les agriculteurs, de 41 à 75 % parmi les dirigeants d'entreprises ou encore de 82 à 93 % parmi les cadres de la fonction publique[2].

[1] M. Duru-Bellat et A. Van Zanten, *Sociologie du système éducatif*, PUF, Quadrige manuels, 2016.
[2] Enquête emploi INSEE, traitement DARES.

FOCUS **Août 2022 : Un rapport de la défenseure des droits souligne les difficultés croissantes de l'accompagnement humain des élèves en situation de handicap**

Dans son rapport publié en août 2022, la Défenseure des droits relève à la fois une mauvaise gestion des personnels qui ne permet pas l'égal accès à l'éducation des élèves en situation de handicap, et des modalités d'accompagnement inadaptées aux besoins des élèves en situation de handicap. En effet, si les effectifs des accompagnants des élèves en situation de handicap (AESH) ont augmenté de plus de 50 % depuis 2017, le statut particulièrement peu attractif de ces agents limite leur recrutement à hauteur des besoins en aide humaine, matérialisés par les notifications effectuées par les Maisons départementales pour les personnes handicapées (MDPH). La Défenseure des droits relève que, même si, dans les textes, rien n'impose de limiter le temps de travail, dans les faits, la grande majorité des AESH se voient proposer un contrat de 24 heures/semaine, correspondant à la durée de la scolarisation d'un élève en maternelle et primaire, ce qui équivaut à 60 % d'un temps plein et, dès lors, à une rémunération proportionnelle, soit l'équivalent d'à peu près 800 €/mois.

De leur côté, dans leur rapport paru en avril 2022, l'IGF et l'IGESR mentionnent l'orientation croissante d'enfants en situation de handicap vers le milieu scolaire en raison de la baisse de l'offre disponible dans établissements et services médico-sociaux, malgré l'inadaptation structurelle de l'école à certains types de handicaps, qui ne saurait être compensée par l'adjonction d'AESH. Les inspections notent également la corrélation positive entre la demande d'aide humaine et la précarité économique des parents, c'est-à-dire entre le nombre d'AESH pour 1000 élèves et la part des ménages dont les revenus sont inférieurs à 40 % du revenu médian. Celle-ci conduit à s'interroger une nouvelle fois sur la façon dont l'école s'adapte aux profils cognitifs des enfants mais aussi à leur origine socio-économique. De manière concordante, les deux rapports concluent à la nécessité de réfléchir aux modalités de prise en charge du handicap à l'école, sujet urgent au vu de la très forte augmentation du nombre d'élèves concernés : entre 2004 et 2020, les effectifs d'élèves en situation de handicap scolarisés en milieu scolaire sont ainsi passés de 134 000 à 384 000, soit une hausse de 187 % sur la période.

Le nombre d'élèves en situation de handicap accueillis en milieu ordinaire a été multiplié par trois en quinze ans, sans que le recrutement des personnels dédiés suive cette augmentation. Cette évolution résulte des dispositions de la loi n° 2005-102 du 11 février 2005 pour l'égalité des droits et des chances, la participation et la citoyenneté des personnes handicapées, qui fait de l'inclusion en milieu scolaire la règle et l'accueil en institution spécialisée l'exception. En nombre d'enfants concernés, l'école inclusive vise en réalité davantage les troubles intellectuels ou cognitifs, du langage et de la parole ou du psychisme (72 % des élèves en situation de handicap accueillis dans le second degré présentent ce type de pathologies) que les handicaps physiques, qu'ils soient auditifs, visuels ou moteurs.

L'analyse de l'origine sociale des élèves des classes ULIS ou SEGPA révèle une forte proportion d'enfants de milieux populaires (38,7 % d'enfants d'ouvriers en SEGPA, alors qu'ils ne sont que 24,1 % en collège classique) et une faible proportion d'enfants issus des classes aisées (2 % d'enfants de professions libérales et cadres en SEGPA contre 19,4 % en collège classique). Cette différente représentation des enfants selon leur milieu d'origine se retrouve également en classe ULIS mais de manière un peu moins marquée (32,7 % d'enfants d'ouvriers et 6,5 % d'enfants de professions libérales et cadres). Et si la prise en charge croissante des élèves en situation de handicap au sein des établissements scolaires dans des classes adaptées, loin de révéler le succès de l'école inclusive, était le signe d'un échec de l'école à faire progresser l'ensemble des enfants, quels que soient leur rythme de développement et leur origine sociale ?

02

LES BESOINS EN MATIÈRE D'ÉDUCATION

Une acquisition des contenus marquée par des lacunes générales en matière de compréhension

L'article L. 111-1 du code de l'éducation mentionne en premier l'objectif de transmettre les connaissances. Au-delà de la difficulté à mesurer une telle transmission, il apparaît que les principaux résultats de l'école française, en statique ou en dynamique, sont relativement faibles.

Évolution du niveau de compréhension des textes écrits par les élèves de CM1 (et équivalent) en France et dans l'Union européenne

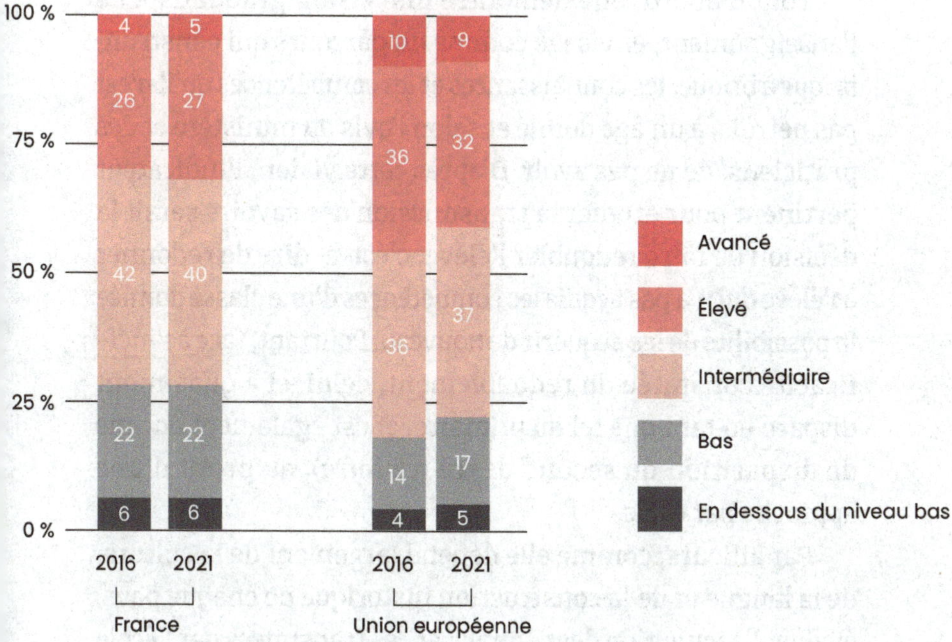

Lecture : en 2021 en France, 28 % des élèves étaient dans les niveaux bas et en deçà, contre 22 % au sein de l'Union européenne.
Champ (France) : Métropole et DROM (hors Mayotte), secteurs public et privé sous contrat. Niveaux Pirls en fin de 4e année de scolarisation obligatoire.
Source : Conceiao *et al.*, 2023, *Note d'information* n° 23.21, DEPP.

1. Une « transmission de connaissances » complexe qui ne saurait être réduite à celle des « fondamentaux »

Pour désigner ces contenus qui doivent être transmis par l'école, le ministère a développé la notion de « socle de connaissances, de compétences et de culture », qui a remplacé celle plus ancienne d'« acquisition des fondamentaux ». Or, cette approche revêt une triple difficulté.

Tout d'abord, elle démontre une vision gradualiste de l'enseignement, envisagé comme un parcours qui construit, brique à brique, les connaissances et les compétences qu'il n'est pas permis, à un âge donné et selon l'avis du ministère et des praticiens, de ne pas avoir. D'après cette vision, l'indicateur pertinent pour étudier la transmission des savoirs serait la décision de faire redoubler l'élève, c'est-à-dire de redonner à l'élève qui n'a pas acquis les compétences d'une classe donnée la possibilité de les acquérir de nouveau. Pourtant, face à l'inefficacité constatée du redoublement, celui-ci a quasiment disparu en tant que tel du primaire, et est également en voie de disparition du second degré (*cf. infra*), au profit d'une approche par cycle.

Par ailleurs, comme elle dépend largement de la culture, de la langue et de la construction historique de chaque pays, évaluer l'acquisition des connaissances transmises par l'école complique les comparaisons internationales : la priorité donnée à la lecture en France[1] tranche avec « l'éducation fondamentale » en Finlande qui repose sur une approche thématique de l'enseignement qui doit permettre aux élèves de « grandir en humanité et en membre actif de la société[2] » : sont ainsi

[1] La lecture était « grande cause nationale » en 2021.
[2] Loi sur l'éducation fondamentale de 1998.

considérées comme fondamentales des connaissances et compétences telles que la créativité, l'autonomie, la confiance en soi, la capacité à collaborer. La mesure utilisée au niveau mondial pour le parangonnage s'appuie pourtant sur ces « acquis fondamentaux » : les indicateurs PISA retracent, à chaque campagne[1], le niveau de performance des élèves en compréhension écrite et lecture, en mathématiques et en culture scientifique.

Enfin, l'analyse des résultats des élèves doit prendre en compte l'aspect multifactoriel de cette acquisition : l'école n'est pas toujours la seule façon d'acquérir des connaissances et des compétences, et la littérature académique a déjà largement démontré le poids du milieu socio-économique et la redondance de la langue parlée dans les classes supérieures avec la langue scolaire[2]. Il faut ainsi être particulièrement vigilant avec les analyses du ministère qui tire de la baisse des résultats aux évaluations après le confinement des conclusions sur l'efficacité de l'école.

2. Une absence d'amélioration de la transmission des connaissances en France, des lacunes particulières sur la compréhension

Il reste très difficile de mesurer la réalité de la transmission des connaissances à l'école. En général, les spécialistes retiennent certains indicateurs, bien que décriés, pour essayer d'approcher la mesure de cette transmission. Les enquêtes PISA peuvent par exemple être utilisées pour analyser l'évolution temporelle des résultats à l'école. Alors qu'en Allemagne

[1] Les dernières ont eu lieu en 2012, 2015 et 2018.
[2] P. Merle, *La Ségrégation scolaire,* 2012.

les résultats de l'enquête de 2000 avaient créé un « choc[1] » qui a conduit à des politiques publiques améliorant le niveau en mathématiques et en lecture, les résultats PISA en France démontrent à l'inverse un net recul : entre 2015 et 2018, et bien qu'ils soient légèrement au-dessus de la moyenne de l'OCDE, les résultats en compréhension de l'écrit et sciences sont légèrement en baisse depuis le début des années 2010, seul le niveau en mathématiques étant en légère progression[2].

Cette absence d'amélioration de la transmission des connaissances est soulignée par les résultats de l'étude internationale Pirls 2021, qui mesure le niveau de compréhension de textes écrits des élèves à la fin de leur 4e année de scolarité obligatoire — soit en fin de classe de CM1 pour la France. L'étude souligne en particulier le moindre niveau de compréhension des élèves en France, ceux-ci n'étant qu'un peu plus de 30 % à atteindre des niveaux « élevé » et « avancé » de compréhension de l'écrit, et à l'inverse sur-représentés dans les niveaux « intermédiaire » et « bas » de cette étude (respectivement 40 % et 22 % en France, contre 37 % et 17 % pour la moyenne de l'Union européenne). Les écarts constatés étaient en revanche en réduction, notamment du fait d'une stabilité de la performance des élèves en France entre 2016 et 2021, soit dans le contexte de la pandémie de Covid-19, alors qu'une part importante des pays de l'Union européenne ont connu une baisse significative de leurs résultats sur la période.

La journée défense et citoyenneté permet d'obtenir des résultats agrégés sur l'illettrisme des jeunes de 17-18 ans en fin de parcours scolaire du second degré. D'après les résultats de 2020, un jeune sur dix connaît des difficultés en compréhension écrite. Un rapport de l'Inspection générale de l'éducation,

[1] *Deutschlands PISA-Schock*, OCDE.
[2] *Résultats PISA pour la France*, 2018.

du sport et de la recherche (IGESR) de mai 2022 démontrait la stabilisation de cette dynamique en France sur les dernières années[1]. Enfin, l'enquête « information et vie quotidienne » (IVQ) de l'INSEE, dont la dernière version date de 2011, indiquait les difficultés fortes en lecture rencontrées pour 16 % de la population des 18-65 ans[2].

L'acquisition des connaissances ne semble pas différer selon la scolarisation des élèves dans le public ou dans le privé sous contrat. Au-delà, la comparaison des taux de réussite au baccalauréat, ou de la « valeur ajoutée des établissements » (IVAL, *cf. supra*), démontre, contre les idées reçues, que de nombreux lycées publics sont plus performants que le privé[3], bien que certaines pratiques du privé (par exemple ne pas faire passer le bac aux élèves considérés comme « faibles ») tendent à biaiser les résultats[4].

3. Les déterminants de l'acquisition des connaissances : des spécificités françaises en matière de pratiques pédagogiques

Ces différents résultats posent la question des déterminants de l'acquisition des connaissances. Il peut s'agir des conditions scolaires (par exemple, les effectifs réduits en classe), de la pédagogie, du matériel disponible, etc. L'obsession française pour l'évaluation et la notation est souvent critiquée comme

[1] *Mission prospective sur l'illettrisme,* mai 2022.
[2] INSEE, *Enquête IVQ,* 2012.
[3] *Méthodologie des indicateurs de résultats des établissements,* 2022.
[4] S'agissant par ailleurs de l'analyse des résultats relatifs à la performance des établissements, le ministère a développé un indicateur non public à l'usage des chefs d'établissement, appelé « aide au pilotage et à l'auto-évaluation des établissements » (APAE). *Cf.* L. Hasrouri, « Usage des indicateurs de performance par les chefs d'établissement: entre instrumentation et instrumentalisation », *Gestion et management public,* 2020.

l'un des freins à la transmission des connaissances : la mise au jour d'une « constante macabre[1] », c'est-à-dire d'une propension, pour les professeurs correcteurs, à définir inconsciemment un certain nombre de mauvaises notes, quelle que soit la performance réelle des élèves, est l'un des effets pervers d'un tel système, à côté de la tension constante qu'elle crée pour les élèves[2]. La question de l'approche pédagogique est donc centrale pour espérer améliorer la capacité de l'école à remplir les objectifs fixés.

L'étude Pirls 2021 met en évidence des différences de pratiques pédagogiques entre la France et la moyenne de l'Union européenne. Elle note ainsi que la proportion des professeurs des écoles qui déclarent proposer à leurs élèves, *a minima* une fois par semaine, de « comparer ce qu'ils ont lu à des faits qu'ils ont vécus » est deux fois moindre en France que dans la moyenne de l'Union européenne (40 % contre 77 %). Un tiers des enseignants de français en primaire déclarent demander à leurs élèves de « déterminer la perspective ou les intentions de l'auteur » au moins une fois par semaine, contre la moitié des instituteurs européens. La différenciation pédagogique est également moins répandue en France en ce qui concerne la lecture en primaire : 16 % des instituteurs y déclarent pratiquer « souvent » ou « toujours ou presque toujours » un enseignement individualisé pour la lecture, soit la moitié de la moyenne européenne[3].

[1] A. Antibi, *La Constante macabre ou comment a-t-on découragé des générations d'élèves*, 2003.
[2] Inspection générale de l'Éducation nationale, *La notation et l'évaluation des élèves éclairées par des comparaisons internationales*, 2013.
[3] *A contrario*, le taux d'enseignants qui estime ne jamais pratiquer d'enseignement individualisé pour la lecture est de 30 %, contre 14 % pour la moyenne européenne. Conceicao *et al.*, 2023, *op. cit.*

FOCUS Novembre 2022 : Le ministère de l'Éducation nationale s'engage à arrêter les solutions liées aux GAFAM à l'école

Dans une réponse à un parlementaire publiée au *Journal officiel* le 15 novembre 2022, le ministère de l'Éducation nationale a indiqué avoir demandé aux services « d'arrêter tout déploiement ou extension » des solutions informatiques liées aux GAFAM, c'est-à-dire à Google, Apple, Facebook, Amazon et Microsoft. De tels logiciels, aux offres souvent gratuites pour les écoles, seraient notamment contraires aux règles du règlement européen relatif à la protection des données personnelles (RGPD). Alors que le ministère avait démontré être largement démuni d'un point de vue informatique pendant le confinement, avec une utilisation distendue des moyens numériques par les enseignants et une impossibilité matérielle, pour de nombreux élèves, de continuer à suivre des cours, ce souhait d'interdiction illustre la prise en compte du numérique à l'école dans des conditions saines et sécurisées.

Pour autant, une telle interdiction nécessite que d'autres solutions informatiques existent pour les usages éducatifs (rédaction de textes, réalisation de présentations et de cartographies, visioconférences...). Pour l'heure, le déploiement d'un espace numérique de l'éducation est en cours (portail.apps.education.fr). Par ailleurs, la compétence de la mise à disposition de matériel relève des collectivités territoriales, qui n'ont pas les mêmes moyens, ce qui conduit à de réelles disparités pour les élèves qui, pour les mieux lotis, ont un ordinateur ou une tablette à disposition. Ce n'est vraisemblablement qu'une fois qu'il sera reconnu aux élèves et aux enseignants un droit à l'acquisition de matériel qu'un réel service public numérique de l'éducation, sécurisé et efficient, pourra voir le jour.

03

LES BESOINS EN MATIÈRE D'ÉDUCATION

Le bien-être des élèves, un impensé de l'école française

Le constat d'un mal-être généralisé des jeunes en âge scolaire au sein de l'OCDE a été fait après la pandémie[1] et parfois relié à cette seule et unique cause. Toutefois, les enquêtes montrent qu'un lien peut aussi être fait avec les conditions d'enseignement. Pourtant, le bien-être des élèves, qui devrait être au cœur de l'institution scolaire, reste le grand impensé : s'il y a bien un paragraphe intitulé « Au cœur de la République, une école mobilisée pour ses valeurs et le bien-être des élèves » dans le projet annuel de performance « Enseignement scolaire » du PLF 2023, il ne mentionne aucune mesure pour favoriser le bien-être des élèves, et est entièrement consacré à la laïcité, à la citoyenneté, à l'éducation aux médias et au développement durable, tandis que les objectifs de la mission ne comprennent pas le fait d'assurer le bien-être des élèves[2].

[1] OCDE, « Préserver la santé mentale des jeunes pendant la crise du Covid-19 », mai 2021.

[2] Trois objectifs sont en revanche répertoriés : Conduire tous les élèves à l'acquisition des connaissances et compétences attendues à l'entrée de 6e, Conduire le maximum de jeunes aux niveaux de compétences attendues en fin de formation initiale et à l'obtention des diplômes correspondants, Favoriser la poursuite d'études des jeunes à l'issue de la scolarité secondaire.

Rapport des adolescents au système scolaire en France (2018, en % des élèves interrogés)

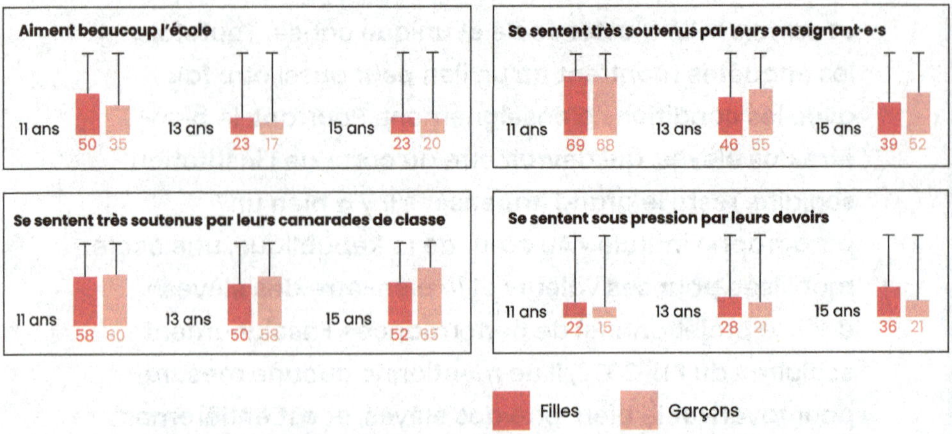

Source : World Health Organization, regional office for Europe, Spotlight on adolescent health and well-being Findings from the 2017-2018 Health Behaviour in school-aged children (HBSC) survey in Europe and Canada, International Report.

1. Quand l'école peut devenir un lieu de mal-être : une prise de conscience récente

Le bien-être à l'école est étudié depuis peu, et il est donc difficile d'en mesurer l'évolution sur le temps long. Plusieurs enquêtes permettent toutefois d'appréhender l'état d'esprit et le vécu des élèves à l'école dans les dernières années : ces premières mesures témoignent d'une expérience scolaire douloureuse pour une part importante des élèves.

Le rapport international de l'OMS sur la santé et le bien-être des adolescents en Europe et au Canada (2020) consacre un chapitre au bien-être à l'école[1]. Les jeunes de 11 ans, 13 ans et 15 ans ont été interrogés pour savoir s'ils aimaient l'école, s'ils

[1] World Health Organization, regional office for Europe, Spotlight on adolescent health and well-being Findings from the 2017-2018 Health Behaviour in school-aged children (HBSC) survey in Europe and Canada, International Report.

ressentaient de la pression avec les devoirs scolaires, s'ils bénéficiaient du soutien de leurs pairs, et enfin du soutien de leurs professeurs. En France, seuls 24 % des filles et 18 % des garçons de 13 ans aiment beaucoup l'école, contre 27 % et 24 % en moyenne dans les pays européens membres de l'OMS. Mais la pression scolaire semble moins élevée en France : 31 % des filles et 21 % des garçons de 13 ans éprouvent une forte pression scolaire, contre 41 % et 34 % en moyenne. Quant au soutien de la part des professeurs, celui ressenti par les élèves filles s'effondre avec l'âge : 69 % à 11 ans, 46 % à 13 ans, 39 % à 15 ans, tendance que l'on retrouve dans tous les pays, avec une moyenne légèrement plus haute, de respectivement 73 %, 50 %, 41 %[1].

L'enquête Synlab « La santé mentale à l'école » a été réalisée auprès de 1 056 enseignants en avril-mai 2022. Elle mesure les signes de stress et de désengagement perçus par les enseignants chez leurs élèves, de la maternelle au lycée. S'agissant des signes de stress, 1 élève de primaire sur 4 et 1 collégien sur 4 laisse transparaître, dans son discours et ses mots, des signes de stress ou d'anxiété. 1 lycéen sur 5 est à fleur de peau ou irritable. 40 % des lycéens de lycée professionnel sont souvent très fatigués ou démoralisés. En ce qui concerne les signes de désengagement, un tiers des enfants d'école élémentaire ne persévèrent pas face à la difficulté, 1 élève sur 5 en élémentaire et au collège a des comportements perturbateurs, d'agitation, de désinvolture, 37 % des collégiens et 47 % des élèves de LP ont des difficultés d'apprentissage.

Le ministère de l'Éducation nationale a produit plusieurs enquêtes de victimation, réalisées par la DEPP, aux niveaux CM1-CM2, collège et lycée. Il en ressort notamment que, en CM1-CM2, 42 % des élèves ont été au moins une fois dans

[1] La tendance est également à la baisse avec l'âge chez les garçons, mais de manière moins marquée.

l'année scolaire victimes d'insultes ou moqueries à l'école, 15 % de voyeurisme aux toilettes, 50 % des garçons de bagarre, 40 % de vol. Au collège, 1 élève sur 5 éprouve un sentiment d'humiliation au collège, 1 garçon sur 5 a participé à une bagarre collective. Au lycée, 37 % des filles et 70 % des garçons ont été punis au moins une fois dans l'année, 1 lycéen sur 4 a peur de venir au lycée à cause de la violence, 10 % des lycéens ont été victimes de cyber-harcèlement, 18 % des filles ont été victimes d'insultes sexistes.

Depuis 2007, le ministère de l'Éducation nationale a mis en place une **enquête Sivis**[1] permettant de recueillir des données sur la violence en milieu scolaire, fondée sur les remontées d'incidents effectuées par les chefs d'établissements. D'après cette enquête, centrée sur les incidents graves (composés aux trois quarts d'atteintes aux personnes, verbales ou physiques), **en moyenne 7,9 incidents graves pour 1 000 élèves étaient déclarés lors des 6 premiers mois de l'année 2019-2020.** Si l'enquête ne permet un retour temporel que sur trois ans, elle met néanmoins en évidence une fréquence plus élevée des incidents graves déclarés dans les établissements défavorisés[2], dont 33 % déclarent 10 incidents et plus, contre 7 % pour les établissements favorisés.

2. Des pistes d'explication à la souffrance exprimée par les jeunes

L'attention portée par le ministère de l'Éducation nationale reste concentrée sur les phénomènes les plus graves, et en particulier les violences en milieu scolaire. **Les enjeux du**

[1] Pour Système d'information et de vigilance sur la sécurité scolaire.
[2] Sont considérés comme défavorisés les établissements dont l'IPS est situé dans le quartile inférieur de la distribution.

bien-être à l'école dépassent cependant les phénomènes de violence, et appellent à une interrogation plus générale sur les relations entre élèves et leurs interactions avec les adultes d'une part, et sur l'organisation de la classe et l'environnement scolaire d'autre part.

Questionner les origines du mal-être à l'école est essentiel, certes en raison du temps passé par les élèves dans les établissements scolaires, mais aussi en raison des liens entre la satisfaction des jeunes à l'école et leur bien-être général. À partir d'une revue de littérature internationale, le CNESCO[1] met en évidence les principales variables associées positivement à la satisfaction scolaire et au bien-être des élèves à l'école et au collège. Il distingue en premier lieu les facteurs liés aux caractéristiques individuelles des enfants : satisfaction scolaire plus importante chez les filles que chez les garçons, impact défavorable de la précarité sur la qualité de vie scolaire, impact défavorable du handicap. Il distingue en deuxième lieu les facteurs positifs liés à la classe : un climat d'entraide et de soutien en classe, passant notamment par le sentiment d'être respecté et d'être en sécurité en classe et par un soutien des enseignants et des pairs ; des activités scolaires perçues comme stimulantes, avec une reconnaissance des efforts plutôt que de la performance et des retours des enseignants informationnels plutôt qu'évaluatifs ; et un bien-être qui décroît tendanciellement avec le passage de l'école au collège, notamment du fait d'un moindre soutien par les pairs pendant l'adolescence. Il distingue enfin les facteurs liés à l'établissement : ceux-ci tiennent notamment à l'aménagement des espaces — à la fois ceux de la classe (bruit, lumière, adaptation à la pédagogie, capacité à s'approprier les lieux) et ceux peu ou pas surveillés comme les sanitaires, les abords du collège ou encore

[1] Rapport *Qualité de vie à l'école*, 2017, CNESCO.

la cour de récréation — ou au caractère équilibré de la restauration scolaire qui améliore la concentration. Le choix de l'établissement en tant que tel n'apparaît pas comme un facteur déterminant, par rapport aux caractéristiques individuelles des élèves, en revanche la qualité des relations entre enseignants et élèves et le soutien par les pairs peuvent eux varier selon l'environnement social de l'établissement (favorisé, ordinaire, éducation prioritaire).

En France, les travaux académiques ont mis en évidence plusieurs dimensions de la maltraitance scolaire. Pierre Merle souligne ainsi l'impact négatif des sentiments d'humiliation des élèves et de la violence symbolique des pratiques de notation, en contradiction avec l'idée d'accompagner des enfants dans leurs apprentissages en fonction du rythme propre à chacun[1].

Plus fondamentalement encore, **le choix quasi monopolistique de la pédagogie de classe simultanée, qui implique traditionnellement qu'un enseignant fasse cours collectivement à 25 ou 30 élèves sur un mode magistral, en usant de notes et de devoirs à la maison 2, peut lui-même être source de stress et de mal-être**. De fait, une grande continuité dans les méthodes pédagogiques reste prônée depuis Jules Ferry, alors que de nombreux pédagogues (Maria Montessori,

[1] « L'idée que les évaluations puissent être une source d'anxiété, de stress, de rejet de l'école, d'échec scolaire et finalement de maltraitance ne semble pas être envisagée. L'élève se réduirait à une somme de compétences à évaluer alors qu'il est une intelligence à construire. La lumineuse pensée de Montaigne, "l'élève n'est pas un vase qu'on remplit mais un feu qu'on allume", est ignorée par ceux-là mêmes qui pensent défendre l'école en oubliant qu'elle s'adresse à des élèves qui sont aussi des enfants. » P. Merle, chapitre 11, « Dimensions de la maltraitance scolaire », in Zittoun, Catherine, *Sommes-nous bientraitants avec nos enfants ?*, Doin, 2015.

[2] La réalité du métier des enseignants actuellement les conduit toutefois à adopter une approche par activité en classe, permettant de différencier les approches en fonction des élèves (différenciation) et d'assumer un travail collaboratif entre eux.

Célestin Freinet, Ovide Decroly, etc.) ont mis en avant, dès le début du XXe siècle, la nécessité de centrer les enseignements autour de la motivation intrinsèque des enfants, de l'autonomie et de la coopération. L'enquête de l'OMS 2017-2018 relève ainsi que les élèves français ressentent un moindre soutien de la part de leurs pairs que la moyenne des pays européens : 50 % chez les filles, 58 % chez les garçons de 13 ans, contre 53 % et 61 % en moyenne.

Parmi les facteurs les plus récents à l'origine du stress ressenti par les lycéens figure l'influence de la réforme du bac, conduisant à la prise en compte de toutes les notes du cycle terminal (classes de première et de terminale) pour l'obtention du baccalauréat, et de Parcoursup, cette dernière apparaissant notamment comme « stressante » pour 82 % des élèves de terminale en 2021[1].

3. Les effets encore mal connus du mal-être scolaire : phobie scolaire, décrochage et justification du recours au privé hors contrat

Bien que les conséquences du mal-être à l'école ne fassent pas l'objet de travaux de synthèse spécifiques, plusieurs phénomènes pourraient être mis en lien, direct ou indirect, avec le mal-être vécu à l'école.

La phobie scolaire caractérise « une vive détresse émotionnelle face à l'école, que l'élève évite malgré les efforts raisonnables de ses parents pour l'y ramener » selon Laelia Benoit[2].

[1] Ministère de l'Enseignement supérieur, de la Recherche et de l'Innovation, *Parcoursup: étude d'opinion des lycéens sur la procédure 2021*, 30 septembre 2021.

[2] Pédopsychiatre et sociologue au Centre de recherche en épidémiologie et santé des populations (CESP) à Villejuif. In *Phobie scolaire, effet de mode ou réalité ?*, 2023.

Elle reste délicate à quantifier, l'Éducation nationale ne mesurant que l'absentéisme, identifié comme tel à partir de quatre demi-journées d'absence non justifiées par mois. Ce manque d'assiduité touchait 4,8 % des élèves du second degré public sur l'année scolaire 2020-2021 selon le ministère. Le « refus scolaire anxieux » (RSA), selon le terme plus communément admis, concernerait entre 1 et 2 % des élèves, de la maternelle au lycée, dans de nombreux pays. Ce phénomène est sans doute sous-estimé en France, faute d'indicateur précis, et surtout insuffisamment caractérisé.

Définissant plutôt les grands élèves qui sortent du système scolaire sans diplôme, le décrochage scolaire admet une connotation moins pathologique que la phobie scolaire. Les causes du décrochage scolaire ne sauraient être réduites à la question du bien-être à l'école. Notion distincte de celle de décrochage scolaire, 12,8 % des jeunes de 15 à 29 ans n'étaient ni en emploi, ni en études, ni en formation (NEET)[1] en 2021, soit un peu moins qu'en moyenne dans l'Union européenne (13,1 %). Faible avant 18 ans, cette proportion s'accroît avec l'âge pour atteindre 18,3 % à 24 ans. Après un pic en 2020 dû à la crise sanitaire, la part de NEET repart à la baisse et se retrouve, à l'été 2022, à 11,6 %, soit 0,7 point sous son niveau de fin 2019.

Le recours aux écoles hors contrat et à l'instruction en famille est parfois justifié ou utilisé comme un palliatif à l'école traditionnelle regardée comme maltraitante, par des familles qui en ont les moyens culturels et financiers ou la disponibilité. Dans sa thèse de sociologie sur les alternatives scolaires[2], Pauline Deboeuf relève que 40 % des familles enquêtées (partie qualitative), dont les enfants soit sont instruits en famille soit

[1] NEET pour « *neither in employment nor in education or training* », notion distincte de celle de décrochage scolaire.
[2] « Aux frontières de l'école », 2021.

fréquentent une école hors contrat, lui ont fait part d'un diagnostic neurocognitif[1] pour au moins un de leurs enfants, et la plupart mettent en avant une disqualification par l'école. Pour ces parents, le choix d'une alternative à l'école traditionnelle est conçu comme « une solution refuge contre les verdicts scolaires ».

[1] Précocité, TDA/H, troubles dys, autisme Asperger.

04

LES INÉGALITÉS FACE AU SYSTÈME SCOLAIRE

Un déplacement depuis le niveau de diplôme vers la nature de celui-ci

Alors que l'un des objectifs de l'Éducation nationale est de permettre « l'égalité des chances » face aux inégalités de naissance et de condition, et que la mythologie républicaine a fait du système scolaire un outil de promotion sociale fondée sur le mérite, la question des inégalités face au système scolaire et de l'incidence effective de l'école sur les inégalités sociales se pose.

Répartition des collégiens selon leur origine sociale aux rentrées 2003, 2011 et 2021 (en %)

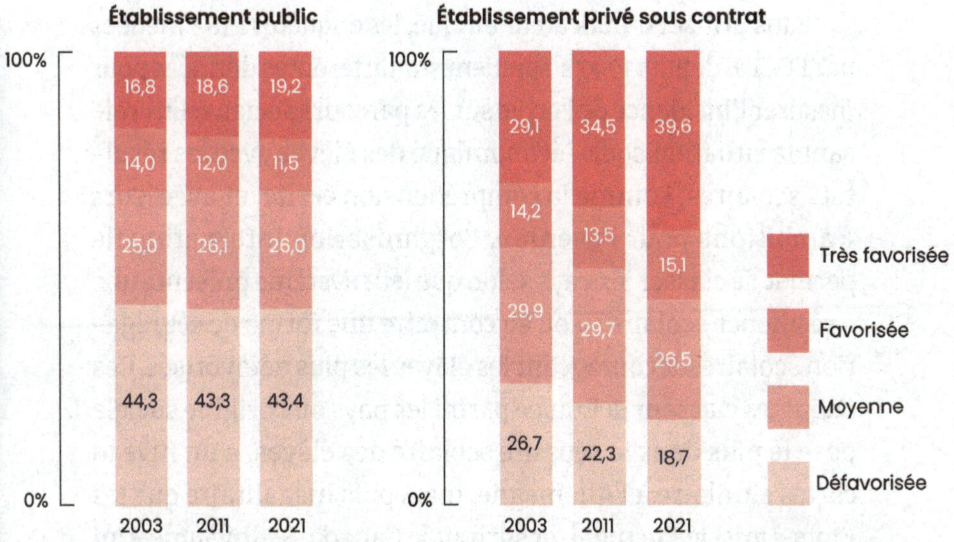

Source : *État de l'école*, 2022.

1. Un déterminisme social persistant et qui se renforce

Le sentiment de parcours déjà écrits et d'une culture scolaire qui favorise les bien nés est objectivé par une intense production des sciences humaines, assez ancienne[1], démontrant le rôle de l'école dans la subsistance voire l'accroissement des inégalités. De fait, la France est l'un des pays occidentaux au sein desquels l'impact de l'origine sociale sur les parcours scolaires et, partant, professionnels, est le plus marqué.

Sans utiliser d'indicateur unique, les enquêtes PISA menées par l'OCDE depuis 1997 s'appuient sur différentes données pour mesurer l'incidence de l'école sur les parcours sociaux. En croisant la situation socio-économique des élèves avec les résultats scolaires, comme la compréhension écrite, et avec leurs « ambitions pour l'avenir », l'organisation internationale permet de classer les pays selon que leur système présente une « résilience scolaire[2] » ou au contraire une forme de ségrégation scolaire, décourageant les élèves les plus défavorisés. Ces enquêtes classent la France parmi les pays où l'origine sociale pèse le plus dans la réussite scolaire des élèves, à un niveau certes similaire à l'Allemagne, mais plus inégalitaire que les États-Unis, le Portugal, et surtout le Canada, le Royaume-Uni et l'Italie, où l'origine sociale n'est pas déterminante sur les parcours scolaires[3].

Les données du ministère de l'Éducation nationale sur la comparaison entre les CSP des parents d'élèves et la filière choisie dans le secondaire renforcent le constat d'une transmission

[1] Pierre Bourdieu, Jean-Claude Passeron, *Les Héritiers*, 1964.
[2] Dans ce cas, les élèves présentent de bons ou très bons résultats scolaires malgré ce qui est décrit par l'OCDE comme des «handicaps socio-économiques» (enquête PISA 2018).
[3] *Carte interactive des résultats de l'enquête PISA de 2018.*

des inégalités de capital culturel d'une génération à l'autre[1]. En 1997, parmi les filles et fils de professeurs, 80 % passaient un baccalauréat général, 16 % un bac technologique et 4 % un bac professionnel[2]. Cette proportion n'a pas évolué en 2020 : en matière de déterminisme social, on constate une étonnante stabilité[3].

Une étude récente du ministère a approfondi cette analyse[4], montrant à la fois que ces inégalités sont dépendantes des différences de niveau initial entre élèves (en l'occurrence, à l'entrée en classe de CP) mais également que la progression scolaire, ici entre la classe de CP et de CM2, dépend en large partie de l'origine et de l'environnement socio-économiques des élèves. À ces inégalités sociales, accentuées par « l'estime de soi » qui joue un rôle sur la scolarisation, s'ajoutent également des inégalités liées au sexe : d'une part, les jeunes filles ont tendance à moins bien réussir en mathématiques que les garçons en CM2 alors que le niveau en CP était équivalent ; mais, d'autre part, les filles réussissent globalement mieux à l'école que les garçons, et sont plus nombreuses à être diplômées du supérieur.

2. Un déplacement des inégalités vis-à-vis du diplôme

Alors que 80 % d'une classe d'âge atteint le baccalauréat, la réduction des différences de niveau de diplôme entre enfants d'origines sociales différentes fait apparaître une réduction

[1] Ministère, *Réussite au baccalauréat selon l'origine sociale*, 2021.
[2] Ce sont les mêmes proportions pour les filles et fils de cadres.
[3] En revanche, parmi les filles et fils d'ouvriers à présenter un baccalauréat, si plus d'un tiers d'entre eux passent toujours un bac général, ils sont moins nombreux, proportionnellement, à présenter un bac technologique, et plus nombreux à présenter un bac général.
[4] Note d'information, *Panel des élèves entrés en CP en 2011 — Performances à l'école élémentaire selon le niveau scolaire initial et l'origine sociale*, mai 2022.

des inégalités « verticales » de diplomation. **En réalité, les inégalités sociales vis-à-vis de l'éducation nationale se sont déplacées de la durée des études vers le type de filière suivie (inégalités « horizontales »)**[1].

La création du collège unique en 1975 a conduit à l'allongement des études des enfants des milieux populaires, dont la scolarité s'arrêtait majoritairement au niveau du certificat d'études à 13 ans. En 2022, on constate une forte corrélation entre filière et milieu d'origine des élèves : 34 % des titulaires de baccalauréat professionnel sont enfants d'ouvriers, tandis que 8 % seulement sont enfants de cadres supérieurs. À l'inverse, 35 % des élèves en première et terminale générales sont enfants de cadres supérieurs, et 16 % seulement enfants d'ouvriers. Cette divergence des parcours scolaires selon la classe sociale n'attend pas le nombre des années : les classes SEGPA (sections d'enseignement général et professionnel adapté) au collège sont ainsi occupées de manière prépondérante par les classes populaires, seuls 2 % des élèves de SEGPA étant des enfants de cadres supérieurs, alors que 38 % d'entre eux sont des enfants d'ouvriers.

Ce déplacement des inégalités conduit à une différenciation entre les types de cursus supérieurs suivis. Les enfants d'ouvriers et d'employés représentent 43 % des étudiants en BTS, alors que les enfants des cadres supérieurs représentent 15 % de ces étudiants en filière courte. À l'inverse, 54 % des élèves en école d'ingénieurs sont enfants de cadres supérieurs, seuls 15 % de ces élèves étant enfants d'ouvriers ou d'employés. À l'université, les enfants d'ouvriers et d'employés poursuivent moins longtemps leurs études que les enfants de cadres

[1] Conseil national d'évaluation du système scolaire (CNESCO), « Inégalités sociales et migratoires. Comment l'école amplifie-t-elle les inégalités ? », Rapport scientifique, septembre 2016.

supérieurs : ceux-ci représentent 29 % des étudiants en licence mais 40 % des étudiants en doctorat, alors que les enfants d'ouvriers et d'employés, qui représentent 32 % des étudiants en licence, n'en représentent plus que 15 % en doctorat[1].

3. Une mixité sociale stable dans le secteur public, en reflux dans les établissements privés

L'un des objectifs de la politique d'éducation en France est de « veiller à la mixité sociale » dans les établissements. À ce titre, des mesures volontaristes sont prises par les pouvoirs publics, au-delà de la « carte scolaire » qui relie un élève à l'établissement du secteur : il y avait ainsi en 2019-2020 environ 873 000 élèves boursiers[2] au collège, et 614 000 au lycée[3] ; dans les deux cas, le taux de boursiers est d'environ 25 %. De plus, à un niveau territorialisé cette fois, dans la procédure d'affectation au lycée (« Affelnet »), soit un « bonus boursier » est attribué aux élèves concernés pour la procédure d'adoption, soit il est prévu un taux de boursiers par établissement permettant la mixité sociale. Des expérimentations dites de « secteurs multi-collèges », récentes, ont été menées dans l'académie de Paris à partir de 2017 pour croiser des élèves d'établissements proches, aux profils sociaux pourtant différents, avec des résultats reconnus comme positifs[4].

Toutefois, les données disponibles démontrent qu'en pratique les établissements du second degré sont peu mixtes

[1] Observatoire des inégalités, *Rapport sur les inégalités en France*, 2021.
[2] Selon les revenus des parents, la bourse correspond à un versement annuel de 459 € à 972 €, auquel peuvent s'ajouter diverses primes: bourse au mérite, prime d'internat, etc.
[3] Ministère, *Repères et références statistiques*, 2020.
[4] J. Grenet et Y. Souidi, «*Renforcer la mixité sociale au collège: une évaluation des secteurs multi-collèges à Paris*», 2021.

socialement. C'est ce que révèle notamment l'utilisation de l'indice de position sociale (IPS)[1], créé en 2016 par le ministère de l'Éducation nationale pour prendre en compte l'environnement dans lequel évolue l'élève en dehors de l'école : plus l'indice est élevé, et plus l'enfant connaît un milieu familial redondant avec la culture scolaire, le prédisposant à un parcours de succès. Il s'appuie sur la catégorie socio-professionnelle des deux parents, à laquelle est associée une valeur fondée sur les conditions matérielles, le capital culturel et les pratiques censées marquer cette catégorie[2] ; en agrégeant les données au niveau d'un établissement, il est possible d'obtenir à partir de cet indicateur une photographie de l'état de la mixité sociale dans cet établissement. La publication des données relatives à l'IPS[3] a montré que les grandes villes concentrent à la fois les IPS les plus élevés et la plus forte ségrégation scolaire entre établissements parfois voisins, et ce à la fois en collège et en lycée.

La mixité au sein des établissements scolaires est plus importante que dans le secteur privé, et connaît une légère

[1] D'autres indicateurs, comme les « indicateurs de valeur ajoutée des lycées » (IVAL), permettent de rendre compte pour leur part de la capacité des établissements à conduire les élèves de la classe de seconde au baccalauréat. Ils correspondent à l'agrégation des taux de réussite, des taux d'accès et des taux de mentions au baccalauréat pour chaque établissement, selon ce qu'il est statistiquement attendu des élèves au regard de leurs origines et conditions socio-économique (« taux attendu ») et du réalisé (« taux constaté »): la valeur ajoutée correspond à la différence entre les deux, et plus l'indicateur est élevé, plus la communauté pédagogique aura accompagné le plus grand nombre à la réussite au baccalauréat.

[2] Les critères retenus sont les suivants: diplômes des parents (de la mère, du père); conditions matérielles (revenus mensuels du foyer, nombre de pièces du logement, chambre seul, ordinateur, internet); capital culturel (nombre de livres à la maison, télévision dans la chambre, regarde la télévision régulièrement); ambition et implication (aspiration, diplôme le plus utile, implication des parents, conversations); pratiques culturelles des six derniers mois (événement sportif, concert, théâtre, cinéma, etc.).

[3] Un jugement du tribunal administratif de Paris du 13 juillet 2022 a conduit à la publication de ces données, effective en octobre 2022 (*cf.* education.gouv.fr).

amélioration[1]. À l'inverse, le reflux de la mixité sociale est particulièrement marqué dans les établissements privés sous contrat ainsi qu'entre établissements publics et établissements privés, et notamment au niveau du collège. L'IPS moyen des élèves dans les collèges publics a augmenté de 0,8 point en 5 ans (de 99,1 à 99,9) quand l'IPS moyen dans les collèges privés augmentait de 2 points (de 112,2 à 114,2). Entre 2016 et 2021, l'écart d'IPS entre collèges privés et publics est passé de 13,1 à 14,3, soit un fort creusement des inégalités. **Entre 2003 et 2021, au sein des collèges privés sous contrat, le taux d'élèves issus de milieux très favorisés passait de 29 % à 40 %, quand celui d'élèves issus de milieux favorisés passait de 27 % à 19 %. Sur la même période, la composition sociale des collèges publics restait stable**[2].

Ces résultats ont plusieurs explications. D'une part, des pratiques d'évitement existent qui consistent à contourner la « carte scolaire[3] », et ont pu être accentuées avec son assouplissement en 2007, bien que de manière plus limitée qu'on l'a souvent pensé[4]. Elles prennent notamment la forme du recours au secteur privé sous contrat. D'autre part, la ségrégation scolaire qui existe est souvent liée aux inégalités territoriales et à ce qui a pu être appelé la ghettoïsation de certains quartiers, occupés par des populations très aisées, ou à l'inverse par des populations très modestes.

[1] M. Guillerm, O. Monso, « Évolution de la mixité sociale des collèges », *Note d'information*, n° 23.37, DEPP, 2023.
[2] Source : *État de l'école*, 2022.
[3] G. Fack et J. Grenet, « Peut-on accroître la mixité sociale à l'école ? », *in Regards croisés sur l'économie*, 2012.
[4] G. Fack et J. Grenet, « Les effets de l'assouplissement de la carte scolaire », 2013.

05

ÉDUCATION PRIVÉE

Homogénéité croissante du privé sous contrat, croissance forte de l'éducation hors contrat et essor des cours privés

Si le recours à l'éducation nationale reste très majoritaire dans la population (83 % des élèves de primaire et du secondaire, soit 10 millions d'élèves), d'autres formes de scolarisation existent en parallèle. Financée principalement sur fonds publics, l'école privée sous contrat connaît une stabilité de ses effectifs (2,2 millions d'élèves, soit 17 % des élèves de primaire et de secondaire) mais un renforcement de l'homogénéité sociale de ses élèves. Marginales mais ne disposant pas d'un soutien financier public, les instructions hors contrat et en famille connaissent pour leur part des dynamiques démographiques réelles. Cette dynamique concerne également le marché du soutien scolaire, en forte croissance et appuyé par le levier public de la défiscalisation.

Pourcentage d'élèves de sixième prenant des cours particuliers payants selon le niveau de vie de la famille et le niveau scolaire (données 2008)

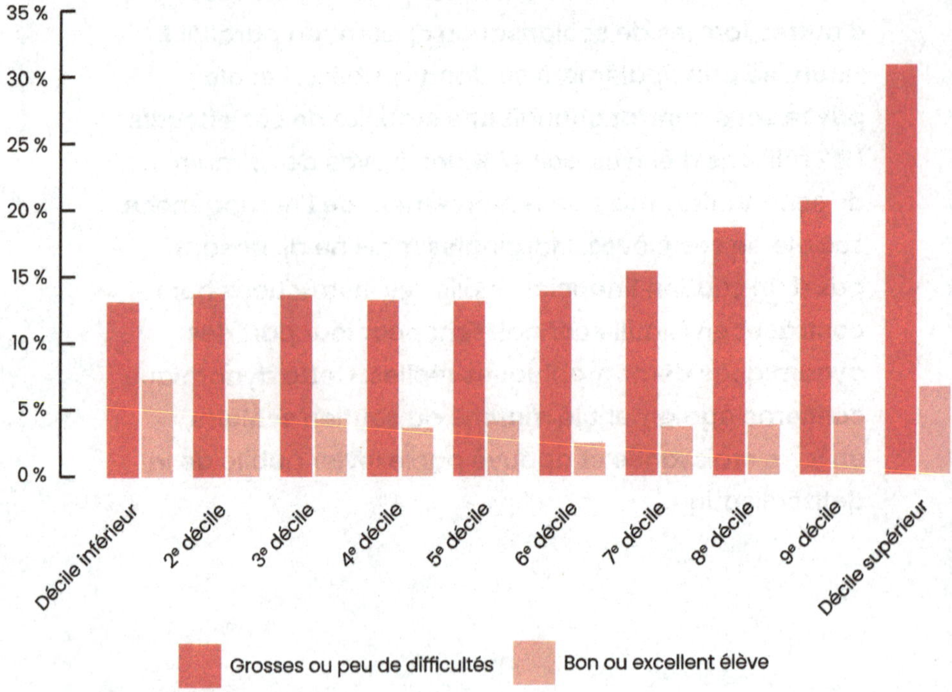

Source : J.-P. Caille, « Les cours particuliers en première année de collège : un entrant en sixième sur dix bénéficie de soutien scolaire payant », bureau des études statistiques de l'enseignement scolaire, DEPP, MEN, décembre 2010.

1. Une école privée sous contrat largement financée par les pouvoirs publics, malgré une mixité sociale en reflux

Parmi les établissements privés sous contrat, on distingue les établissements sous contrat d'association et les établissements sous contrat simple. Les premiers dispensent les enseignements conformément aux règles et aux programmes de l'enseignement public, tandis que les seconds le font seulement par référence aux programmes et aux règles générales relatives aux horaires de l'enseignement public. Les établissements privés sous contrat voient leurs enseignants rémunérés par l'État. Les établissements sous contrat d'association sont financés, au titre de leur fonctionnement, par les collectivités locales dans les mêmes proportions que les établissements d'enseignement public[1]. Toutefois, quand il s'agit d'un contrat simple, les collectivités territoriales n'ont pas l'obligation de participer au financement.

La part des élèves scolarisés dans le privé est relativement stable sur les trente dernières années. On observe ainsi une légère augmentation de la proportion et du nombre d'élèves scolarisés dans le pré-élémentaire privé depuis 25 ans (12-13 %, soit environ 300 000 élèves), dans l'élémentaire privé (14-15 %, soit 600 000 élèves) et dans l'enseignement spécialisé privé (7-8 %). La hausse est un peu plus marquée dans le second degré (20-22 %). La part du budget de l'Éducation nationale consacrée au financement de l'école privée sous contrat est directement liée au nombre d'élèves qui y sont scolarisés. En 2020, elle représentait près de 8,5 Md€ soit 10 % des financements publics[2].

La composition sociale des établissements privés connaît une évolution plus nette, puisque de plus en plus d'élèves d'origine favorisée se concentrent dans les établissements privés, et notamment au niveau du collège (*cf. supra*). Aucune statistique officielle ne permet d'appréhender le montant moyen des frais de scolarité dans les écoles privées. On se contentera donc de donner quelques exemples de frais de scolarité annuels : parmi les écoles sous contrat d'association, l'établissement Saint-Charles-de-Camas à Marseille fait payer l'année 800 euros en maternelle/primaire, 1 090 euros au collège et

[1] Article L. 442-5 du code de l'éducation.
[2] PLF 2023.

1 113 euros au lycée. À Saint-Jean-de-Montmartre à Paris, les familles déboursent 1 391 euros par an en maternelle/primaire et 1 053 euros au lycée. À Saint-Jean-de-Passy à Paris, les frais de scolarité annuels s'élèvent à 1 665 euros en maternelle, 1 790 euros en primaire, 2 000 euros au collège, 2 245 euros au lycée.

S'agissant par ailleurs de l'analyse des résultats relatifs à la performance des établissements, le ministère a développé un indicateur non public à l'usage des chefs d'établissement, appelé « aide au pilotage et à l'auto-évaluation des établissements » (APAE)[1]. Au-delà, la comparaison des taux de réussite au baccalauréat, ou de la « valeur ajoutée des établissements » (IVAL, *cf. supra*), démontre, contre les idées reçues, que de nombreux lycées publics sont plus performants que le privé[2], bien que certaines pratiques du privé (par exemple ne pas faire passer le bac aux élèves considérés comme « faibles ») tendent à biaiser les résultats.

2. Des scolarisations hors contrat et en famille qui touchent des publics différents et qui, bien que marginales en volume, connaissent une forte dynamique

Les établissements privés hors contrat sont soumis à une simple obligation de déclaration, et non d'autorisation, mais les autorités peuvent néanmoins s'opposer à leur ouverture pour des raisons d'ordre public ou de protection de l'enfance. Les établissements hors contrat ne sont pas obligés de suivre les programmes ni de respecter les horaires de l'enseignement

[1] L. Hasrouri, « Usage des indicateurs de performance par les chefs d'établissement : entre instrumentation et instrumentalisation », *Gestion et management public*, 2020.
[2] « Méthodologie des indicateurs de résultats des établissements », 2022.

public, mais ils sont soumis à des contrôles réguliers pour vérifier qu'ils permettent aux enfants d'acquérir les connaissances du socle commun de compétences. Les enseignants sont recrutés et rémunérés par les établissements.

L'école hors contrat, bien que très minoritaire, a vu ses effectifs doubler au collège entre 2010 et 2021 (de 8 000 à 16 000 élèves) et tripler dans le premier degré (de 20 000 à 60 000 élèves environ). Les frais de scolarité ne font pas plus l'objet de statistiques que ceux du privé sous contrat, mais semblent logiquement bien supérieurs. À titre d'exemple, La Jonchère à La Celle-Saint-Cloud (78) propose une année scolaire à 11 400 euros au collège et au lycée, quand Montessori 21 à Marseille a établi des tarifs annuels en fonction du quotient familial, qui s'échelonnent de 3 180 euros à 8 280 euros en maternelle, et de 3 300 euros à 8 520 euros en primaire.

L'instruction en famille couvre également de faibles effectifs mais connaît une dynamique démographique proche de celle du privé hors contrat. Le nombre d'enfants scolarisés en famille est passé de 36 000 en 2017 à 62 000 en 2020 (ce qui inclut 20 000 enfants de moins de 6 ans concernés par la nouvelle obligation de scolarisation dès 3 ans). Les familles faisant le choix de l'école privée hors contrat et de l'IEF se distinguent notamment par leur profil socio-économique, 30 % seulement des familles ayant recours à l'école hors contrat perçoivent des revenus inférieurs à 30 000 euros par an, alors que c'est le cas de 60 % des familles pratiquant l'IEF[1].

[1] Pauline Proboeuf, Thèse de doctorat en sociologie dirigée par Agnès Van Zanthen, « Aux frontières de l'école, les choix parentaux en matière d'instruction "alternative" », 2021.

3. Quand l'école ne suffit pas : l'essor des cours privés alimenté par le levier fiscal

Le marché du soutien scolaire en France représenterait plus de 2 Md€, concernerait plus d'un million d'élèves et connaîtrait une croissance moyenne de 2 % par an[1]. Selon l'OCDE, 26 % des élèves de 15 ans prenaient des cours de soutien scolaire en français, qu'ils soient gratuits ou payants, en 2011, et 37 % en mathématiques. L'augmentation du recours aux cours particuliers pourrait se nourrir de plusieurs phénomènes côté demande : la lourdeur des programmes scolaires conjuguée aux effectifs des classes et à la pédagogie traditionnelle utilisée en cours, la nécessité d'une aide pour présenter son dossier sur la plateforme Parcoursup et accéder aux études supérieures (« coaching » orientation), rendent indispensable une aide individuelle pour rattraper les leçons mal assimilées, ou encore la diminution relative des places dans le supérieur.

Côté offre, le marketing offensif des plateformes privées joue probablement un rôle dans la croissance du secteur, tout comme le levier fiscal qui solvabilise partiellement la demande en réduisant le coût net des cours de soutien scolaire. Au-delà de la maximisation de la réussite de leurs enfants, les ménages ont une incitation supplémentaire à recourir au soutien scolaire : l'État le subventionne, par le biais d'un crédit d'impôt à hauteur de 50 % du montant des salaires et cotisations sociales versés au tuteur pour des prestations réalisées à domicile. Le montant total des déductions fiscales est estimé à 200 M€ par an. Malgré les avantages fiscaux instaurés en 2005 et 2007, le dispositif est peu utilisé par les classes populaires : ces mesures demeurent mal connues par les ménages ne payant

[1] Source : étude de marché Businesscoot.

pas d'impôts sur le revenu, le remboursement du crédit d'impôt intervient *a posteriori*, ce qui a un effet dissuasif et laisse 50 % des dépenses à la charge des ménages.

Une étude du CNESCO met en lumière le rôle des cours privés dans les inégalités scolaires, dans tous les pays du monde, avec une augmentation marquée du recours aux cours privés à partir des années 1980-1990. Elle met en évidence les caractéristiques socio-démographiques des élèves suivant des cours de soutien scolaire : ils sont issus de milieux sociaux favorisés, citadins, inscrits dans le privé et plutôt d'origine étrangère.

D'après une étude du ministère de l'Éducation nationale publiée en 2010, le pourcentage d'élèves prenant des cours particuliers privés en 6e est relativement stable dans les sept premiers déciles (entre 13 et 15 %), augmente autour de 20 % pour les 8e et 9e déciles pour s'établir à plus de 30 % chez les 10 % les plus riches. Ainsi, près d'un tiers des élèves de 6e du dernier décile suivent des cours particuliers : c'est deux fois plus que les élèves des sept premiers déciles[1].

[1] J.-P. Caille, « Les cours particuliers en première année de collège : un entrant en sixième sur dix bénéficie de soutien scolaire payant », bureau des études statistiques de l'enseignement scolaire, DEPP, MEN, décembre 2010.

FOCUS La hausse des frais d'inscription dans le supérieur pour les étudiants non européens venant de l'étranger pour étudier en France : une rupture symbolique majeure

Diplôme préparé	**Français, Européens et étrangers déjà présents**	**Étrangers non communautaires arrivant pour études**
Diplôme du 1er cycle (licence)	170 €	2 770 €
Diplôme du 2e cycle (master)	243 €	3 770 €
Diplôme d'ingénieur	2 500 €	3 770 €
Diplôme du 3e cycle (doctorat)	380 €	380 €

Par un arrêté du 19 avril 2019 relatif aux droits d'inscription dans les établissements publics d'enseignement supérieur, une distinction a été créée, pour le niveau des frais d'inscription à l'université, entre, d'une part, les ressortissants européens, les titulaires d'une carte de résident, les membres de foyers rattachés fiscalement à la France depuis au moins deux ans, les réfugiés, et, d'autre part, les personnes ne remplissant pas ces conditions.

À l'exception des étudiants de doctorat, pour lesquels la parité de frais d'inscription a été maintenue, les étrangers non communautaires venant en France pour effectuer des études doivent désormais s'acquitter de frais d'inscription en licence et en master 15 à 16 fois plus élevés que les autres étudiants.

La légalité de cet arrêté a été validée par le Conseil d'État qui a estimé que de tels frais d'inscription ne faisaient pas, par eux-mêmes, obstacles à un égal accès à l'instruction, et que la différence de traitement entre les catégories d'étudiants était en rapport avec leur différence de situation[1].

[1] Décision CE, 1er juillet 2020, n° 430121.

06

LES PROFESSIONNELS DES ÉTABLISSEMENTS SCOLAIRES

Des conditions de travail dégradées et une perte d'attractivité des métiers

À côté des usagers du service public de l'éducation, il y a les personnels qui le font vivre. Dans cette thématique, la question du métier d'enseignant est au cœur des interrogations : l'enseignant est vu tantôt comme un « privilégié », parangon du fonctionnaire qui bénéficierait de trop de vacances pour une présence effective devant les élèves trop courte, tantôt comme un être qui a choisi une « vocation » et doit, en contrepartie, s'accommoder de conditions de travail dégradées. Les comparaisons internationales réalisées notamment par l'OCDE tendent toutefois à mettre en évidence l'attractivité faiblissante du métier d'enseignant, la dégradation des conditions matérielles de travail, les limites de la qualité de vie au travail.

Évolution du nombre de candidats présents et de la sélectivité (présents / postes offerts) des concours externes de la fonction publique d'État entre 1985 et 2018

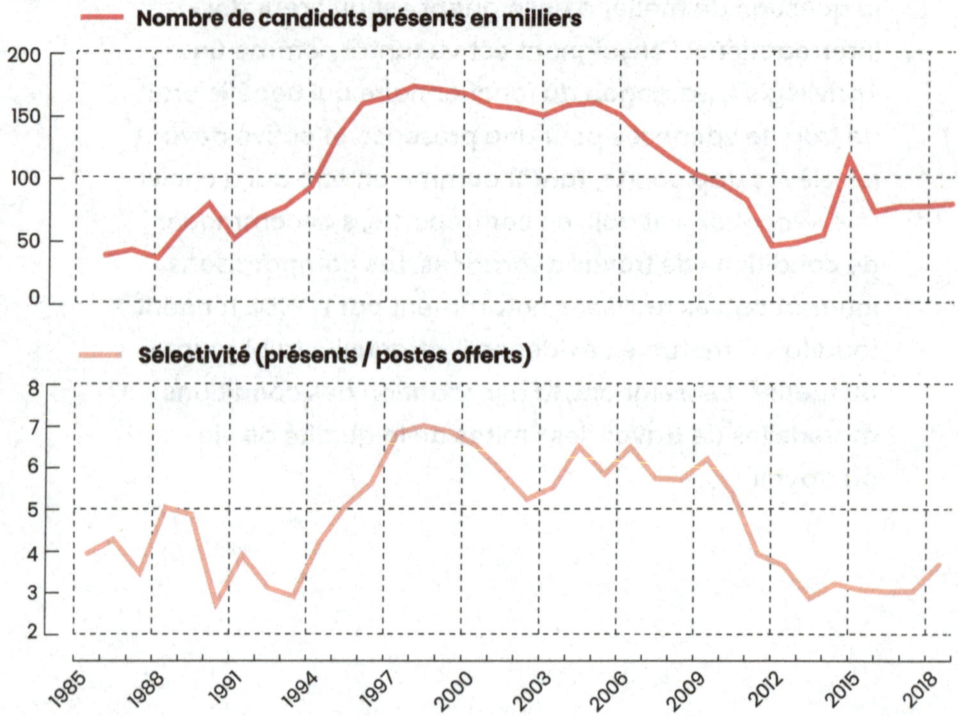

Source: DGAFP, rapport annuel sur l'état de la fonction publique, édition 2020.

1. Une communauté éducative relevant de deux catégories d'employeurs et, en ce qui concerne l'Éducation nationale, en voie de précarisation

Les enjeux relatifs à la communauté éducative dépassent la seule question enseignante. Au service public de l'école participent également d'une part des professionnels non-enseignants de l'Éducation nationale (personnels d'encadrement[1],

[1] Directeurs et directrices, inspecteurs et inspectrices, etc.

de la vie scolaire[1], professionnels administratifs[2], sociaux et de santé[3], etc.) et, d'autre part, les agents des collectivités territoriales (agents d'entretien, de la restauration scolaire, agents territoriaux spécialisés des écoles maternelles (ATSEM)).

Aucune donnée consolidée n'a pu être récoltée concernant le nombre ou les conditions de travail des professionnels relevant des collectivités territoriales et leurs évolutions, pourtant indispensables au fonctionnement des écoles et en nombre conséquent sur l'ensemble du territoire[4]. La question du taux d'encadrement des enfants à la pause méridienne, notamment, constitue une variable capitale pour les élèves et, en l'absence de ratio réglementaire, une source d'inégalités territoriales.

Évolution de la part des non-titulaires parmi les personnels de l'éducation nationale de 2015 à 2021 (en %)

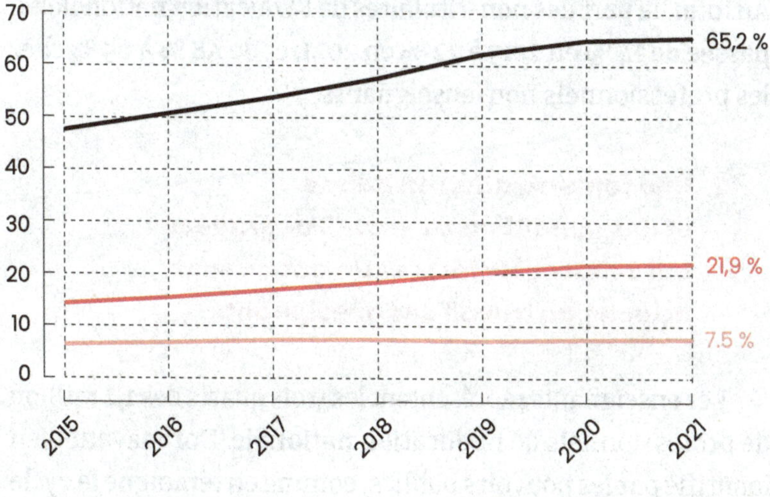

[1] Conseillers principaux d'éducation, accompagnants des élèves en situation de handicap, psychologues EN, etc.

[2] Comme les attachés d'administration, les secrétaires administratifs, les gestionnaires matériel ou encore l'agent comptable.

[3] Médecins ou infirmiers de l'Éducation nationale.

[4] À titre d'exemple, sur les 130 collèges de la Seine-Saint-Denis, on recense 1 500 professionnels relevant du département. On peut estimer entre 100 000 et 200 000 le nombre de professionnels des collectivités territoriales accompagnant les écoles sur l'ensemble du territoire.

Les 300 000 professionnels non enseignants[1] relevant de l'Éducation nationale sont, pour les deux tiers d'entre eux, des professionnels relevant de la vie scolaire. Le nombre des professionnels de la vie scolaire, des femmes pour 81 % d'entre eux, a crû de manière importante entre 2015 et 2021, passant de 108 000 à 202 000 en particulier du fait du recrutement important d'AESH. Ces recrutements, quasi exclusivement à temps partiel, se sont faits sous le statut de contractuels, non-titulaires de l'Éducation nationale, alors que le nombre de titulaires de la vie scolaire refluait légèrement entre 2015 et 2021[2].

De manière générale, l'augmentation de la proportion de non-titulaires concerne la totalité des professionnels de l'Éducation nationale, enseignants compris, à l'exception des fonctions d'encadrement qui sont occupées par des fonctionnaires. Au total, la part des non-titulaires de l'Éducation nationale est passée de 14 % en 2015 à 22 % en 2021, et de 48 % à 65 % chez les professionnels non-enseignants.

2. Une rémunération en baisse et des conditions de travail dégradées qui éclipsent le fort sentiment de sens attaché au travail des enseignants

Les enseignants représentent les trois quarts des 1,2 million de professionnels de l'Éducation nationale. Dorénavant bien identifié par les pouvoirs publics, comme en témoigne le cycle de concertation conduit par le ministère pour aboutir à une revalorisation du métier à la rentrée 2023[3], le sujet de la

[1] 297 400 en 2021.
[2] C. Caron, M. Defresne, E. Dion, P. Feuillet, D. Geleyn, M. Lebaudy, D. Prouteau, J.-E. Thomas, C. Valette, « Panorama statistique des personnels de l'enseignement scolaire : 2021-2022 », publication de la DEPP.
[3] *Cf.* site du ministère, consulté en avril 2023.

rémunération des enseignants reste décisif. Ceux-ci sont tout d'abord moins bien rémunérés que leurs homologues étrangers de pays comparables : pour un temps de présence effective (« temps statutaire net de contact ») supérieur à celui des Allemands[1], les enseignants français touchent près de la moitié de la rémunération outre-Rhin en 2021 selon leur avancement[2].

Par ailleurs, la rémunération des enseignants est plus faible, à niveau d'étude équivalent, que pour les salariés du secteur privé : les enseignants gagnent en moyenne 2 532 € par mois en 2020[3], soit environ 500 € de moins que les salariés du privé disposant d'un diplôme supérieur au bac + 2[4], mais également que les autres catégories A de la fonction publique[5]. Cet état de fait se retrouve en comparaison internationale.

En dynamique, cette tendance est particulièrement marquée. Alors qu'en 1990 la rémunération d'un professeur des écoles en fin de carrière était équivalente à 3,7 SMIC, elle ne correspond plus qu'à 2,6 SMIC en 2020[6]. L'évolution entre le début et la fin de carrière s'est dégradée : en 1990, un professeur doublait sa rémunération sur cet intervalle ; en 2020, l'augmentation est au mieux de 80 %. Passé les trois premières années, la rémunération des enseignants stagne en valeur réelle et les passages d'échelons ont pour principal effet de compenser la sous-indexation du point d'indice[7]. Dans l'ensemble, entre 2010 et 2021, la rémunération des enseignants a stagné, sous le double effet d'une baisse entre 2010 et 2015 et

[1] Rapport OCDE, p. 373.
[2] Rapport OCDE, p. 368. Le calcul réalisé par l'OCDE est en parité de pouvoir d'achat.
[3] *Ibid.*, tab. 7. 2.
[4] INSEE, *Emploi, chômage, revenu du travail*, édition 2021.
[5] INSEE, *Salaires mensuels nets moyens dans la fonction publique*, données 2020.
[6] Chiffres clés du ministère, données disponibles.
[7] Collectif Nos services publics, *Monter un escalator qui descend*, mai 2023.

d'une augmentation qui ne la compense qu'imparfaitement entre 2015 et 2021[1].

Le nombre d'élèves par classe est en nette augmentation, lycée professionnel excepté. Dans le second degré, le nombre moyen d'élèves par classe est passé de 24,2 au collège et 28,5 au lycée général et technologique en 2010[2] à respectivement 25,6 et 30,2 en 2020[3], soit plus d'un élève en plus par classe en dix ans, ou une augmentation de 6 %.

Contrairement à une idée reçue, les professeurs français travaillent davantage d'heures dans l'année que la moyenne des pays de l'OCDE : au collège et au lycée, le temps d'enseignement net (temps de présence effective) des professeurs est de 720 heures dans l'année, contre environ 680 heures pour l'OCDE et 660 heures pour les pays de l'Union européenne[4].

La question de la qualité de vie au travail et de la santé mentale des enseignants fait l'objet d'une prise en compte très récente. Le premier baromètre bien-être au travail des personnels de l'Éducation nationale exerçant en établissement scolaire a été conduit en 2022, pour une publication en octobre 2022. Il tend à démontrer, derrière un fort sentiment de sens attaché au travail, une satisfaction professionnelle inférieure à la moyenne des Français en emploi (6/10 contre 7,2/10), très légèrement plus forte dans le premier degré que dans le second degré. En cohérence avec les analyses dynamiques et les comparaisons internationales, les conditions de travail sont jugées comme très dégradées, qu'il s'agisse de la rémunération (taux de satisfaction de 3,4/10) ou des perspectives de carrière (3,1/10).

[1] Rapport OCDE, p. 362.
[2] INSEE, *Élèves et établissements des 1ers et 2nds degrés*, édition 2020.
[3] Ministère, *Chiffres clés du système éducatif*, chiffres de 2020.
[4] Rapport OCDE, p. 387.

Il n'est pas possible d'identifier précisément, dans ces résultats, les effets propres des réformes récentes, relatives notamment à l'autonomie des établissements ou à la réduction des marges de manœuvre pédagogiques.

3. La perte d'attractivité du métier d'enseignant

Le récent sondage réalisé par IPSOS pour la Cour des comptes auprès de 2 000 étudiants confirme que les conditions de travail constituent des facteurs de rejet du métier d'enseignant. En particulier, **plus d'un étudiant sur deux qui prépare les concours ou envisage d'embrasser la carrière évoque les conditions de travail difficiles et le manque de reconnaissance comme éléments pesant sur leurs perspectives, et considère que le métier n'est pas prestigieux**[1].

Le métier d'enseignant attire de moins en moins : entre 2016 et 2020[2], le nombre d'inscrits pour le CAPES externe est ainsi passé de 36 613 à 30 921, soit une diminution de plus de 15 %[3]. La tendance est similaire pour le CAPES interne (-14 %), bien que le nombre de postes augmente, mais aussi pour l'agrégation interne (-16 %) et externe (-19 %), et même pour le second degré dans le secteur privé (-14 % pour le CAPES interne par exemple). Elle est moins marquée pour le recrutement d'enseignants du primaire (-2 %). À l'inverse, le nombre d'inscrits dans le privé est en nette augmentation sur la même période pour le premier degré, et double. Sur les dernières années, une récente analyse budgétaire de la Cour des comptes[4] note une

[1] Cour des comptes, *op. cit.*, février 2023, p. 141-142.

[2] Seule période de données disponibles en *open data*.

[3] « Concours de recrutement de personnels enseignants, d'éducation et d'orientation du 2nd degré public », 2016-2020, sur data.gouv.fr.

[4] Cour des comptes, *Analyse de l'exécution budgétaire 2022 de la mission interministérielle « Enseignement scolaire »*, avril 2023.

intensification de cette dynamique : entre 2021 et 2022, le nombre de présents aux concours, tous concours confondus du secondaire public, a chuté de 20 % tandis que le nombre de postes offerts était stable.

En parallèle, si le nombre d'enseignants qui démissionnent reste faible en volume, il connaît récemment une évolution significative, en particulier dans le primaire. Entre 2017 et 2021, le nombre de démissions dans le premier degré public est passé de 748 à 957, soit une augmentation de 28 % ; la dynamique est semblable, quoique plus mesurée, dans le second degré public (+13 %). Évolution marquante, les titulaires de moins de cinq ans, c'est-à-dire les « jeunes profs » qui ont « validé » leur concours mais n'enseignent pas depuis longtemps, représentent dorénavant plus du tiers de ces démissions, alors qu'ils en formaient auparavant un quart. Tout un « halo » du désengagement du métier d'enseignant devrait être pris en compte, qu'il s'agisse des disponibilités ou des temps partiels, pour prendre une mesure précise de ce que la Cour des comptes a appelé « la crise d'attractivité du métier[1] ».

Face à cette situation, le ministère de l'Éducation nationale a notamment davantage recours aux contractuels (« personnels non titulaires ») : dans le second degré public, ils étaient environ 25 000 en 2012, contre 35 000 en 2021, soit une augmentation de 40 % en dix ans[2], afin de pallier un manque de professeurs estimé à plus de 1 000 postes par an sur les dernières années[3]. Le « job dating » mis en place dans certaines académies à la rentrée 2022 témoigne de palliatifs peu valorisants pour les professeurs, afin de répondre à une situation d'urgence.

[1] *Ibid.*, p. 37.
[2] Cour des comptes, *Devenir enseignant: la formation initiale et le recrutement des enseignants des premier et second degrés*, février 2023.
[3] *Ibid.*

GRAND MESSAGE Mai 2022 : Le job dating dans certaines académies, ou un recours accru aux contractuels destiné à pallier en urgence la baisse d'attractivité du métier d'enseignant

Au printemps 2022, plusieurs académies, notamment Versailles, Amiens, Toulouse et Poitiers, ont décidé d'organiser le recrutement express d'enseignants contractuels pour combler le manque d'enseignants prévisible à la rentrée de septembre 2022. En partenariat avec Pôle emploi, des entretiens de 30 minutes ont été organisés avec des candidats titulaires d'un diplôme de niveau bac +3. Ce format « job dating », assimilable au « speed dating » amoureux, est une première dans l'éducation nationale. Il révèle l'urgence dans laquelle se trouve le ministère face à la pénurie d'enseignants résultant d'une absence de politique suffisante pour contrer la perte d'attractivité du métier. Mais le remède pourrait s'avérer encore pire que le mal en termes de dévalorisation du métier, confortant l'idée qu'être enseignant ne nécessite ni formation spécifique ni sélection par concours pour recruter les meilleurs.

Dans son rapport « Devenir enseignant: la formation initiale et le recrutement des enseignants des premier et second degrés » de février 2023, la Cour des comptes met d'ailleurs en exergue la façon dont, « dans l'académie de Versailles, le rectorat s'efforce de structurer une véritable politique de recrutement des contractuels », insistant sur les liens créés avec Pôle emploi et sur la sollicitation des recalés aux concours enseignants, des assistants d'éducation et des assistants pédagogiques pour les informer des possibilités de recrutement comme contractuels.

En principe, le niveau requis pour être recruté comme enseignant contractuel est celui exigé pour candidater au concours interne (décret du 29 août 2016). Toutefois, le niveau de recrutement peut à titre exceptionnel être inférieur. Cette adaptation est notamment intervenue depuis la crise du Covid-19 du fait du très fort besoin en remplacement des enseignants, obligeant certaines académies à recruter des contractuels de niveau bac +2.

Actuellement, la proportion de contractuels dans l'enseignement est en moyenne de 1 % dans le premier degré public, 9 % dans le second degré public, mais connaît des variations géographiques importantes : 5,3 % en Normandie mais 11 % à Paris, 12,9 % en Corse, 51,4 % à Mayotte. Le taux de contractuel est également variable selon les disciplines : 4,8 % dans les disciplines générales, 14,6 % dans les domaines de la production, 16,4 % dans les domaines des services.

La diminution du nombre de candidats présents aux épreuves s'observe à partir de 2019 (-14,3 % entre 2018 et 2021 pour les concours publics du 1er degré, -9,6 % sur la même période pour les concours publics du 2nd degré), mais elle est particulièrement dramatique en 2022 : -41,8 % pour les concours du 1er degré public entre 2021 et 2022 (baisse de 34142 présents en 2021 à 19875 présents en 2022), et -20,2 % pour les concours du 2nd degré public sur la même période (55405 présents en 2021, 44224 en 2022), sachant que les concours externes sont encore plus affectés que les concours internes. Une telle accélération n'est sans doute pas sans rapport avec la fixation d'un niveau de diplôme plus élevé pour déposer sa candidature puisque, depuis la session 2022, seuls les étudiants inscrits en seconde année de master, et non plus en première année, peuvent se présenter aux concours externes de recrutement des professeurs.

Chiffres essentiels

37 % des élèves français quittent le supérieur avec un master, contre 19 % au Royaume-Uni ou 17 % en Espagne.

10 → 20 % : la proportion de cadres et professions intellectuelles supérieures dans l'emploi total entre 1990 et 2018.

+ 50 % de diplômés du supérieur entre 1990 et 2018.

10 % des 17-18 ans ont des difficultés de compréhension écrite (chiffre de 2020 issu des résultats d'examen lors de la journée de défense et de citoyenneté).

16 % de difficultés fortes à la lecture pour les 18-65 ans.

16 % des instituteurs pratiquent l'enseignement individualisé à la lecture en primaire en France.

36 % des filles et **22 %** des garçons se sentent sous pression par leurs devoirs.

1/4 des élèves de primaire et de collège laissent transparaître des signes de stress ou d'anxiété.

18 % des lycéennes ont été victimes de violences sexistes.

82 % des lycéens considèrent comme « stressante » la prise en compte de toutes les notes du cycle terminal pour l'obtention du baccalauréat et les candidatures sur Parcoursup.

4,8 % d'élèves du second degré public sur l'année scolaire 2020-2021 touchés par le manque d'assiduité.

12,8 % des jeunes de 15 à 29 ans n'étaient ni en emploi, ni en études, ni en formation en 2021 (NEET).

Terminale générale :
35 % des élèves sont enfants de cadres supérieurs.
16 % sont enfants d'ouvriers.

Baccalauréat professionnel :
8 % des titulaires sont enfants de cadres supérieurs.
34 % des titulaires sont enfants d'ouvriers.

13 % des effectifs d'élèves dans l'élémentaire privée en 2020, chiffre stable depuis 25 ans (seulement + 1 %).

x 3 : nombre d'élèves dans les écoles hors contrat entre 2010 (20 000) et 2021 (60 000).

22 % de non-titulaires à l'Éducation nationale en 2021.

2,6 SMIC : la rémunération d'un professeur des écoles en fin de carrière en 2020.

+ 1 élève par classe sur les 10 dernières années.

- 20 % de candidats présents aux concours du secondaire public entre 2021 et 2022.

- 14 % d'inscrits au CAPES interne entre 2016 et 2021.

+ 40 % de contractuels entre 2012 (25 000) et 2021 (35 000).

Transports

Introduction

Quels services publics de transport à l'heure de l'indispensable décarbonation ?

La mobilité n'est généralement pas une fin en soi, mais un moyen d'accès à des activités : travail, études, soins, courses alimentaires… Souvent considérée comme une liberté fondamentale, la mobilité est devenue un préalable à la plupart des interactions sociales. La rencontre de moyens techniques toujours plus performants et d'un aménagement du territoire fondé sur l'augmentation de la vitesse de déplacement a conduit à modeler la société hypermobile que nous connaissons.

Les transports n'ont pourtant jamais fait l'objet d'un service public unifié, en dehors de la constitution historique de la SNCF dans le sous-secteur ferroviaire. Le secteur des transports de personnes constitue ainsi un domaine d'action paradoxal de la puissance publique : si celle-ci, par son action de régulation et par la mise à disposition et l'entretien de la quasi-totalité des infrastructures routières[1] et ferroviaires, mais aussi portuaires et aéroportuaires, rend possibles les déplacements de personnes, ils sont très majoritairement réalisés de manière privée. Encore aujourd'hui, 80 % des kilomètres parcourus en France le sont en voiture.

[1] Le réseau des autoroutes, propriété publique dont l'exploitation est concédée pour une très longue durée, constituant la principale exception – si tant est qu'on puisse la qualifier ainsi.

Les transports sont également hautement carbonés : ce sont les premiers contributeurs des émissions de gaz à effet de serre (GES) de la France, à hauteur de 30 % en 2022. Prépondérants, les transports routiers contribuent à la quasi-totalité des émissions de GES du secteur (94 %), dont plus de la moitié est imputable à la voiture individuelle (54 %). Afin d'atteindre l'objectif de neutralité carbone, le rythme de baisse des émissions du secteur des transports doit être multiplié par 3,5 à 5 d'ici 2030 : il s'agit de l'accélération la plus rapide, avec le secteur de l'énergie. C'est pourtant le seul secteur qui n'a pas vu ses émissions diminuer depuis 1990.

La transition écologique impose de penser les services publics de mobilité au-delà de la seule question de la qualité de l'offre et de desserte des territoires. Les mobilités constituent un enjeu d'inégalités sociales et territoriales autant que de réduction des émissions, et illustrent à ce titre les tensions à l'œuvre en matière de lutte contre le réchauffement climatique autant que l'interrogation de notre modèle économique et de société. Touchant directement au mode de vie quotidien de la majorité de la population, ce secteur revêt ainsi une double sensibilité, sociale et écologique, entraînant potentiellement des conflits entre le besoin de décarbonation et le besoin de mobilité, comme l'a récemment montré la crise des « gilets jaunes ».

Ce chapitre examinera principalement les **enjeux de la mobilité des personnes, et non des marchandises, avec une attention particulière portée à la mobilité du quotidien.** Nous nous intéresserons en particulier aux **déplacements quotidiens contraints** (les déplacements domicile-travail) **les plus longs** (au-delà de 10 km) pour lesquels les alternatives à la voiture sont rares, voire inexistantes, piégeant de nombreux ménages dans une dépendance à l'automobile néfaste à bien des égards (santé, environnement, lien social, budget, temps de transport…).

Les pratiques de mobilités d'aujourd'hui **résultant de politiques publiques et d'évolutions socio-techniques du temps long**, nous en retracerons les principales étapes : d'abord en présentant l'évolution et la structure de la demande de mobilité aujourd'hui **(1)**, puis en se penchant sur les dynamiques économiques et sociales qui déterminent la demande, telles que la désindustrialisation et la métropolisation **(2)**. L'explosion des distances parcourues, multipliées par cinq dans les soixante dernières années, est le produit de la transformation économique et urbaine du paysage français, et a été portée par l'essor de la voiture individuelle. Les dynamiques d'aménagement du territoire, autant que l'absence de politiques publiques de régulation en la matière, ont contribué à entretenir des besoins soutenus de mobilité en zone peu dense, donc l'essor de la voiture et, désormais, la dépendance à celle-ci : hors Île-de-France, 92 % des déplacements longs du quotidien sont effectués en voiture…

Dans ce contexte, garantir l'accès à des services publics de mobilité partout et pour tous pose d'immenses défis pour les acteurs publics. La réponse publique actuelle échoue à réduire la dépendance à la voiture individuelle, notamment parce qu'elle peine à remettre en question les dynamiques urbaines à l'œuvre **(3)**, mais aussi parce que son modèle de financement est à bout de souffle **(4)**. Les autorités chargées des politiques de mobilité sont ainsi prises dans un étau d'injonctions contradictoires : favoriser l'accès à l'emploi au risque d'entretenir sa concentration dans les centres urbains ; limiter les émissions de gaz à effet de serre sans contraindre le pouvoir d'achat des ménages ; développer les mobilités actives et les transports en commun avec des moyens budgétaires limités, sur des territoires aménagés pour l'usage de la voiture individuelle. Notamment du fait du fractionnement des compétences, ces autorités échouent à s'attaquer aux causes du besoin croissant de mobilité, et donc à engager une réduction effective des émissions de gaz à effet de serre.

Alors que les politiques publiques axées sur la décarbonation des transports apparaissent insuffisantes et risquent d'être inégalitaires **(5)**, la réflexion sur la réduction des besoins de mobilité reste dans l'impasse **(6)**. Réduire la demande est cependant un levier efficace et devrait être une priorité, au carrefour de nombreuses politiques publiques. Une telle réduction des besoins de transports impose pourtant de repenser radicalement notre modèle territorial, économique et social, et de considérer non plus la mobilité comme une simple externalité, mais l'accessibilité de tous les services fondamentaux comme un droit à organiser.

01

ÉVOLUTION DES BESOINS

Hausse continuelle des distances parcourues et des émissions, voiture toujours hégémonique

Évolution du nombre de kilomètres parcourus par mode (moyenne par jour et par personne)[1]

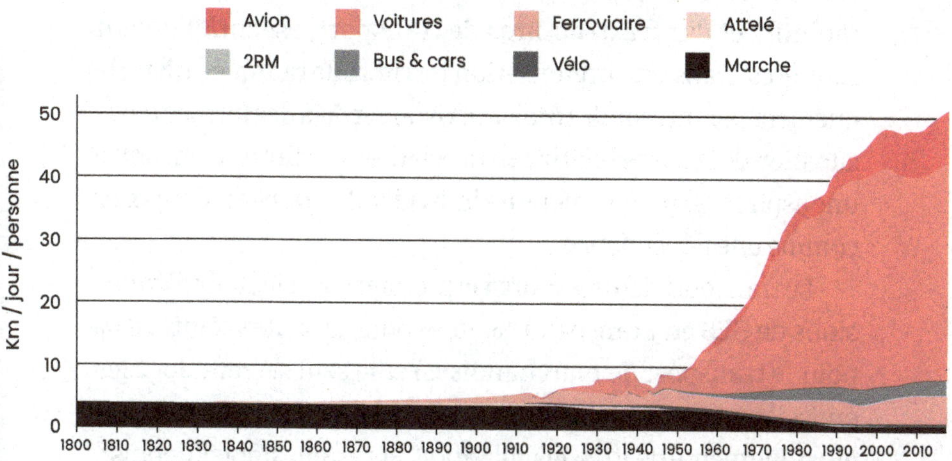

1. Une explosion des distances parcourues

Après une très longue période où les Français se déplaçaient principalement à pied, l'essor de la voiture vient bouleverser la donne à partir de l'entre-deux-guerres. La construction de nouvelles infrastructures en fait rapidement le mode de déplacement majoritaire et provoque une explosion des distances parcourues, détrônant le ferroviaire (dont le réseau était maximal dans les années 1920), qui était pendant plus d'un siècle le seul moyen de transport de masse sur moyenne et longue distance. Les Trente Glorieuses marquent l'entrée dans une véritable civilisation de la voiture, incarnant bien plus qu'un véhicule : objet de désir et de distinction sociale, promesse de liberté.

À partir des années 1970, le développement et la démocratisation de l'automobile vont faciliter la dispersion des

[1] Aurélien Bigo (2020), « Les transports face au défi de la transition énergétique. Explorations entre passé et avenir, technologie et sobriété, accélération et ralentissement ».

fonctions — habitat, travail, consommation, divertissement... — et l'habitat pavillonnaire, en entraînant un besoin croissant de mobilité et d'infrastructures de transport, essentiellement routières. Dans une organisation territoriale marquée historiquement par un monde rural où existaient déjà des formes d'occupation de l'espace relativement éclatées, la voiture a rencontré une aspiration pour la mobilité individuelle, avant de s'imposer comme une dépendance.

Le transport demeure ainsi le premier contributeur d'émissions de GES en France (30 %, 16 % pour la seule voiture, 8 % pour le transport de marchandises) et le seul secteur dont les émissions ont augmenté entre 1990 et 2020. Ses émissions ont ainsi augmenté de 10 % jusqu'à 2008, et restent stables depuis[1]. Or la stratégie nationale bas carbone prévoit une baisse de 30 % des émissions du transport à horizon 2030 et une décarbonation complète à horizon 2050 : une rupture totale ! Le rythme de baisse des émissions devrait ainsi être multiplié par un facteur de 3,5 à 5 pour se conformer aux objectifs européens (Fit for 55)[2], soit la hausse la plus importante avec le secteur de l'énergie.

2. La voiture, toujours hégémonique malgré les politiques publiques de « report modal »

Ces vingt dernières années, en dépit des prises de conscience environnementales marquées par des engagements politiques (Grenelle, accords de Paris, « pacte vert » européen), des investissements significatifs dans les transports collectifs (plus de 80 milliards d'euros dans les transports collectifs urbains et

[1] Notre-environnement.gouv (2021), *Les émissions de gaz à effet de serre du secteur des transports.*

[2] Haut Conseil pour le climat (HCE), *Acter l'urgence, engager les moyens sur l'année 2022.*

les lignes à grande vitesse), d'une progressive déprise de la voiture dans les représentations sociales, 80 % des kilomètres sont toujours parcourus en automobile. Cette stagnation reflète la difficulté à investir autrement un monde façonné depuis des décennies par et pour la voiture. **À l'instar du secteur de l'énergie, où chaque nouvelle source maîtrisée par l'homme (biomasse, pétrole, charbon, gaz, énergies renouvelables) a conduit à accumuler les consommations et non les substituer, les modes de transport se sont empilés.**

Les émissions de GES des transports sont le produit de 5 facteurs : la demande de déplacements, le report modal (passage à un mode de transport moins carboné, de la voiture vers le train par exemple), le taux de remplissage des véhicules, l'efficacité énergétique des moteurs et l'intensité carbone de l'énergie. L'analyse des émissions du transport de voyageurs depuis les années 1960[1] montre que la demande a été le principal facteur expliquant la hausse des émissions, avec une multiplication par 4,7 des kilomètres parcourus par les voyageurs en France. En effet, les facteurs techniques « favorables » (amélioration des motorisations, du contenu carbone de l'énergie) ont été compensés par les facteurs défavorables (diminution du taux de remplissage des véhicules et report modal inversé avec la démocratisation de l'automobile). La voiture particulière des ménages est ainsi le premier contributeur des émissions du secteur (70 % en 2019)[2].

Au cours des dernières décennies, l'amélioration continue de la vitesse des déplacements a provoqué l'augmentation de leur portée, selon un modèle où les « budgets temps de transport » seraient relativement constants dans le temps et

[1] Aurélien Bigo (2020), « Les transports face au défi de la transition énergétique. Explorations entre passé et avenir, technologie et sobriété, accélération et ralentissement ».

[2] Ministère de la Transition écologique (2022), *Chiffres clés des transports*.

similaires entre les villes[1]. Ainsi, les gains de temps réalisés grâce aux améliorations des vitesses moyennes de transport sont réinvestis, non pas dans d'autres activités mais dans du temps de transport : c'est « l'effet rebond », qui explique en partie l'étalement urbain, comme nous le verrons plus bas. Ces dernières années, la montée en puissance des phénomènes de congestion urbaine (subie, mais parfois recherchée par les politiques publiques pour dégrader l'attractivité de la voiture), en ralentissant les vitesses, résulte en une augmentation des « budgets temps »... faute de pouvoir aisément raccourcir les distances.

3. Les déplacements longs du quotidien, un enjeu d'équité

Nous pouvons distinguer trois classes de distance : les voyages (au-delà de 80 km), les déplacements longs de la vie quotidienne (au-delà de 10 km) et les déplacements de proximité. Les enjeux de gouvernance sont très différents — clairement identifiés pour les voyages (État), pour la proximité (communes, autorités organisatrices de la mobilité) mais encore flous pour les déplacements longs du quotidien, en dépit des apports de la loi d'orientation des mobilités de 2019. Les types d'alternatives au véhicule particulier dépendent aussi de cette catégorisation. Pour la longue distance, les offres de mobilité sont variées : TGV ou trains longues distances sur ligne classique, avion, « cars Macron », covoiturage. Pour la proximité, en zone urbaine : marche, vélo (si les infrastructures le permettent), transports publics.

[1] Ou « conjecture de Zahavi » du nom du chercheur qui, à la fin des années 1970, forge l'hypothèse de constance des budgets temps de transport et l'intègre dans un modèle d'économie des transports.

La prégnance des enjeux de décarbonation dépend également de cette typologie de déplacements : la mobilité du quotidien représente 60 à 70 % des émissions du transport de voyageurs. 46 % des actifs ont une distance domicile-travail supérieure à 10 km, une distance difficile à parcourir à vélo (seuls 0,2 % de ces trajets sont faits à vélo contre 6 % des distances inférieures à 5 km)[1]. Aux déplacements longs du quotidien, les seules alternatives décarbonées sont les TER, RER et Transilien, qui ne couvrent qu'une faible part des besoins. Ainsi, c'est sur ces trajets longs, qui concernent près de la moitié des actifs, que se concentrent les enjeux d'équité[2].

[1] Chiffres EMP 2019.

[2] André Broto, *Transports: les oubliés de la République*, Eyrolles, 2022.

02

DÉTERMINANTS DE LA DEMANDE

Désindustrialisation et métropolisation, quatre décennies qui fondent les dynamiques économiques et urbaines

Nombre d'emplois et évolution entre 2002 et 2012

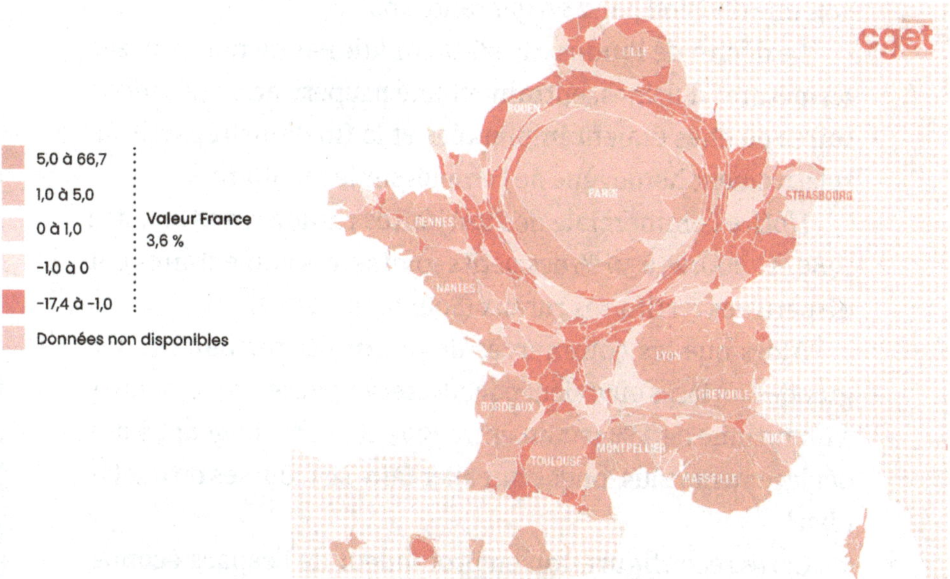

Cette carte anamorphosée, qui reflète l'état (taille) et l'évolution (couleur) des zones d'emploi, illustre bien le déséquilibre territorial français. Les zones « gagnantes » des dynamiques économiques, hypertrophiées, écrasant les zones « perdantes » atrophiées, dessinent un tout autre Hexagone.

1. Désindustrialisation et métropolisation : la reconfiguration économique du territoire

Depuis les années 1980, les évolutions économiques ont conduit à modifier la physionomie du pays. La tertiarisation de l'économie, amorcée avec la baisse de la part de l'agriculture dans le PIB, passée de 18 % du PIB en 1949 à 2 % aujourd'hui[1], et la transformation des exploitations agricoles, s'est poursuivie avec la désindustrialisation. Débutant dans les années 1960, elle connaît une accélération dans les années 1980 :

[1] *Trente ans de vie économique et sociale*, Insee, 2014.

l'industrie passe ainsi de 25 % du PIB en 1980 à 13 % en 2022, soit une division par 2 en quarante ans[1].

Le déclin de l'industrie s'est traduit par de nombreuses fermetures d'usines, entraînant une paupérisation des territoires où elles étaient implantées et la fin d'une répartition relativement homogène de l'emploi sur le territoire.

L'offre commerciale des territoires ruraux a muté : entre 1980 et 2000, 25 à 30 % des petits commerces alimentaires ont disparu des territoires ruraux (Soumagne, 2002).

Alors que les commerces de proximité fermaient, des grandes surfaces ouvraient pour desservir plusieurs communes à un rythme de 3 % par an entre 1993 et 2007, obligeant à des déplacements plus longs pour aller faire ses courses du quotidien[2].

Cette reconfiguration en profondeur de l'espace économique et urbain a largement profité aux grandes villes : c'est la « métropolisation » du territoire. Ce phénomène désigne la concentration de l'activité économique tertiarisée dans les grandes villes, reliées entre elles par des infrastructures qui traversent les territoires sans les desservir (autoroutes, TGV)[3]. Ainsi, entre 2002 et 2012, comme l'illustre la carte de la page précédente, les créations d'emploi se sont massivement concentrées dans les aires métropolitaines, tandis que les destructions d'emploi frappaient le reste du territoire.

La loi Maptam de 2014, troisième acte de la décentralisation, octroie à 22 villes françaises le statut juridique exceptionnel de métropole, qui leur attribue certaines compétences et le rôle de chef de file sur les communes qui la composent. Au-delà d'une nomenclature administrative, le terme de

[1] INSEE, *Répartition de la valeur ajoutée par branche en 2022*.
[2] Massal, C., « Les espaces ruraux et périurbains en France : populations, activités, mobilités », *Géoconfluences*.
[3] Pierre Vermeren, *L'Impasse de la métropolisation*, Gallimard, 2021.

métropole est connoté, et renvoie à des notions de compétition économique et d'attractivité[1].

Les métropoles françaises se caractérisent d'une part par des centres urbains denses où les prix du foncier sont élevés et qui concentrent la majorité des emplois et, d'autre part, par une périphérie plus étalée au paysage varié, entre quartiers pavillonnaires, zones d'activité et logements collectifs. Dans les années 1950, l'État lance une politique volontariste de construction de logements collectifs visant à répondre aux problèmes de mal-logement (bidonvilles, insalubrité) tout en luttant contre l'étalement urbain (contre le « modèle pavillonnaire »). Si cette politique a pris la forme de reconstructions au sein de centres anciens (exemple du 13e arrondissement de Paris), elle a également créé des quartiers périphériques entiers et des villes nouvelles[2].

Initialement empreinte d'utopie, la géographie métropolitaine est marquée par des inégalités sociales qui continuent de croître. Ainsi, la métropole du grand Paris est la métropole française où les inégalités de revenu sont les plus élevées : sur la période allant de 2001 à 2016, l'évolution des revenus venait renforcer l'écart avec la moyenne régionale dans 56 % des communes[3], que ce soit à la hausse ou à la baisse. Les inégalités se sont creusées avec un accroissement des revenus dans les quartiers les plus riches (35 % des IRIS[4] de la métropole, principalement à l'ouest et dans le centre de Paris), en attirant davantage de cadres et en excluant progressivement les catégories populaires par le renchérissement des

[1] Guillaume Faburel, *Les Métropoles barbares*, Le passager clandestin, 2018.

[2] Création des villes de Cergy-Pontoise, Évry, Marne-la-Vallée, Sénart et Saint-Quentin-en-Yvelines pour lutter contre la concentration à Paris en 1965.

[3] Apur, *Évolution des revenus dans la Métropole du Grand Paris*.

[4] Échelle la plus fine des catégories géographiques de l'INSEE, signifiant îlots regroupés pour l'information statistique, visant une taille d'environ 2 000 habitants.

loyers. Parallèlement, les revenus ont augmenté plus lentement dans des quartiers modestes, au nord-est et au sud, représentant 28 % des IRIS de la métropole.

Ces dynamiques aboutissent à un territoire particulièrement fragmenté. En 2022, alors que 5 % du territoire concentre 27 % de la population française, se dessinent plusieurs France en lutte pour leur « attractivité » : les métropoles, lieux de gentrification mais également de ségrégation sociale avec ses quartiers « populaires » ; la France des périphéries, des villes moyennes et des zones rurales.

2. Des concentrations urbaines devenues insoutenables

La progressive concentration des emplois au sein des métropoles a généré une multiplication de la demande de mobilité quotidienne[1] au sein de l'espace métropolitain, et avec les territoires environnants. La métropolisation a donc prolongé la dynamique de déconnexion entre les lieux de domicile et de travail apparue après la Seconde Guerre mondiale. Ces déplacements sont complexes, leurs motifs multiples, souvent chaînés (emmener un enfant à l'école avant de se rendre au travail, faire des courses sur le chemin du retour...). Ils ne sont en outre pas univoques : du périurbain vers les centres le matin (à l'inverse le soir), entre villes et bourgs périphériques, mais également en « contre pointe », des centres vers le périurbain le matin (à l'inverse le soir).

Outre l'augmentation des besoins de transport générés par cette inégale répartition territoriale de l'emploi, les concentrations urbaines, contrairement à l'idée reçue selon laquelle

[1] Gilles Savary, *La Ville inaccessible, essai sur une fabrique des Gilets jaunes*, Le Bord de l'eau, 2023.

densité serait synonyme de sobriété, ont une empreinte écologique considérable. Chaque habitant urbain consomme en moyenne 12 tonnes de ressources à 90 % importées. L'autonomie alimentaire des 100 premières villes de France est de trois jours, avec 98 % de l'alimentation importée[1]. Stimulés par des niveaux de revenus plus élevés qu'ailleurs, les modes de vie qui se déploient en zone urbaine, conjugués aux multiples possibilités de consommation que présentent les villes, reposent sur une importante exploitation de ressources hors du territoire métropolitain, et sont par conséquent incompatibles avec une sobriété pourtant revendiquée.

La métropolisation produit des effets néfastes bien au-delà de la ville : si les citoyens urbains prennent peu de place, ils mobilisent des mètres carrés à l'extérieur par leur profil de consommation et transforment les terres agricoles avoisinantes en « espaces servants » des métropoles. Par exemple, au sein de la métropole lyonnaise, 10 333 hectares ont été artificialisés entre 2005 et 2015. 90 % de ces terrains étaient agricoles, et ont été transformés aux deux tiers pour accueillir du logement[2]. Cela correspond à la tendance observée sur le territoire : la majorité des terrains artificialisés se situent dans les aires métropolitaines et sont destinés à l'habitat (68 %)[3]. Même si ce phénomène est invisible depuis le cœur des métropoles, **« la ville-centre artificialise bien au-delà de ses limites : elle contribue, voire incite à l'étalement urbain[4] »**. Ses conséquences écologiques sont très importantes : l'artificialisation des sols est une des premières causes du changement climatique et de l'érosion de la biodiversité.

[1] ADEME, chiffres clés, 2018, et calculateurs de résilience alimentaire des territoires, cités par Guillaume Faburel, *Indécence urbaine*, Climats, 2023.

[2] *Référentiel de formes et chiffres clefs de l'artificialisation des sols de la métropole lyonnaise*, 2015.

[3] Observatoire des territoires, *Artificialisation des sols*, 2021.

[4] Philippe Bihouix, Sophie Jeantet et Clémence de Selva, *La Ville stationnaire. Comment mettre fin à l'étalement urbain ?*, Actes Sud, 2022.

03

MOBILITÉ DU QUOTIDIEN

Une réponse publique qui échoue à réduire la dépendance à la voiture, faute de maîtriser l'artificialisation

Mode de déplacement principal des salariés pour se rendre au travail, selon le type d'aire urbaine dans laquelle ils résident

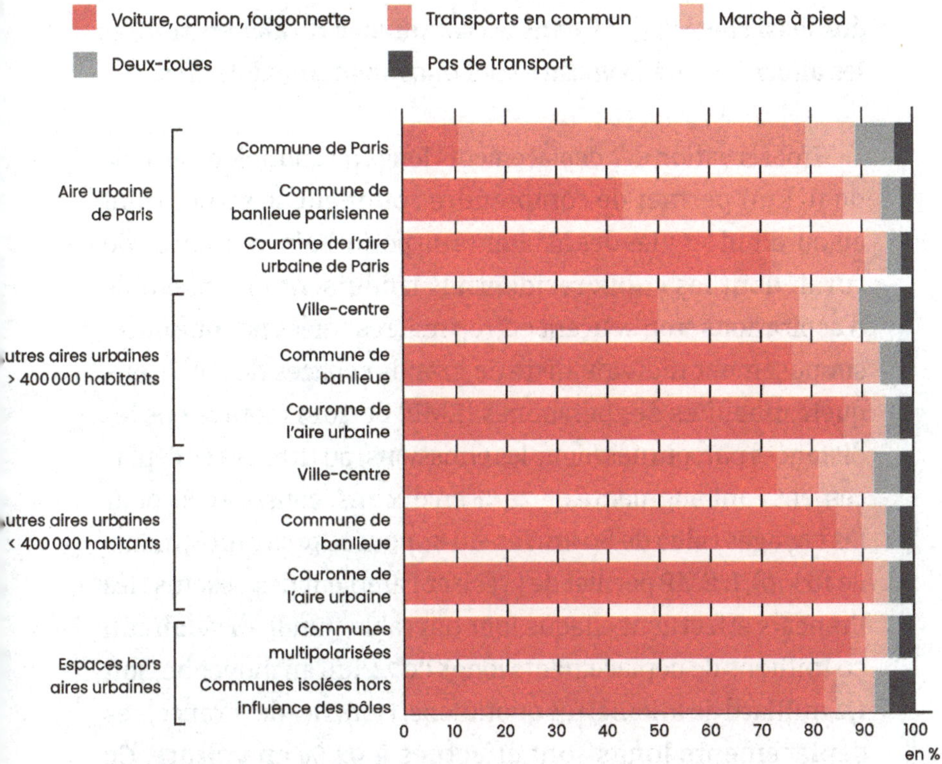

Ce graphique illustre le caractère à la fois omniprésent et éminemment spatial de la dépendance à la voiture, directement liée à l'aménagement du territoire (INSEE [2019], *Sept salariés sur dix vont travailler en voiture*).

1. Les déplacements longs du quotidien augmentent et reposent à 92 % sur la voiture en dehors de l'Île-de-France

La France est aujourd'hui fragmentée entre les métropoles et le reste du territoire. **Au cœur des métropoles, des politiques volontaristes transforment l'espace public pour favoriser d'autres mobilités que la voiture** : développement du tramway, transformation des bords de fleuves en espaces de loisirs, aménagements cyclables, piétonnisation. **Parallèlement, dans les espaces les moins denses, le taux de motorisation n'a jamais été aussi élevé (93,5 % dans les communes rurales en 2018) et les alternatives à la voiture sont quasiment inexistantes.**

L'observation des déplacements longs du quotidien (au-delà de 10 km) permet de comprendre comment se structurent aujourd'hui les vies des habitants du périurbain lointain ou du rural, dont les choix résidentiels traduisent un ensemble d'aspirations trop souvent et trop mal résumées par une quête supposément individualiste de grands espaces de vie[1]. L'enquête mobilités des personnes (EMP) de 2019 montre que les distances parcourues (donc les émissions) au titre de ces déplacements ont augmenté de 20 % en dix ans, contre +6 % pour les voyages (plus de 80 km) et -10 % pour la proximité (moins de 10 km). L'EMP permet de préciser l'ampleur des besoins : les Français effectuent chaque jour ouvrable (lundi au vendredi) 50 millions de déplacements longs de 24 km en moyenne, soit 1,2 milliard de kilomètres quotidiens. Hors Île-de-France, ces déplacements longs sont effectués à 92 % en voiture. Ce segment comporte de très nombreux motifs de déplacements (accès à l'emploi, à l'éducation, aux soins, à la culture, aux services administratifs…) avec une forte concentration de motifs contraints (travail, éducation, courses, santé). L'une des difficultés à répondre à ces besoins de déplacements tient au fait qu'ils ne peuvent être attribués à un territoire particulier, car ils s'effectuent entre territoires différents, urbains ou ruraux (entre deux villes, entre une ville et une commune rurale, ou entre deux territoires ruraux).

[1] Éric Charmes, dans *La Revanche des villages* (2019), montre notamment combien la recherche d'un cadre de vie à l'écart de la ville guide ces aspirations.

2. Des politiques publiques qui échouent à maîtriser l'artificialisation et la dépendance à la voiture

Les besoins de mobilité reposent largement sur les dynamiques économiques et leur traduction dans l'aménagement du territoire (*cf. supra*, 2). L'urbanisme est parmi les domaines majeurs décentralisés aux communes en 1983. Depuis lors, communes et groupements disposent de la compétence de principe en matière de documents d'urbanisme, d'aménagement urbain (ZAC et droits de préemption) ainsi que de permis de construire, d'autorisations et d'actes relatifs à l'occupation ou à l'utilisation du sol. Les schémas de cohérence territoriaux (SCoT), outils imaginés à l'aube des années 2000 prônant l'articulation du développement urbain aux réseaux de transports collectifs, n'ont jusqu'à présent pas eu la force de contrecarrer les dynamiques engagées, faute de légitimité politique, de pouvoir prescriptif suffisant, et parce que l'élaboration d'un SCoT dure de longues années alors que les décisions qui alimentent la dynamique en cours sont le fait d'actes quotidiens et de nombreux acteurs qui ne se trouvent pas comptables des orientations adoptées. La loi Engagement national pour l'environnement de 2010 et la loi pour l'Accès au logement et un urbanisme rénové (ALUR) de 2014 ont renforcé cet objectif, et les collectivités territoriales doivent désormais intégrer aux documents de planification des orientations précises en matière de développement des transports collectifs, de maîtrise de l'étalement urbain et de densification urbaine.

Malgré cet arsenal législatif, les tendances à l'étalement urbain et à la mobilité automobile, héritées des Trente Glorieuses, se poursuivent : entre 1982 et 2019, les surfaces artificialisées ont crû quatre fois plus vite que la population quand le parc automobile, passant de 20 à 40 millions, croissait 5 fois plus vite. Les politiques publiques ont accompagné (ou provoqué) ces mutations à travers le développement d'infrastructures routières et l'héritage en France d'un réseau routier dense et capillaire dessiné par les besoins de l'agriculture conventionnelle ; cette tendance se poursuit encore en 2022 avec pas moins de 18 milliards de budget destinés à 55 projets routiers visant à construire un total de 922 kilomètres de nouvelles routes[1]. Les investissements favorables aux transports publics se sont également développés dans le même temps : métros, tramways, bus à haut niveau de service ont connu un remarquable essor, mais sans parvenir à infléchir la part modale globale de l'automobile, ne desservant pour l'essentiel que les centres urbains moins dépendants de la voiture.

Les politiques de mobilités sont initiées à diverses échelles : région, département, autorités organisatrices de la mobilité (AOM), communes. Cette architecture institutionnelle peine à proposer des politiques publiques cohérentes d'aménagement et de mobilité sur un même territoire. La gestion à différents niveaux institutionnels du transport public, de la voirie et des constructions explique pour partie l'échec de la planification locale. Ainsi, une politique d'urbanisation unilatérale restrictive visant à limiter l'artificialisation induirait des effets de report de la demande d'implantation d'habitants, d'équipements ou d'activités économiques vers une commune voisine ou en frange d'agglomération. Cet effet d'éviction apparaît aussi lors de réaménagements qualitatifs de l'espace public (par exemple une piétonnisation) ou à la création de transports publics en site propre, car ces projets engendrent généralement une hausse des prix du foncier à proximité. Ces

[1] Reporterre (mai 2022), *Routes, autoroutes : un gâchis à 18 milliards d'euros.*

effets en chaîne produisent une dynamique « centrifuge » d'étalement en tache d'huile ou de mitage urbain, des zones de densité élevée vers les territoires excentrés où la compétition pour l'espace est moindre mais où il est ensuite plus difficile d'offrir des services identiques qu'en zone dense, qu'il s'agisse de commerces de proximité ou de dessertes alternatives à la voiture individuelle. Ce passage « de la ville pédestre à la ville motorisée » a bien été documenté par l'urbaniste Marc Wiel.

Plus récemment, l'objectif de zéro artificialisation nette (ZAN) fixé par la loi Climat et résilience 2021 vise une division par deux de l'artificialisation des sols en 2031, et aucune artificialisation nette en 2050, soit l'obligation de compenser chaque mètre carré artificialisé. Il s'agit donc d'un cadre de ralentissement de l'artificialisation des sols, cause majeure du changement climatique, étalée sur plus de trente ans. Ce texte fait l'objet de fortes controverses sur les territoires, dont les sénateurs se sont fait l'écho en mars 2023 en adoptant une version du texte très édulcorée. Les modalités de mise en œuvre du ZAN demeurent à ce jour incertaines.

3. Une offre de transports en commun concentrée dans les centres urbains, et qui ne peut répondre aux déplacements longs du quotidien

La desserte des territoires peu denses, et donc les plus dépendants à la voiture individuelle, par les transports en commun se heurte à une difficulté économique : ce système ne trouve son optimum qu'à partir d'une certaine densité. Ainsi l'offre de transport continue à se déployer massivement dans les centres urbains, là où les déplacements sont les plus courts grâce à la proximité des activités. La dépendance à la voiture y est également plus faible : les ménages sans véhicule sont trois fois plus nombreux que dans le périurbain[1]. Or, dans ces configurations, ce sont d'abord les mobilités actives (marche et vélo) qui devraient se développer — d'autant plus avec l'essor des vélos à assistance électrique qui lèvent une part des barrières physiques. En 2021, le recours à la marche et au vélo pour se rendre au travail est 4 à 5 fois plus important dans les communes-centres que dans le périurbain[2].

Les critères définissant le succès d'une offre de transport public (coût, ratio recette sur dépense, fréquentation, vitesse moyenne, etc.) ne sont pas remis en question, alors que des modes en plein essor assurent une part toujours plus importante des déplacements (marche, vélo, vélo à assistance électrique, trottinette...). Or, juger le succès d'une politique de mobilité sur les seuls chiffres de fréquentation du réseau de transport public ne dit pas grand-chose de la capacité de l'action publique à répondre aux attentes des citoyens. À l'inverse, ce prisme tend à occulter les besoins de mobilité des territoires moins denses qui reposent sur la voiture, et à valoriser une action publique concentrée sur les transports en réseau au détriment des modes actifs (marche, vélo). Focalisées sur la fréquentation de leurs réseaux, craignant pour l'équilibre des plus petites lignes, les AOM oublient parfois que ces déplacements pourraient être effectués à un coût moindre pour la collectivité. La mise en œuvre de politiques commerciales qui exigent du gestionnaire du réseau la conquête de nouveaux « clients » se heurte en effet à la cohérence d'une politique publique qui devrait prioriser la marche et le vélo. Pour répondre aux enjeux de décarbonation des transports, les AOM pourraient développer des maisons de la mobilité où

[1] INSEE (2021), *La France et ses territoires.*

[2] *Ibid.*

serait explicité le potentiel de la marche, du vélo, du partage de véhicules[1] (qui pourrait s'élargir aux véhicules intermédiaires[2]) ou des dessertes adaptées dans les espaces de faible densité (covoiturage, transport solidaire, etc.).

Reconsidérer le déploiement de l'offre de transport pose nécessairement la question de la distribution des richesses. Les agglomérations concentrent les emplois et donc les ressources économiques sur lesquelles sont bâtis les financements des transports publics (versement mobilité notamment). Elles ont acquis et conforté l'exercice de la compétence d'autorité organisatrice des transports (avec la loi SRU) puis des mobilités (loi LOM). Les réseaux urbains ne pouvaient pas s'étendre hors de ces périmètres des transports urbains, rebaptisés « ressorts territoriaux ». Les collectivités en charge des transports interurbains, conseils départementaux puis régionaux, n'ont généralement eu les moyens d'assurer qu'une desserte minimaliste — un ou deux allers-retours par jour pour les besoins scolaires, des dessertes ferroviaires comme des dessertes interurbaines de cars concentrées avant tout sur les heures de pointe de semaine.

Faute de ressources économiques propres à ces territoires périurbains et ruraux, il demeure impossible de structurer une offre de transport public complète, suffisamment performante et attractive pour couvrir l'ensemble du bassin de vie, plus vaste, sur une amplitude horaire élargie. Il s'agit pourtant d'une condition préalable pour envisager de se passer de la voiture, qui a le triple avantage d'aller partout (grâce au formidable maillage routier), très vite (tant qu'il n'y a pas de saturation) et d'être disponible à tout moment, ce qui explique, avec les

[1] À l'image des services qui facilitent le partage de véhicules entre particuliers tels que Colocauto.

[2] Forum Vies mobiles, « Pour une mobilité sobre : la révolution des véhicules légers ».

nécessités économiques des ménages ruraux, le très fort taux de motorisation des ménages dans les espaces périurbains et ruraux.

Novembre 2022 : Emmanuel Macron annonce dix « RER métropolitains »

Une annonce directe du président de la République dans le domaine des transports est suffisamment rare pour être soulignée. L'intention apparaît à première vue excellente, en tant qu'elle se concentre sur les besoins des habitants du périurbain éloigné, parmi les plus dépendants de la voiture pour leur vie quotidienne. Cependant :

- **Le financement est pour l'heure opaque**. Élisabeth Borne a bien annoncé un grand plan de 100 milliards d'euros pour le ferroviaire, en partie pour financer ces « services express métropolitains », qui font l'objet d'une proposition de loi[1] déposée en avril 2023. La part de l'État pourrait être d'environ 40 %. Qui financerait le reste ? Avec quelles dotations ? Quels arbitrages ? Les collectivités concernées accueillent la nouvelle avec un mélange d'enthousiasme et de réserve, inquiètes de la part de financement de l'État dans ces projets.
- **Les conditions de réussite** de ces projets, tant du point de vue technique (existence de voies d'évitement notamment) que de bonne coopération des territoires, sont nombreuses et rendent ces projets particulièrement complexes. Leur développement pourrait prendre des années.
- Le partage de la maîtrise d'ouvrage entre SNCF Réseau, gestionnaire de l'infrastructure ferroviaire, et la Société du Grand Paris, chargée de la réalisation du futur réseau de métro « Grand Paris Express », est la solution retenue face à l'impossibilité pour SNCF Réseau, compte tenu de ses moyens, de réaliser

[1] Assemblée nationale, proposition de loi Services express régionaux métropolitains.

de front l'ensemble des projets ferroviaires en cours (régénération, modernisation, RER métropolitains, lignes classiques du Massif Central et des Alpes, TGV du Sud-Ouest). Cependant, ce partage signe une nouvelle étape de la **fragmentation du système ferroviaire**, qui voit se multiplier les acteurs depuis les premiers « paquets ferroviaires » européens, source de complexités et de surcoûts.

- Même s'ils semblent une réponse adéquate en phase avec les besoins des populations et l'impératif de limiter le recours à la voiture, ces services perpétuent **la logique de métropolisation et les dynamiques d'effets rebonds** décrites dans le présent chapitre.

04

Une politique de mobilité qui sert les métropoles et dont la crise du financement impose de repenser notre modèle

Évolution des investissements en infrastructures de transports (1990-2018 milliards d'euros courants)

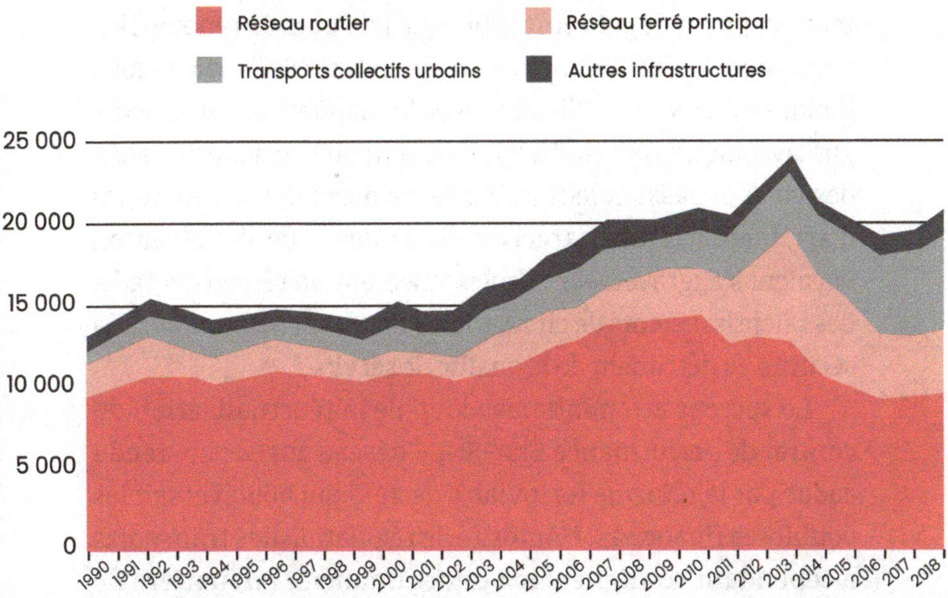

Ce graphique illustre l'évolution de la répartition des investissements en infrastructures de transports. Si la route reste le premier poste de dépense, les investissements dans les transports collectifs urbains et dans le réseau ferroviaire sont en forte augmentation depuis les années 2010.

1. Des infrastructures vieillissantes qui nécessitent encore de lourds investissements

Malgré l'augmentation de la part des investissements publics dédiés au transport collectif au cours des dix dernières années, le report modal a été très faible (*cf. supra*, 3) et le degré de vétusté des infrastructures est inquiétant. Pour le ferroviaire, la priorité accordée aux lignes à grande vitesse ces dernières décennies s'est opérée au détriment du réseau classique, qui a très mal vieilli. Le rapport Rivier[1] alertait dès 2005 de la gravité de la dégradation du réseau causée par un sous-investissement

[1] Vie publique (2005), *Audit sur l'état du réseau ferré national français.*

chronique dans son renouvellement. Après sa publication, les investissements de régénération ont régulièrement progressé, mais stagnent depuis 2016 alors que les coûts de renouvellement augmentent[1]. Une actualisation en 2018[2] de l'audit de 2005 indiquait que, si le vieillissement de la voie était en partie endigué (avec un âge moyen atteignant néanmoins 30 ans et un quart des voies dépassant leur durée de vie normale), les ouvrages d'art, installations de traction électrique et de signalisation voyaient s'aggraver leur obsolescence. Sur un réseau dégradé, des ralentissements de circulation s'imposent pour garantir la sécurité au détriment de la qualité de service.

Le secteur attendait beaucoup de la réactualisation du contrat de performance État-SNCF Réseau 2017-2026, rendu caduc par la réforme ferroviaire de 2018 qui bouleversait les équilibres financiers. L'Autorité de régulation des transports a cependant souligné que l'effort financier en matière de modernisation du réseau s'avère nettement insuffisant et incohérent avec les ambitions affichées pour le mode ferroviaire[3]. Finalement signé en 2022 après de longues négociations et déjà obsolète, ce contrat est en voie de révision.

S'agissant des infrastructures routières, l'état du réseau non concédé est également préoccupant. Ainsi les grands réseaux structurants, largement reconstruits entre 1947 et 1970, sont aujourd'hui très usés et pour partie inadaptés aux besoins.

En outre, l'exploitation des transports collectifs — structurellement déficitaire — est aussi de plus en plus subventionnée : dans les transports urbains, le ratio de couverture des dépenses d'exploitation par les recettes d'exploitation est passé de 50 % à

[1] Sénat (2022), *Situation de la SNCF et ses perspectives.*

[2] FNTP (2018), *Audit sur l'état du réseau ferré national.*

[3] Sénat, *Contrat de performance SNCF Réseau-État*: *un projet qui doit impérativement être modifié pour concrétiser nos objectifs pour le ferroviaire.*

30 % en vingt ans[1]. Aujourd'hui, prendre la voiture coûte à son utilisateur en moyenne 20 centimes par voyageur-kilomètre, quand les abonnés des TER payent 3 centimes, les usagers des collectifs urbains 8 centimes et ceux des TGV 10 centimes[2].

Alors que les budgets des collectivités sont sous forte pression, particulièrement en zone rurale (démographie, prix de l'énergie, charges d'infrastructures vieillissantes) et que le maintien de l'offre existante, quand elle existe, représente déjà un enjeu, la question du financement du développement massif de nouveaux services, qu'ils soient routiers ou ferroviaires, est cruciale.

L'économiste Yves Crozet propose quelques pistes[3], comme l'affectation de taxes existantes, l'instauration de redevances d'usage de la route ou encore une réorientation des péages autoroutiers pour financer des services de mobilité, à l'heure où s'esquisse le débat sur l'avenir des concessions autoroutières (rappelons que, si l'État a offert à des entreprises privées un niveau de rentabilité sans équivalent, une part significative de la rente autoroutière revient à l'État, qui récupère 40 % du chiffre d'affaires des concessions, de l'ordre de 5 milliards par an).

2. Le financement des transports : enjeu démocratique et débat absent

Au-delà des outils qui pourraient être mobilisés, il semble fondamental que le débat citoyen se saisisse d'une réflexion de fond sur le financement des services de transport. Qui paie, pour qui et quels besoins, au nom de quels principes ? Quels

[1] UTP, *Observatoire de la mobilité 2018*.
[2] Institut Montaigne (avril 2022), « Infrastructures de transport : vers le futur et le durable ! »
[3] Yves Crozet, « Engagements climatiques et mobilités : à la recherche du bien commun », note de travail du Conseil scientifique de TDIE, janvier 2023.

services doivent être soutenus par la puissance publique ? Que serait une juste tarification ?

Répondre à ces questions relève de l'économie politique et nécessite d'articuler les aspirations contradictoires du citoyen, du client et du contribuable, figures qui déterminent les rapports individuels et collectifs aux biens et services publics et la tension entre des services de qualité et l'égalité de traitement d'une part, et le souhait de payer le moins cher possible d'autre part, que ce soit par une tarification individuelle ou par le levier des prélèvements obligatoires[1]. Alors que les enjeux climatiques et énergétiques se conjuguent à la fin de vie technique des grandes infrastructures, ouvrant des gouffres de besoins de financement, les antagonismes entre ces trois figures — le client, le contribuable et le citoyen — ne peuvent que se raidir. Les mouvements sociaux des Bonnets rouges et des Gilets jaunes en sont certainement des signaux d'alarme. La question est donc en premier lieu politique, et appelle à un choix démocratique sur les priorités collectives en termes d'infrastructures et de services et sur leur financement.

Le service public ne se résume pas à la subvention d'un service déficitaire mais constitue la réponse publique à un enjeu d'accès universel à des services d'intérêt général. La définition de cet intérêt général doit répondre au choix, démocratiquement élaboré, de la meilleure manière d'articuler des modes de vie souhaitables et soutenables. Les logiques à l'œuvre dans le subventionnement des trajets longs du quotidien (abonnements TER, développement des RER métropolitains...), derrière la quête du « report modal », entretiennent les processus de métropolisation : leur permanence ou non renvoie directement à des choix de manière de vivre, de travailler, et donc de se déplacer.

[1] Pierre Messulam, « Politique de transport », revue *TIM*, septembre-octobre 2022.

La tarification des transports reflète ces choix politiques. Ainsi, pour le ferroviaire, la tarification voyageur restitue un arbitrage, parfois complexe, entre transport dit « conventionné » (TER, RER) et « librement organisé » (TGV). Cet arbitrage suppose les voyages en TER « essentiels », et ceux en TGV comme relevant de la consommation de loisir. Les trajets terminaux des TGV assurent néanmoins des services d'aménagement du territoire et ne sont financièrement équilibrés que par la péréquation réalisée entre parties rentables et non rentables du réseau. L'ouverture à la concurrence (« *open access* ») pose la question de l'avenir de cette péréquation : attirées par les segments les plus rentables, de nouvelles entreprises (essentiellement, les entreprises historiques des pays voisins) captent une partie de cette « rente » et réduisent de ce fait les marges de manœuvre pour concevoir une péréquation dans la durée. La segmentation en cours de l'infrastructure ferroviaire entre plusieurs entités gestionnaires renforce le risque de compromettre la péréquation par les péages entre les lignes très fréquentées et les lignes d'aménagement du territoire. Des alternatives semblent pourtant possibles : l'Espagne, pour éviter cette concentration sur les lignes rentables, a pensé un système par lots permettant la permanence d'une offre équilibrée.

Pour se préparer à la concurrence, la segmentation tarifaire proposée désormais par la SNCF, construite progressivement ces dernières années, illustre bien le passage d'un service pour tous à une répartition sociale par type de train : aux 1re, 2e et 3e classes correspondent ainsi TGV inOui, TGV Ouigo, et enfin Intercités/TER et cars. **Les modalités d'ouverture à la concurrence fragilisent ainsi implicitement mais nécessairement la politique publique d'aménagement du territoire par le TGV, autant qu'elle induit une redéfinition de**

l'offre dirigée en priorité sur les ménages les plus aisés. Par ailleurs, la France semble de plus en plus captive d'une option TGV coûteuse en investissement comme en exploitation par rapport à des liaisons en trains classiques potentiellement moins rapides mais confortables.

Hors Île-de-France, la grande majorité de la population ne dispose d'aucune alternative publique aux déplacements en voiture sur les trajets du quotidien. Le déploiement de davantage de transports publics, structurellement déficitaires, apparaît en l'état financièrement dépendant de la tarification voyageur, et interroge la pérennité des choix de gratuité des transports publics décidés par certaines collectivités territoriales. Elle conduit en effet à la conjugaison d'une perte de ressources financières, donc d'une limitation volontaire de la capacité d'investissement, et d'une saturation du réseau là où des alternatives existent parfois. D'autres communes font pour leur part le choix d'une tarification sociale afin de maintenir le rôle de redistribution du transport public, aidées en ce sens par l'automatisation de l'attribution des tarifs sociaux par un service numérique de l'État[1].

Sur la question des investissements ferroviaires, rendre une place prépondérante aux trains du quotidien (TER et RER) passe également par une plus grande transparence des processus de choix des projets de modernisation et plus encore de développement, dès lors que les projets sont de fait concurrents entre eux : ainsi de la priorité donnée au Charles-de-Gaulle Express, qui s'adresse à un public prenant l'avion de et vers Paris sur le tronçon nord RER B en Île-de-France qui dessert la Seine-Saint-Denis, des investissements du Lyon-Turin pour un montant de 30 Md€ dans un contexte de vétusté du réseau TER alpin, ou encore du déploiement de TGV au

[1] Api.gouv.fr, *Tarification sociale et solidaire des transports.*

détriment de la qualité de la desserte du Massif Central. Le modèle de financement des aéroports régionaux, fortement subventionnés et ne bénéficiant qu'à une fraction aisée de la population, semble également largement échapper à la délibération citoyenne.

Le débat public devrait porter sur l'ensemble des investissements « climat » à planifier pour tenir les engagements climatiques : les études ne manquent pas pour en prendre la mesure. Ainsi, l'Institut de l'économie pour le climat (I4CE) estime à 12 milliards d'euros les investissements « climat » à réaliser par les collectivités chaque année jusqu'à 2030[1], soit près de 20 % de leur budget d'investissement. La mobilité représente 67 % de ces besoins, dont en particulier les aménagements cyclables (3,3 Md€/an) et le financement du ferroviaire et des transports en commun (3 Md€/an). Face à ces besoins croissants de financement, la baisse annoncée des ressources, notamment des recettes de la taxe intérieure de consommation sur les produits énergétiques (TICPE) avec la fin des moteurs thermiques, rend d'autant plus nécessaire la refondation du système de financement des transports.

[1] I4CE (2022), *Collectivités: les besoins d'investissements et d'ingénierie pour la neutralité carbone.*

05

DÉCARBONATION DES TRANSPORTS

Dans ses contours actuels, l'action publique risque à la fois l'inefficacité et l'aggravation des inégalités sociales et territoriales

Le transport, un secteur qui peine à se décarboner[1]

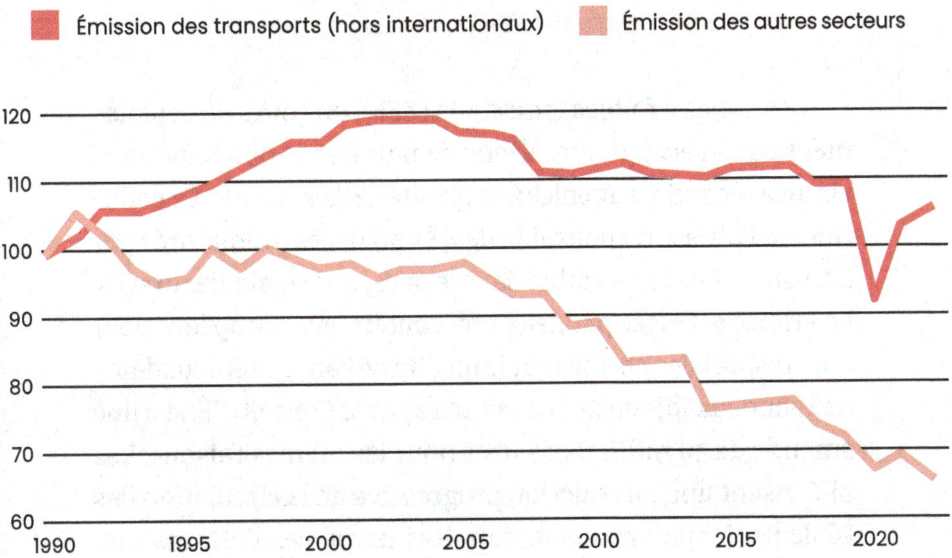

Base 100 en 1990

Des trois stratégies d'atténuation présentées dans le 6e rapport du GIEC — améliorer, changer, éviter — la première est systématiquement privilégiée. De ce fait, les politiques actuelles, qui placent de grands espoirs dans l'électrification du parc automobile sans se risquer à une approche systémique, effleurant à peine l'enjeu primordial (cité par le GIEC) de justice sociale, rencontrent de lourds écueils.

[1] Baromètre mobilité quotidienne, FNH/Wimoov, mars 2022.

1. La tentation de la coercition avant les solutions, moteur d'inégalités

Les zones à faibles émissions (ZFE), en cours de déploiement dans les agglomérations de plus de 150 000 habitants, visent à répondre aux enjeux de qualité de l'air en ville. La pollution de l'air est responsable de 48 000 décès prématurés par an, soit 9 % de la mortalité dans le pays, et de maladies graves. La France est visée par deux pré-contentieux européens pour non-respect des normes sur la qualité de l'air, et a été condamnée par deux fois en 2021 et en 2022 par le Conseil d'État à une amende de 30 millions d'euros pour les mêmes raisons. Les ZFE visent une interdiction progressive de la circulation des véhicules les plus polluants dans les métropoles. Cette mesure, qui a pour objectif premier l'amélioration de la qualité de l'air, a un impact indirect sur les émissions de GES : de nombreuses ZFE incitent au remplacement des véhicules thermiques par des véhicules électriques, qui consomment une énergie peu carbonée, et dans certains cas à un report modal sur le vélo, comme c'est le cas au sein de l'Eurométropole de Strasbourg.

Dans leurs contours actuels, les ZFE participent à l'inaccessibilité des villes : les restrictions de circulation s'ajoutent aux barrières économiques évoquées précédemment (coût du logement et du transport). En effet, les millions de ménages modestes contraints à des déplacements quotidiens en voiture pour travailler dans l'une des 43 agglomérations concernées par les ZFE ne peuvent faire face à l'achat d'un véhicule bénéficiant de la vignette Crit'Air adaptée (véhicule électrique ou thermique récent, même d'occasion). D'après une étude CSA de 2022[1], 36 % des propriétaires n'ont pas le budget pour

[1] CSA, *Baromètre des zones à faibles émissions.*

changer de véhicule, particulièrement pour les Crit'Air 4, 5 et non classés (41 %). En attendant le leasing social promis par le gouvernement, encore incertain, les aides diverses (bonus-malus écologique, primes à la conversion, aides locales...) ne suffisent pas : selon une mission flash conduite par l'Assemblée nationale à l'été 2022[1], le reste à charge moyen des ménages et des entreprises bénéficiant de ces aides demeure supérieur à 20 000 €. En 2021, 13,3 millions de Français étaient recensés en situation de précarité mobilité, soit près de 20 % de la population : 9 millions d'entre eux étaient recensés en situation d'insécurité mobilité, entraînant potentiellement des restrictions de déplacements quotidiens pour des raisons budgétaires, et 4,3 millions ne disposaient d'aucun équipement individuel (voiture, vélo, trottinette, etc.) ni d'accès aux transports collectifs[2].

Ainsi, **l'action publique au nom de la lutte légitime pour la qualité de l'air pourrait non seulement s'avérer inefficace au regard de l'ensemble des facteurs de pollution urbaine, mais également fragiliser la cohésion socio-territoriale**. En 2019 — avant même la flambée des prix de l'énergie — le coût mensuel en carburant d'un déplacement de 35 km représentait 12 % du Smic et 8 % du salaire médian ; le coût complet de l'usage de l'automobile 550 € ou 28 % du salaire médian[3]. Ce coût, voué à s'alourdir avec la hausse des prix des carburants, des composants et les futures taxes carbone européennes[4], est à rapprocher du tarif des abonnements illimités en transport en commun dont bénéficient les habitants des centres villes et

[1] Assemblée nationale, *Commission du développement durable et de l'aménagement du territoire.*

[2] Baromètre mobilité quotidienne, FNH/Wimoov, mars 2022.

[3] Jean-Pierre Orfeuil, « L'autocar express, une solution pour les déplacements longs de la vie quotidienne ? », La Fabrique de la Cité, décembre 2022.

[4] L'extension du marché européen des quotas de carbone, prévue à partir de 2027, affectera les ménages.

proches couronnes — une quarantaine d'euros en Île-de-France, une fois la prise en charge employeur déduite. L'enjeu d'équité est donc majeur.

2. La préférence pour le levier technologique, un risque de fuite en avant

Parmi les leviers de décarbonation décrits dans la stratégie nationale bas carbone (voir plus haut), ceux qui relèvent de l'amélioration technologique (efficacité énergétique, décarbonation de l'énergie) sont privilégiés pour atténuer l'impact carbone de la mobilité. Loin de s'attaquer à la demande de mobilité, qui implique le diagnostic lucide de ses causes, les politiques publiques nationales, déclinant les orientations européennes, misent très largement sur l'électrification des véhicules (la relance du ferroviaire étant présente dans les discours mais peu en actes, *cf.* 4.1). Si les analyses en cycle de vie convergent pour conclure à l'avantage écologique du véhicule électrique sur le thermique, une fois amortie la « dette carbone » liée à la fabrication de la batterie, ce n'est au mieux qu'une partie de la solution.

D'abord, parce qu'aucun moyen de transport n'est « propre », comme le rappelle Laurent Castaignède[1] : impact carbone, particules fines issues du freinage, extraction de métaux... Dans sa note sur les véhicules électriques, l'Ademe conclut d'ailleurs que « pour tous nos déplacements (quotidiens et longue distance), le véhicule électrique n'est pas neutre en carbone, il convient donc avant tout de réinterroger la place de l'automobile dans nos déplacements (sobriété et report modal)

[1] Laurent Castaignède, *Airvore ou le mythe des transports propres*, réédition 2022 revue et augmentée de *Airvore ou la face obscure des transports*, Écosociété, 2018.

et de faire du véhicule électrique une brique parmi une offre de services de mobilité plus large et diversifiée[1] ». Les solutions « décarbonées » (ou plutôt moins carbonées) pouvant répondre aux besoins de déplacements sont multiformes, leurs zones de pertinence variant en fonction des caractéristiques des territoires. Le présent chapitre n'a pas vocation à les décrire : un grand nombre de récentes publications en traitent de façon approfondie[2].

Ensuite, parce que les véhicules électriques sont très chers, hors de portée des ménages modestes : plus d'un tiers des propriétaires de voiture ne disposent pas du budget pour changer de véhicule. Enfin, et surtout, parce qu'ils ne remettent pas en cause les usages et les dynamiques qui les fondent : ainsi, les effets négatifs directs de l'automobile (congestion, occupation de l'espace public, accidentologie) et indirects (poursuite des logiques d'étalement urbain, artificialisation des sols) se poursuivront quelle que soit la motorisation.

Le pari d'une solution technologique aux enjeux climatiques liés aux mobilités repose implicitement sur l'hypothèse d'une disponibilité infinie des vecteurs énergétiques décarbonés (électricité, hydrogène, agrocarburants, carburants de synthèse) — dans un avenir où la rivalité entre secteurs pour l'accès à ces énergies va s'intensifier, les capacités de production et les matières n'étant pas illimitées. Le think-tank The Shift Project, dans le cadre de son plan de transformation de

[1] Ademe (2022), *Mondial de l'automobile: l'Ademe publie son avis sur le véhicule électrique: une batterie de taille raisonnable assure une pertinence climatique et économique.*

[2] Voir par exemple les rapports et notes de recherche suivants: The Shift Projet, *Décarboner les zones de moyenne densité*, 2017 ; La Fabrique écologique, *Pour une mobilité sobre: la révolution des véhicules légers*, 2023 ; P. Helwig, *100 réseaux de «métro» pour desservir la France*, 2022 ou encore J.-P. Orfeuil, «L'autocar express, une solution pour les déplacements longs de la vie quotidienne ?», 2022.

l'économie française[1] publié en 2022, a réalisé un bouclage énergie-climat[2] qui confronte les scénarios de demande des secteurs en énergie et en matières avec leur disponibilité raisonnablement projetée. Ce rapport conclut sur une disponibilité limitée des carburants liquides et fossiles non carbonés, et l'impossibilité de répondre aux nouveaux besoins électriques avec les infrastructures actuelles, qui ne couvriraient que les deux tiers des consommations en 2050. Si le déploiement d'un maillage plus efficace de bornes de recharge conditionne le passage au véhicule électrique, l'impact du rechargement sur le réseau électrique tend à être sous-estimé. Une recharge très rapide en 2 minutes correspond à « un appel de puissance de 1,8 MW, soit l'équivalent de la puissance électrique moyenne de 1 500 foyers[3] ».

Tout en considérant que l'électrification du parc automobile (pour la mobilité des personnes) ne saurait être l'unique solution d'atténuation, il est nécessaire que cette transition, comme toutes les politiques de transition écologique, soit accompagnée pour atteindre ses objectifs. Ainsi, l'institut négaWatt indique dans son scénario 2022 qu'il n'y a pas de transition écologique sans transition sociétale, et que « pour que cette transition sociétale devienne effective, elle doit être comprise, acceptée et portée par le plus grand nombre ; sa mise en œuvre doit être anticipée et accompagnée par des actions politiques plutôt qu'imposée et subie ».

[1] Sixt, *Observatoire des mobilités Sixt/Ifop: les questions budgétaires en tête des préoccupations des Français.*

[2] The Shift Project (2022), *L'évaluation énergie-climat du PTEF.*

[3] Ademe (2022), *Mondial de l'automobile: l'Ademe publie son avis sur le véhicule électrique: une batterie de taille raisonnable assure une pertinence climatique et économique.*

06

RÉDUIRE LA DEMANDE

Un levier au carrefour de nombreuses politiques publiques qui met en cause les fondements de notre modèle territorial, économique et social

Scénario d'amplification des efforts actuels : la décarbonation des motorisations terrestres de voyageurs ne suffirait pas à atteindre la neutralité carbone en 2060[1]

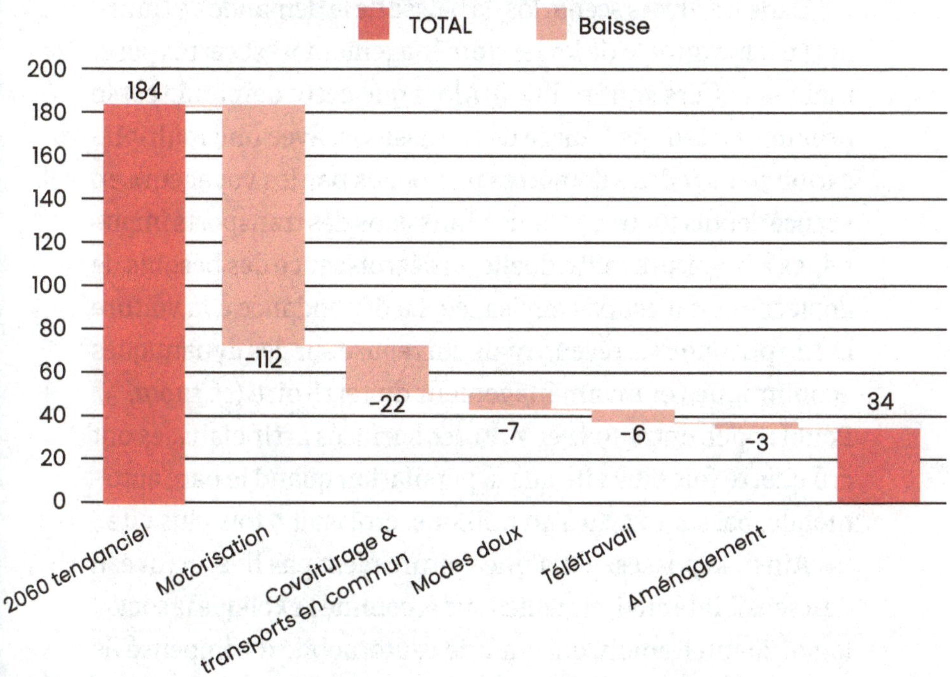

1. Agir sur les déterminants de la demande de mobilité : un angle mort

Les travaux prospectifs CGEDD-France Stratégie publiés en 2022 (*cf.* graphique) mettent en évidence une réalité : même dans l'hypothèse d'une activation de l'ensemble des leviers de réduction des émissions de gaz à effet de serre (aménagement compris), il « resterait à trouver » 34 millions de tonnes d'économie de CO_2 par an pour atteindre nos objectifs de décarbonation des transports à horizon 2060. Ainsi, sous le seul angle

[1] France Stratégie et CGEDD, *Prospective 2040-2060 des transports et des mobilités. 20 ans pour réussir collectivement les déplacements de demain*, rapport de synthèse 2022, Scénario Ambition de base, p. 59 et suivantes.

du carbone et sans aborder la question cruciale des inégalités sociales et territoriales, le compte n'y est pas.

Dans les divers scénarios, la baisse de la demande de transport est marginale (le levier « aménagement » est certes posé, mais ses effets sont réduits). Alors que cette demande est le premier facteur de hausse des émissions, avec une multiplication par 4,7 des kilomètres parcourus par les voyageurs en France depuis 1960 et 70 % des émissions des transports imputables à la voiture individuelle, la décroissance des besoins de déplacement n'est pas envisagée. La dépendance à la voiture est un phénomène récent, mais qui repose sur des dynamiques économiques et un aménagement du territoire (*cf. supra*, 3). Pour rappel, entre 1982 et 2019, les surfaces artificialisées ont crû quatre fois plus vite que la population quand le parc automobile, passant de 20 à 40 millions, croissait 5 fois plus vite.

Ainsi, la possession d'une voiture n'est pas liée au niveau de « sensibilité environnementale », comme l'explique le sociologue Yoann Demoli, qui qualifie l'automobile d'« impensé de la conversion écologique[1] ». Ses enquêtes mettent en évidence à quel point la voiture est essentielle chez un grand nombre de ménages, pour qui elle résout une équation spatio-temporelle — emplois du temps désynchronisés, habitat éloigné du lieu de travail sans possibilité (financière, familiale...) de déménager, ménages biactifs qui migrent chacun dans d'autres lieux ; sans compter la nécessité de chaîner des déplacements qui limite fortement la possibilité de covoiturer.

Penser la baisse de la demande de mobilité implique d'envisager une transformation profonde des modes de vie, des dynamiques économiques et de l'aménagement du territoire. En dehors des centres-villes métropolitains, près des deux

[1] Demoli, Y. (2023), *Les valeurs environnementales au défi des pratiques de mobilité*, Forum Vies mobiles.

tiers des déplacements hors Ile-de-France se font en voiture. La dépendance est encore plus grande dans les territoires ruraux où elle est utilisée pour plus de 80 % des déplacements[1]. Cette mobilité subie permet d'accéder à son travail, à des services publics, et d'autres activités du quotidien : afin de réduire les besoins de déplacement en voiture, il est nécessaire de rapprocher ces activités et services publics, de les déployer de manière plus homogène sur le territoire.

Janvier 2022 : la Commission européenne lance la révision des lignes directrices du règlement sur les obligations de service public (dit « règlement OSP »)

Même si cet événement paraît obscur, nous le proposons en « fait marquant » de l'année en tant que révélateur des voies méconnues par lesquelles le droit européen, d'apparence si abstraite, s'inscrit dans la réalité politique de notre pays.

Le secteur des transports est le seul où existe une référence à la notion de service public dans les traités européens, qui ne reconnaissent ailleurs que les « services d'intérêt économique général » susceptibles de déroger au régime de la concurrence. Le règlement OSP 1370/2007 définit l'obligation de service public comme une « exigence définie ou déterminée par une autorité compétente en vue de garantir des services d'intérêt général de transports de voyageurs qu'un opérateur, s'il considérait son propre intérêt commercial, n'assumerait pas ou n'assumerait pas dans la même mesure ou dans les mêmes conditions sans contrepartie ».

La politique européenne a mis en œuvre la libéralisation de l'ensemble des industries de réseau — transports, électricité, gaz, télécommunications, postes —, menant au démantèlement des

[1] Sénat (2021), *Mobilités dans les espaces peu denses en 2040 : un défi à relever dès aujourd'hui.*

anciens monopoles publics (sans jamais en conduire d'évaluation[1]). L'ouverture à la concurrence du transport ferroviaire, entamée dans les années 1990 avec la séparation comptable des activités de gestion d'infrastructures et d'exploitation de services de transport, s'est achevée avec le 4e paquet ferroviaire en 2016. Pour en tenir compte, la Commission européenne a proposé en 2022 une révision des « lignes directrices » du fameux règlement OSP de 2007. Cette révision n'est pas anodine : elle vise à limiter la portée des obligations de service public en les liant à la démonstration d'une demande *ex ante* de la part des usagers. Nous retrouvons la conception sous-jacente d'un **intérêt général qui serait la simple agrégation d'intérêts particuliers et la primauté des mécanismes de marché**, sans tenir compte des caractéristiques fondamentales du transport — « l'effet réseau » ou les rendements croissants, l'étendue des services économiques et sociaux qui s'y rapportent, bien au-delà du seul déplacement. Le **principe de subsidiarité** serait aussi mis en cause, limitant les compétences des autorités publiques nationales et locales.

La commissaire européenne aux Transports Adina Valean a depuis lors confirmé son objectif de développer la concurrence au maximum. L'adoption de la révision est prévue dans le courant de l'année 2023.

2. Mobilité longue distance : tension entre l'appel à la sobriété et la promotion d'une hypermobilité carbonée

Au-delà des politiques de mobilité du quotidien étudiées plus haut, il est nécessaire ici d'étendre notre périmètre de réflexion à la mobilité longue distance. La contradiction est violente entre l'appel à la sobriété et la perpétuation de logiques

[1] Comme le souligne le groupe Gauche unitaire européenne / Gauche verte nordique au Parlement européen dans son étude de 2019.

économiques, marketing et publicitaires, qui continuent de promouvoir l'hypermobilité. Le marketing et la publicité promeuvent des pratiques incompatibles avec la nécessaire sobriété. Comme le souligne l'association Les Amis de la Terre[1], plus de 30 milliards d'euros annuels de dépenses de communication commerciale en France engendrent directement des phénomènes de surconsommation de produits controversés (entre autres : véhicules polluants, week-ends en avion). Nous rappelons l'échec de la plupart des propositions de la Convention citoyenne pour le climat : régulation de la publicité, abaissement de la vitesse sur autoroute, interdiction des vols de moins de 6 heures lorsqu'existe une alternative en train, malus au poids des véhicules...

La consommation, et donc les émissions, continuent de croître avec le revenu. Ainsi le dernier décile émet 2,2 fois plus que le premier, 33 tonnes/an en moyenne contre 15 pour les 10 % les plus pauvres. Pour rappel, la neutralité carbone implique que les émissions moyennes par personne s'effondrent pour atteindre 2 tonnes par an en 2050. Ces écarts sont encore plus flagrants sur le poste « transport » : les 10 % les plus pauvres émettent environ 1,8 tCO_2/an, tandis que le dernier décile émet 5,4 tCO_2/an, soit 3 fois plus. Les émissions liées à la mobilité du quotidien progressent dans les classes moyennes basses, mais restent relativement stables ensuite. En revanche, les émissions de la mobilité longue distance progressent lentement, puis fortement dans les derniers déciles : les ménages du dernier décile émettent 3,1 tCO_2, dont 1,7 pour les déplacements en avion, soit 1,5 fois le total des émissions du premier décile[2].

[1] « Big Corpo. Encadrer la pub et l'influence des multinationales: un impératif écologique et démocratique », 2020.

[2] Pottier, A., Combet, E., Cayla, J., de Lauretis, S. & Nadaud, F. (2020), « Qui émet du CO_2 ? Panorama critique des inégalités écologiques en France », *Revue de l'OFCE*, 169, 73-132.

La comparaison entre l'avion et d'autres modes de transport ne se résume pas aux seules émissions de GES/km. L'avion émet significativement plus car il permet de parcourir des distances plus longues : ainsi, un trajet long courrier émet environ 2 tonnes/passager, soit l'intégralité du budget carbone dont disposera chaque Français en 2050. Alors que la Convention citoyenne pour le climat (CCC) proposait d'interdire les vols lorsqu'une alternative en train de moins de 6 heures existait, le gouvernement a drastiquement réduit son périmètre en ne l'appliquant qu'aux trajets de moins de 2 h 30. Sur les huit lignes concernées, seules trois vont finalement être supprimées. 35 000 vols auraient été affectés par la proposition de la CCC, seuls 5 000 disparaîtront finalement[1]. L'avion continue donc de se substituer à des trajets réalisables en train au sein du territoire national, bénéficiant de subventions avantageuses (le kérosène est l'un des rares carburants à ne pas être taxé), permettant simultanément à ce secteur de proposer des prix plus attractifs que le train et de capter une manne financière au détriment de mobilités décarbonées.

Aujourd'hui, le transport aérien mise toujours sur une significative croissance du secteur au niveau mondial[2]. Certaines exceptions sont à noter : pour des raisons d'émissions de GES mais aussi plus larges de qualité de l'air et de baisse des nuisances (bruit) l'aéroport d'Amsterdam Schiphol mise sur une réduction du trafic pour passer de 500 000 vols annuels à 440 000 dès 2024, et a renoncé à construire un nouveau terminal. Les compagnies aériennes se sont empressées d'attaquer cette décision en justice : le tribunal leur a donné

[1] *Le Monde* (mai 2023), « L'interdiction des vols intérieurs courts en France, une mesure vidée de sa substance ».
[2] Aviation Benefits Beyond Borders, *Waypoint 2050*.

raison sur la forme, mais confirme le droit des autorités néerlandaises à faire diminuer le trafic[1].

Les modèles sur lesquels reposent l'ensemble des schémas de la mobilité sont encore à ce jour pris au piège de logiques économiques qui ignorent leurs externalités, dépassant les seules émissions de GES. Alors que de nombreux professionnels de santé alertent sur les dommages causés par l'exposition au bruit du trafic aérien (1,9 million de Franciliens exposés à un niveau de bruit supérieur à la valeur guide de l'Organisation mondiale de la santé (OMS), dont 1,4 million pour le seul aéroport Roissy-Charles-de-Gaulle), la direction générale de l'aviation civile a dévoilé dans son plan de prévention du bruit sur l'environnement compter sur un accroissement de 180 000 mouvements par an, soit 37 % de vols supplémentaires dans les années à venir[2]. Il s'agit des mêmes prévisions de croissance que celles associées à la construction du terminal 4, pourtant abandonnée en 2021.

3. Revoir la place de la mobilité dans nos vies

Les modèles sur lesquels reposent l'ensemble des schémas de la mobilité sont encore à ce jour pris au piège de logiques économiques qui ignorent leurs externalités, tant écologiques que sur la qualité de vie.

Ainsi, le désir de ralentissement qu'exprime une part de plus en plus importante de Français (et dont témoigne aussi l'attrait pour les villes petites et moyennes) interroge ces modèles et questionne la façon dont nous voulons vivre. La hausse des mobilités s'est conjuguée avec une augmentation

[1] *Le Monde* (avril 2023), « Aux Pays-Bas, l'aéroport de Schiphol prépare une diminution du trafic aérien ».
[2] *Le Monde* (déc. 2022), « Plus de cent professionnels de santé alertent sur le bruit aérien: "C'est l'espérance de vie qui est menacée" ».

de la vitesse de déplacement qui a permis de parcourir de plus grandes distances en moins de temps. La remise en question de cette vitesse, tant pour réduire les émissions de GES que pour d'autres enjeux (mortalité routière, qualité de l'air, nuisances sonores, etc.), et donc la hausse du temps passé à se déplacer, peine à remporter l'adhésion. L'abaissement en 2018 de la vitesse autorisée de 90 à 80 km/h pour réduire la mortalité routière avait suscité de vifs débats[1]. La proposition en 2020 de la Convention citoyenne pour le climat d'abaisser la vitesse sur les autoroutes de 130 à 110 km/h, afin de réduire de 20 % les émissions de GES sur ces trajets contre 4 à 8 minutes d'allongement de trajet/heure, a ainsi été enterrée.

Aller moins vite peut également se conjuguer avec de nouveaux usages qui réduisent la place de la voiture dans l'espace public et augmentent l'efficience des trajets (le covoiturage, pour lutter contre l'auto-solisme), ou qui misent sur l'autopartage plutôt que la propriété individuelle[2]. Augmenter le taux de remplissage des véhicules de 15 % serait, combiné à d'autres actions, un levier efficace pour atténuer les émissions de GES du transport[3].

Enfin, la diminution des déplacements est nécessaire pour réduire son impact écologique. Le télétravail, longtemps marginal, était identifié comme un levier fort de baisse des déplacements du quotidien, pour un nombre toutefois limité de professions (1 salarié sur 2 occupe une profession où le télétravail n'est pas pratiqué[4]). La pandémie de Covid-19 a imposé le télétravail : en 2021, un salarié sur cinq télétravaille une fois

[1] *Challenges* (sept 2019), « Les 80 km/h coûteraient 2,3 milliards d'euros aux Français ».

[2] À certaines conditions, développées notamment en p. 73 du *Guide pour une mobilité bas carbone* du Shift Project.

[3] Cerema (2023), *La décarbonation des mobilités : enjeux et leviers.*

[4] INSEE (2022), *En 2021, en moyenne chaque semaine, un salarié sur cinq a télétravaillé.*

par semaine[1]. Ils étaient 3 % en 2019[2], soit une multiplication par 6. L'Atelier parisien d'urbanisme (Apur) estimait ainsi en 2020 qu'avec « 10 à 20 % des actifs (hors artisans) en télétravail régulier — soit 20 à 40 % des cadres —, ce sont ainsi entre 5 % et 11 % de l'ensemble des trajets domicile-travail qui pourraient être évités dans le Grand Paris, soit plus de 1,11 à 2,27 millions de déplacements par semaine[3] ». Le télétravail permettrait de réduire de 30 % les impacts environnementaux liés aux trajets domicile-travail[4].

[1] *Ibid.*
[2] Attac (mars 2021), *Le télétravail avant, pendant et après la pandémie de Covid-19.*
[3] Apur (juillet 2020), *Télétravail et mobilité dans le Grand Paris — Quel impact demain sur les réseaux de transport ?*
[4] Ademe (sept. 2020), *Caractérisation des effets rebond induits par le télétravail.*

Chiffres essentiels

x 4,7 : le nombre de kilomètres parcourus par les voyageurs en France depuis les années 1960.

80 % des kilomètres sont toujours parcourus en automobile.

5 % du territoire concentre 27 % de la population française.

25 à 30 % des petits commerces alimentaires ont disparu des territoires ruraux entre 1980 et 2000.

5x : le parc automobile a augmenté cinq fois plus vite que la population entre 1982 et 2019, passant de 20 à 40 millions.

+ 20 % : l'augmentation de la distance des déplacements longs quotidiens (> 10 km) en dix ans.

x 3 : part des ménages sans véhicule dans les centres urbains par rapport au périurbain.

x 4 à 5 : part de recours à la marche et au vélo pour se rendre au travail dans les communes-centres par rapport au périurbain.

12 milliards d'euros : les investissements « climat » à réaliser par les collectivités chaque année jusqu'à 2030 pour tenir les engagements climatiques.

67 % de ces investissements « climat » ont besoin d'être dédiés à la mobilité.

20 % de la population est en situation d'insécurité mobilité en 2021.

36 % des propriétaires n'ont pas le budget pour changer de véhicule.

4,3 millions : nombre de Français ne disposant d'aucun équipement individuel ni d'accès aux transports collectifs.

- 30 % : la réduction des impacts environnementaux liés aux trajets domicile-travail grâce au télétravail.

x 6 : le nombre de salariés qui télétravaillent une fois par semaine entre 2019 et 2021.

Sécurité / Justice

Introduction

Les services publics de la sécurité et de la justice sont au cœur du contrat social : ils ont pour mission de maintenir la paix publique, de contribuer à la sécurité de chacun et de garantir l'application équitable des lois votées par le Parlement représentant le peuple. Leur bon fonctionnement est essentiel au respect des droits et des libertés, en particulier des plus vulnérables, et à la confiance dans les institutions, condition de la cohésion sociale.

Tout d'abord, ces politiques publiques répondent à un besoin de justice, en assurant l'application équitable, partout sur le territoire, de la loi, la sanction des délits et des crimes et la réparation des préjudices. Ensuite, elles répondent au besoin de sécurité collective et individuelle par la réduction de la prévalence, de la fréquence et de la gravité des crimes et des délits commis, ainsi que des abus et incivilités du quotidien, bien que l'évolution de la criminalité et de la délinquance s'explique, sur le long terme, largement par d'autres politiques publiques (lutte contre la pauvreté, éducation, etc.). Enfin, ces services publics répondent à un besoin de cohésion sociale : ils assurent une fonction éducative (rappel à la loi, sensibilisation en milieu scolaire, etc.) et de réinsertion des auteurs d'infractions en encourageant les comportements prosociaux (respect des autres, recours au dialogue plutôt qu'à la force).

Si tous les services publics font l'objet de débats politiques, ceux de sécurité et de justice sont d'autant plus sensibles politiquement qu'il s'agit pour la puissance publique de traiter les conflits qui traversent la société, y compris quand ils opposent l'intérêt de l'État à celui des citoyens, comme l'illustrent les débats récurrents autour du maintien de l'ordre.

Les priorités en matière de sécurité et de justice sont des choix politiques par essence discutables, qui se fondent sur une analyse subjective des besoins de la population et de l'enjeu de protection de l'État, de ses institutions. L'actualité, les faits divers et les groupes de pression influencent particulièrement l'agenda politique en la matière.

Dans leurs missions, les agents publics sont dépositaires des choix politiques, qui se traduisent non seulement dans des consignes internes, mais aussi dans la répartition des moyens humains et matériels. Les moyens étant par définition finis, chaque nouvelle priorité peut aboutir à déprioriser d'autres missions de service public, souvent moins visibles politiquement.

Une analyse de ces choix et de leur impact dans le temps long sur la qualité du service rendu aux usagers est donc indispensable pour en comprendre les conséquences. Elle se fonde sur une documentation large et une pluralité de sources. Elle admet également une part inévitable de subjectivité ; ce chapitre considérera ainsi que les services publics de la sécurité et de la justice doivent d'abord satisfaire les besoins suivants :

- la prévention et la répression des infractions en priorisant les plus graves (violences sur les personnes notamment, mais aussi violences à victimes directes[1]) ;

[1] Selon P. Robert, R. Zauberman et F. Jouwahri (2013), « Délinquance et action publique : les illusions d'un diagnostic », Politix, 101, 217-245, https://doi.org/10.3917/ pox.101.0217 : « On distingue classiquement la délinquance qui atteint

• le respect des droits fondamentaux et des libertés publiques, indispensables à la cohésion sociale et à la confiance dans les institutions concernées ;

• l'accessibilité du service public partout sur le territoire et l'égalité de chacun devant la loi, qu'il soit auteur ou victime.

Le « besoin de sécurité » est une notion particulièrement débattue. Malgré la baisse tendancielle du nombre de crimes et de délits et la stabilité globale de la délinquance, le sentiment d'insécurité ressenti par la population demeure élevé.

Dans ce contexte, malgré une augmentation récente des moyens alloués à la justice, les conditions matérielles d'exercice de ce service public restent parmi les plus dégradées des pays européens comparables. En particulier, les moyens actuels, constants depuis trente ans en proportion du produit intérieur brut, ne permettent pas de faire évoluer les effectifs à la mesure des besoins croissants, notamment au regard des nombreuses évolutions législatives. Ces dernières ont conduit à accroître la pression sur la justice pénale, au détriment de la justice civile, en difficulté croissante, alors qu'elle concerne la plus grande part des justiciables dans leur vie quotidienne. Dès lors, la dégradation de la qualité du service public et de l'efficacité de la réponse judiciaire est continue depuis vingt ans, à la fois en termes de délais, de taux d'élucidation des affaires et d'exécution des décisions de justice.

directement des victimes (vol, agression, dégradation, etc.) de celle qui ne fait pas de victime ou pas directement (immigration irrégulière, consommation de produits prohibés, fabrication de fausse monnaie, etc.). »

Par ailleurs, malgré un renforcement considérable des services de police et de gendarmerie dans les dix dernières années, la répartition des moyens entre les territoires et les missions traduit des priorités politiques (lutte contre la consommation de stupéfiants, lutte contre l'immigration illégale) qui ne sont pas nécessairement corrélées avec les besoins, particulièrement avec le niveau de gravité des préjudices causés à la société.

Ainsi, l'évolution des besoins de la société en matière de justice et de sécurité semble guidée par une sensibilité accrue à la violence et des prises de conscience successives plutôt que par une dégradation de la situation sécuritaire. Néanmoins, l'insuffisante augmentation des moyens, en particulier de la justice, et l'affectation de ceux-ci à des priorités affichées qui se multiplient, parfois sans corrélation évidente avec la gravité des préjudices causés à la société, contribuent à une mise sous pression des professionnels de la justice et de la sécurité et à une dégradation de la qualité du service public rendu. Plus globalement, l'absence de prise en compte des besoins et des attentes de la population dans la définition des priorités de politique publique nuit à l'efficacité de ses services. Les inégalités d'accès et de traitement à et par ces services publics, les évolutions législatives et doctrinaires successives qui aboutissent à des restrictions des libertés publiques, ainsi que la réduction de la place de la prévention parmi les missions des acteurs de la sécurité et de la justice contribuent à l'éloignement des citoyens des institutions policière et judiciaire et à l'érosion de la confiance dans ces institutions, pourtant indispensable à leur bon fonctionnement.

01

BESOINS EN MATIÈRE DE SÉCURITÉ

Une diminution sur longue période des crimes et délits, un sentiment d'insécurité qui reste élevé et une évaluation des besoins ressentis encore lacunaire

Homicides volontaires, taux pour 100 000 habitants, 1971-2021

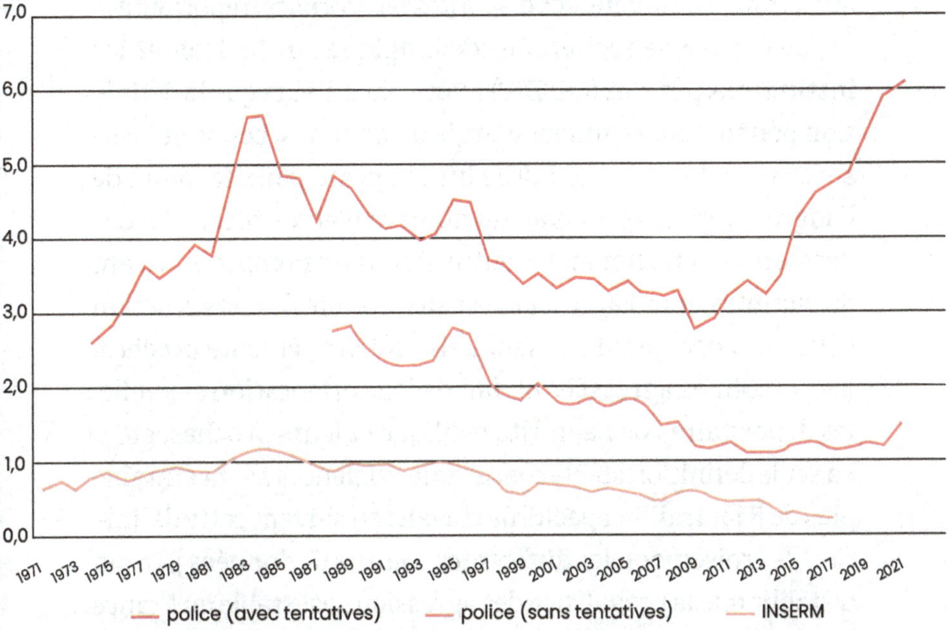

Sources : OSCJ – données du ministère de l'Intérieur (SSM-SI), Inserm-CepiDc.
Champ : France métropolitaine.

1. Sur le temps long, une baisse du nombre de crimes et de délits et une stabilité globale de la délinquance

Les études réalisées sur le temps long, notamment par l'Observatoire scientifique du crime et de la justice (OSCJ), montrent une raréfaction significative du nombre d'homicides depuis les années 1980 avec le recul de la violence politique et du grand banditisme. Après avoir baissé de 1 400 en 2002 à 800 en 2009, le nombre d'homicides par an est à peu près stable depuis dix ans.

Dans les grandes tendances, on observe une stabilité globale de la délinquance. En particulier, depuis le milieu des années 1990, le nombre de victimes de violences physiques non létales ne dépasse jamais 3 % de la population sur la France entière, admettant néanmoins des disparités territoriales importantes[1].

Le Centre de recherche sociologique sur le droit et les institutions pénales (CESDIP) relève par ailleurs que la définition pénale constamment élargie du délit de « coups et blessures volontaires » constitue un des principaux facteurs de l'augmentation apparente du nombre d'actes recensés. Ces derniers ont en effet inclus entre-temps un nombre croissant de victimes dont l'agression est susceptible de constituer un délit : les enseignants, personnels scolaires et leurs proches, les personnes agressées du fait de leur orientation sexuelle, les dépositaires de l'autorité publique et leurs proches, etc[2].. La seule définition stable concerne les violences ayant entraîné plus de 8 jours d'incapacité de travail : en suivant cette définition, le croisement des différentes sources de données permet d'établir que la prévalence des agressions est stable en France depuis la première enquête conduite en 1984[3].

En ce qui concerne les agressions sans contact physique, le CESDIP relève, selon plusieurs enquêtes menées, une baisse relative ou une légère hausse des chiffres depuis 2010, ne conduisant en tout état de cause pas à des modifications des ordres de grandeur : de 2 à 4 % de la population francilienne par an est victime d'agressions sans contact physique, avec un pourcentage de faits supérieur au pourcentage de la population concernée, reflétant l'importance de la multivictimation, donc du fait que des victimes tendent à l'être à répétition.

[1] Ainsi, en 2004, le pourcentage de victimes d'agressions physiques non létales à Saint-Denis était mesuré à 4,5 % de la population, contre 2 % à Gonesse ou dans le grand Lyon. OSCJ-CESDIP, *Observer dans la durée les agressions*, 2023.

[2] *Ibid.*

[3] The Conversation, *« L'insécurité », un épouvantail électoral à déminer*, 27 février 2020.

2. Le sentiment d'insécurité semble augmenter, influencé par les évolutions de la société et le traitement politico-médiatique de ces sujets

L'insécurité ressentie par la population française reste élevée sans que le nombre de délits et de crimes se soit accru objectivement. En 2021, date des dernières données disponibles de l'enquête Cadre de vie et sécurité[1], 11 % des personnes de 14 ans ou plus ont déclaré se sentir souvent ou de temps en temps en insécurité dans leur quartier et leur village et 20 % considèrent que la délinquance est leur principale préoccupation.

À cet égard, les attentes des usagers en matière de sécurité et de justice divergent considérablement en fonction de leur origine sociale et géographique, de leur expérience personnelle, de leurs valeurs ou de leur sensibilité aux récits médiatiques sur la sécurité. Selon l'INSEE, les deux catégories de population les plus concernées par le sentiment d'insécurité personnelle (défini par le fait de renoncer à sortir de son domicile par peur d'une agression) sont les femmes de 14 à 29 ans et les femmes de plus de 75 ans. Respectivement elles étaient 19,4 % et 24,3 % à déclarer y renoncer en 2009 contre 21,9 % et 21,2 % en 2019[2]. On observe toutefois une forte variabilité d'une année sur l'autre (pics à 25 % en 2011 pour les femmes de plus de 75 ans).

Parmi les facteurs explicatifs de ce sentiment d'insécurité se trouve notamment le vieillissement de la population[3] ou l'accroissement de la sensibilité aux incivilités ou aux

[1] Site du ministère de l'Intérieur, *Insécurité et victimation: les enseignements de l'enquête Cadre de vie et sécurité*, édition 2021.

[2] INSEE, *Sentiment d'insécurité selon l'âge et le sexe, Données annuelles de 2007 à 2019.*

[3] Cette corrélation entre vieillissement de la population et sentiment global d'insécurité a été mise en évidence par plusieurs études. Voir par exemple *Le sentiment d'insécurité chez les personnes âgées: entre transformations de l'environnement et fragilité individuelle.*

violences sans contact, telles que les violences verbales ou les menaces de violences. De façon générale, les évolutions légales (*cf. supra*, élargissement du périmètre du délit de violence volontaire) sont le témoin d'une plus faible tolérance à la violence dans la société, liée notamment aux transformations des relations entre les femmes et les hommes ou à la réduction du champ de la violence légitime, mais également — et paradoxalement — à la réduction de l'intensité et de l'incidence des violences physiques dans l'espace public. En effet, le besoin de sécurité change à mesure qu'il tend à être satisfait, ce qui se traduit par une baisse continue du seuil de tolérance à la violence.

Par ailleurs, les attentes de la société en matière de protection ont été renforcées par la couverture médiatique quotidienne de l'ensemble des menaces réelles ou perçues à l'échelle mondiale, et le recours à des indicateurs peu pertinents — mais sensationnels — tels que des faits divers ou des épiphénomènes médiatiques, dont la diffusion est amplifiée par les réseaux sociaux.

Enfin, l'action publique ou politique peut influencer ces phénomènes de communication, en mettant en avant la lutte contre des délits sur lesquels elle a une prise plus directe (démantèlement temporaire de points de deal par exemple) plutôt que contre des crimes plus difficiles à élucider ou à faire reculer durablement (viols par exemple). Ainsi, le discours politique sur la sécurité est particulièrement sensible aux effets d'exagération ou de minoration, en fonction d'intérêts politiques ou de stratégies de mobilisation électorale.

3. Une prise en compte des études scientifiques et des enquêtes de victimation encore lacunaire

En France, l'administration pilote et évalue l'efficacité de sa politique de sécurité et de justice en s'appuyant sur des indicateurs statistiques tels que l'évolution du nombre de crimes et délits enregistrés, les taux de résolution des enquêtes, de réponse pénale ou de récidive. Si cette méthode permet d'obtenir des résultats plus intéressants que la seule référence à des indicateurs de moyens (budget consacré, nombre de policiers) ou d'activité (nombre d'interpellations), elle comporte de nombreuses limites méthodologiques (*cf.* encadré).

L'orientation des politiques de sécurité et de justice prend encore peu en compte la perception subjective des besoins et la satisfaction de la population. En France, l'enquête de victimation « Cadre de vie et sécurité » (CVS) est conduite annuellement depuis 2007. Elle a été remplacée depuis 2022 par l'enquête sur le vécu et le ressenti en matière de sécurité (VRS). Ses résultats sont essentiels pour évaluer la fiabilité des données statistiques sur la délinquance, mais ils sont rarement mis en avant dans le discours public. Ainsi, par exemple, sur la période 2013-2018, **seules 14 % des victimes de menaces ou violences à caractère raciste ont porté plainte**, ce qui témoigne d'une sous-estimation majeure de l'ampleur de ce phénomène.

Par ailleurs, les enquêtes de satisfaction restent rares en France contrairement aux pays anglo-saxons où leur usage est généralisé. Une question est toutefois posée dans l'enquête annuelle CVS : elle montre que **60 % des personnes de plus de 14 ans en France métropolitaine jugent satisfaisante à très satisfaisante l'action des forces de l'ordre, et 28 % la jugent**

insatisfaisante[1]. De même, les démarches innovantes fondées sur l'évaluation de la qualité du service rendu ne sont que peu utilisées dans notre pays. Le pilotage de l'activité par la résolution de problème dans le cadre de la police de sécurité du quotidien (PSQ) est certes une avancée intéressante, mais elle n'a pris corps que dans quelques circonscriptions[2] et n'a pas de traduction au niveau national.

Malgré les études réalisées et les statistiques produites, il reste globalement difficile de conclure à une causalité entre les politiques menées et l'évolution du nombre de délits et de crimes. En effet, de nombreux facteurs exogènes et indépendants des politiques de sécurité et de justice peuvent expliquer la hausse ou la baisse de la criminalité (qualité de l'éducation, contexte socio-économique ou politique, urbanisme) ; il faudrait pouvoir les isoler afin de mettre en évidence une éventuelle relation causale entre l'action des services publics et l'évolution de la délinquance et de la criminalité. De surcroît, l'action policière peut paradoxalement révéler des activités délinquantes et criminelles restées invisibles jusque-là, et donc faire augmenter en apparence le nombre d'infractions.

De récentes recherches en sociologie de la sécurité et en criminologie permettent d'apporter quelques résultats scientifiques dans ce débat. Ainsi, alors que la sévérité de la réponse pénale apportée à la primodélinquance en matière de trafic de stupéfiants a été renforcée, il est par exemple démontré que l'incarcération favorise la socialisation des mineurs avec des profils de grands délinquants, et ne permet pas de prévenir la récidive : plus de deux tiers des mineurs ayant été incarcérés le seront à nouveau, alors que c'est le cas seulement d'un adulte sur cinq[3].

[1] *Enquête cadre de vie et CVS.*
[2] *Étude Copposq sur l'approche de résolution de problème par la police de sécurité du quotidien.*
[3] *Ibid.*

FAITS MARQUANTS DE L'ANNÉE Février 2023 : Communication gouvernementale sur les premiers chiffres de l'insécurité et de la délinquance 2022, sans rappel élémentaire des biais statistiques majeurs

En février 2023 — comme d'ailleurs en janvier 2022 — la parution des « premiers chiffres » (consolidés sur l'année passée) du Service statistique ministériel de la sécurité intérieure (SSMSI) a donné lieu à une communication abondante sur les infractions constatées et enregistrées par les services de police.

Souvent utilisés pour illustrer l'efficacité de l'action du ministère de l'Intérieur, ces indicateurs comportent pourtant des biais majeurs[1] qui ne sont pas intégrés dans le discours politique alors qu'ils devraient permettre de nuancer certains commentaires :

1. **Le biais de signalement**. — De nombreuses infractions ne sont pas signalées par les victimes, qui peuvent par exemple éprouver de la honte ou ne pas avoir confiance dans l'institution[2]. Ainsi, la hausse du nombre des violences sexistes et sexuelles constatées depuis plusieurs années[3] peut refléter à la fois une hausse du nombre d'infractions commises, la révélation d'infractions autrefois non comptabilisées[4], et une augmentation du nombre de plaintes, à nombre d'infractions commises constant. Le taux de signalement pour ces infractions reste toutefois très faible, contrairement à d'autres infractions (vols de

[1] Les critiques viennent à la fois de professionnels, de sociologues de la sécurité, et de l'administration elle-même, qui a notamment produit deux rapports : un rapport conjoint IGA, IGPN, IGGN et IG INSEE en 2013 et un rapport conjoint IGA IGPN en 2014 intitulé « Enregistrement des plaintes par les forces de sécurité intérieure sur le ressort de la préfecture de police ».

[2] Selon l'enquête de victimation Genese, en 2020, seules un tiers des victimes majeures de violences intrafamiliales ont déclaré ces violences à la police ou la gendarmerie.

[3] Plus de 75 000 faits de violences sexuelles ont été enregistrés en 2021, soit +30 % par rapport à 2020. Ces plaintes ont augmenté de 11 % en 2022 et avaient déjà augmenté de 19 % en 2018 et 12 % en 2019 (Interstats, 2022).

[4] Ainsi le nombre de victimes de violences intrafamiliales sexuelles a augmenté de +26 % en 2021, mais seulement de 7 % pour les violences datées de l'année 2021 (Interstats).

voiture par exemple) moins sensibles et pour lesquels il existe des incitations (assurance)[1].

2. **Le biais d'enregistrement**. — Le rapport conjoint de l'IGA et de l'IGPN remis en 2014 avait mis en évidence des fausses indexations (mauvais référencement d'une infraction pour en minorer l'importance) pour répondre aux objectifs chiffrés fixés par l'autorité politique. Ces pratiques généraient une marge d'erreur importante[2]. De fortes améliorations auraient été apportées depuis, selon des cadres du ministère.

3. **Le biais de priorité politique**. — Les statistiques reflètent aussi les priorités du gouvernement. Ainsi, en 2021 et 2022, la hausse du nombre de mis en cause pour usage de stupéfiants (+38 % puis +13 %) peut s'expliquer par la priorisation de leur répression et la mise en place récente des amendes forfaitaires délictuelles, sanctions pénales prononcées directement par un agent de police et sans procès[3].

[1] *Comment la délinquance a-t-elle vraiment évolué.*

[2] Évaluée dans une fourchette de 17 à 23 % dans certaines catégories. Rapport de l'IGA.

[3] Selon la Cour des comptes, l'Agence nationale de traitement automatisé des infractions (ANTAI) a recensé 187 370 infractions délictuelles forfaitisées relatives à l'usage de stupéfiants entre le 1er septembre 2020 et le 31 mai 2022 par la police et la gendarmerie sur la France entière, soit une moyenne de 294 par jour.

02

ÉVOLUTION DES MOYENS

Des augmentations de moyens importantes dans la sécurité et encore faibles dans la justice, une répartition inégale sur le territoire

Taux annuel d'évolution du budget de la justice au regard de sa part dans le budget général de l'État et de sa part dans le PIB

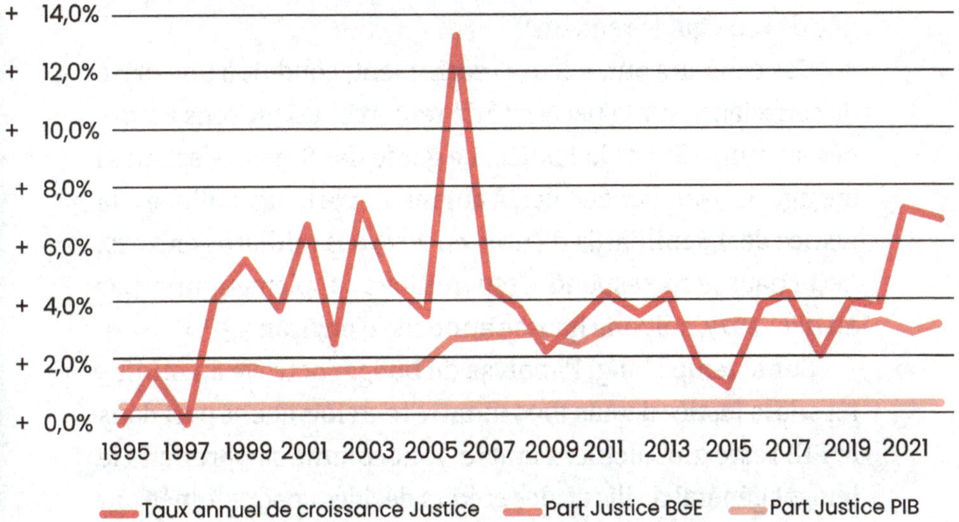

Source : secrétariat général du ministère de la Justice, mars 2022.

1. Malgré une augmentation récente des moyens, les conditions matérielles d'exercice de la justice restent parmi les plus dégradées des pays européens comparables

Les difficultés liées au manque de moyens de la justice font l'objet de constats récurrents depuis plusieurs années. À titre d'illustration, la presse faisait déjà état, en 2011, d'une « fronde des juges[1] » dénonçant le manque de moyens humains et budgétaires de la justice face à des besoins croissants. En février 2015, l'Union syndicale des magistrats alertait, par la publication d'un livre blanc[2], sur la souffrance au travail induite par les rythmes de travail et le manque d'effectifs. En novembre

[1] Voir par exemple *Le Monde*, « De quoi la justice manque-t-elle ? ».
[2] *Livre blanc 2015 de l'Union syndicale des magistrats.*

2021, 3 000 magistrats dénonçaient, par manque de moyens, une justice devenue maltraitante, tant à l'encontre des usagers que de ceux qui la rendent[1].

Ces constats ont, encore récemment, conduit à une prise de conscience sur la nécessité de renforcer les moyens accordés au ministère de la Justice. Le garde des Sceaux s'est ainsi engagé, le 5 janvier dernier, à augmenter le budget alloué à la justice de 9,6 milliards d'euros en 2023 à 11 milliards en 2027. Cette hausse correspond à 350 millions supplémentaires par an d'ici 2027, soit une hausse annuelle d'environ 3,5 %.

Sur le temps long, l'analyse du budget octroyé au ministère de la Justice depuis 1995 montre toutefois que sa part dans le PIB reste globalement stable, tout comme sa part dans le budget général de l'État : les crédits décidés chaque année ont suivi la hausse des dépenses de l'État et l'évolution du PIB, sans revalorisation substantielle. L'augmentation récemment annoncée apparaît en deçà du niveau actuel de l'inflation.

À titre de comparaison, le nombre de juges professionnels des ordres judiciaire et administratif est de 11,2 juges pour 100 000 habitants (ratio établi en équivalent temps plein), pour une médiane Conseil de l'Europe de 17,6 juges professionnels pour 100 000 habitants[2]. Les crédits consacrés à la justice sont inférieurs à la médiane du Conseil de l'Europe, avec 73 euros par habitant (contre 78 euros de médiane), soit 0,21 % du PIB (contre 0,35 % en moyenne). **Parmi les 15 pays membres du Conseil de l'Europe disposant du PIB par habitant le plus élevé, la France est le pays qui consacre le plus faible budget par habitant à son système judiciaire[3].**

[1] *L'appel de 3 000 magistrats et d'une centaine de greffiers.*

[2] Source: service statistique ministériel de la justice, *Statistique du ministère de la Justice.*

[3] Systèmes judiciaires européens, Rapport d'évaluation de la CEPEJ, Cycle d'évaluation 2022 (données 2020).

Les moyens actuels ne permettent pas de faire évoluer les effectifs à la mesure des besoins croissants, notamment au regard des évolutions démographiques et des nombreuses évolutions législatives, qui conduisent souvent à accroître la pression sur la justice pénale au détriment des moyens consacrés à la justice civile.

Si les effectifs de juges des enfants ont augmenté de 11 % entre 2011 et 2021, le nombre de ces magistrats affectés à une activité civile n'a augmenté que de 5 %, alors que le nombre de dossiers par juge augmentait de 33 % sur la même période[1]. En outre, la loi réformant le déroulement des poursuites à l'encontre des mineurs entrée en vigueur au 1er septembre 2021 prévoit désormais la tenue d'une audience sur la culpabilité dans un délai maximum de trois mois à compter du début des poursuites, ce qui pourrait avoir pour conséquence d'accroître la part d'activité des juges des enfants consacrée au pénal au détriment de l'assistance éducative et de l'activité au civil, pour laquelle la demande est croissante[2]. De même, si le contentieux de la protection sociale devait être renforcé par la création des pôles sociaux dans les juridictions, l'absence de moyens supplémentaires afférents a conduit à ce que cette réforme d'organisation n'ait pas d'impact réel sur la qualité du service public.

Le manque d'effectifs concerne également d'autres professionnels de la justice, comme les greffiers : le taux de vacance de postes s'élève à 7 %, alors que l'effectif théorique de référence porterait déjà la France à un niveau inférieur à la moyenne européenne avec 34 personnels de greffe pour 100 000 habitants, pour une moyenne des pays comparables près de deux

[1] Sur une période allant de 2011 à 2017, le nombre d'affaires nouvelles par juge est passé de 242 à 322. *Cf.* annexe au projet de loi de finances pour 2019, programme 166, p. 28.

[2] Rapport des États généraux de la justice, précité.

fois supérieure (61 personnels pour 100 000 habitants)[1]. La difficulté ne semble pas susceptible de se résorber à court terme : les demandes de détachement des greffiers ont augmenté de plus de 400 % entre 2015 et 2019, notamment afin d'exercer des fonctions qui offrent de meilleures conditions de travail et de rémunération[2].

Par ailleurs, **les acteurs de la justice dénoncent les conditions matérielles d'exercice de leurs fonctions, particulièrement le manque d'infrastructures et applicatifs informatiques, qu'ils jugent insuffisants ou obsolètes**[3]. En effet, les outils numériques utilisés par la justice sont souvent dysfonctionnels ou déployés avec un retard considérable, alors même qu'ils pourraient permettre une amélioration des conditions de travail et une fluidification des procédures.

Ces difficultés cumulées conduisent à un sentiment de perte de sens pour les agents publics de la justice, exprimé à de nombreuses reprises dans différentes enceintes, par voie de presse[4], dans le cadre des travaux des États généraux de la justice ou encore dans l'enquête publiée par le collectif Nos services publics en 2021[5].

[1] *Cf.* rapport EGJ, p. 63.

[2] *Ibid.*

[3] *Cf.* notamment la tribune publiée le 23 novembre 2021 dans le journal *Le Monde*, signée par les deux tiers des magistrats français, 1500 fonctionnaires des greffes et 500 auditeurs de justice.

[4] *Cf.* tribune précitée.

[5] *Cf.* Nos services publics, *Rapport sur la perte de sens*.

2. Fortement fragilisés entre 2007 et 2013, les services de police et de gendarmerie ont été considérablement renforcés ces dix dernières années

Après avoir connu une baisse de 15 000 postes (6 000 pour la gendarmerie nationale et 7 000 pour la police nationale) entre 2007 et 2013 sous l'effet de la révision générale des politiques publiques, les effectifs des forces de sécurité intérieure connaissent une hausse constante depuis 2013. Avec plus de 250 000 effectifs en 2023 (150 000 pour la police nationale et 100 000 pour la gendarmerie nationale), les policiers et gendarmes représentent 10 % des agents publics d'État[1].

La trajectoire votée par le Parlement dans la loi d'orientation et de programmation du ministère de l'Intérieur (LOPMI) en janvier 2023 confirme cette tendance en prévoyant la création supplémentaire de 8 500 postes de policiers et gendarmes à l'horizon 2027 et une hausse du budget du ministère de 15 milliards d'euros sur les cinq prochaines années. Au total, les moyens consacrés par la collectivité publique aux forces de sécurité intérieure représentent près de 22,5 milliards d'euros chaque année, plaçant la France à un niveau qui reste toutefois légèrement inférieur à la moyenne des États membres de l'Union européenne (1,7 % des dépenses publiques, contre 2 % pour la moyenne de l'Union européenne)[2].

Au sein de ce budget, 90 % sont consacrés aux dépenses de rémunération (dépenses de personnel, dites de « Titre 2 ») contre 10 % seulement pour les dépenses d'équipement (hors T2) et d'investissement. Pourtant, les moyens matériels

[1] Senat.fr, *Quel avenir pour la gendarmerie ?*, 10 avril 2008, PAP mission sécurité 2022.

[2] Étude de l'INSEE, 2021, « Effectifs et dépenses en matière de sécurité dans l'Union européenne ».

dont bénéficient les forces de sécurité sont obsolètes et souvent inadaptés à leurs missions[1] :

- le parc immobilier des commissariats et brigades de gendarmerie connaît un taux de vétusté particulièrement élevé, en dépit des efforts récents des programmes immobiliers ;
- si le parc automobile des forces de sécurité a récemment été rénové, la moyenne d'ancienneté des véhicules reste de 7 ans, contre 3 ans en moyenne en France ;
- le parc informatique et les moyens numériques restent souvent inadaptés et parfois obsolètes (*cf.* par exemple l'abandon du logiciel de rédaction des procédures « Scribe » en 2021 à la suite de dysfonctionnements).

3. Les moyens octroyés aux forces de l'ordre et à la justice connaissent d'importantes disparités en fonction des territoires

La répartition des effectifs de magistrats sur le territoire n'est proportionnelle ni à la répartition de la population, ni à son évolution prévisionnelle : on constate par exemple que ces effectifs sont disproportionnellement concentrés dans l'est de la France, où la population décroît, par rapport à l'ouest, où la population croît. Selon les données mises à disposition par le Syndicat national de la magistrature (SNM), le nombre de magistrats par million d'habitants (périmètre des tribunaux judiciaires[2]) était beaucoup plus faible en 2021 dans le ressort

[1] Cour des comptes, *La gestion des ressources humaines au cœur des difficultés de la police nationale, les enjeux structurels pour la France*, novembre 2021.

[2] Nés de la fusion, au 1er janvier 2020, des tribunaux de grande instance et des tribunaux d'instance, les tribunaux judiciaires sont, en matière civile et pénale, les juridictions de droit commun en première instance.

de Brest (68,22) ou à La Roche-sur-Yon (55,83) qu'à Metz (123,55) ou à Nice (129,37)[1].

La répartition des moyens de la justice ne semble pas plus liée aux statistiques de la délinquance dans les territoires. Tandis que les départements d'outre-mer connaissent parmi les plus hauts taux de criminalité de France et que, par exemple, la population de Guadeloupe, et plus encore celle de Guyane ou de Mayotte, est plus souvent victime de vols ou d'actes de violences que celle de l'Hexagone[2], cela ne s'accompagne pas de moyens accrus en termes d'effectifs dans la justice. De même, le taux d'absentéisme dans les services judiciaires ultra-marins atteint un niveau supérieur à la moyenne nationale et le taux de rotation y est particulièrement élevé, l'ancienneté moyenne étant bien inférieure à celle constatée sur le plan national. En outre, comme le relève le rapport du comité des États généraux de la justice, l'accès au droit y est particulièrement précaire dans un contexte de pauvreté et de fracture numérique supérieures à ce qui est observé sur le territoire métropolitain.

S'agissant des forces de sécurité, le taux de policiers et gendarmes s'établit à 34 agents pour 10 000 habitants en moyenne, mais la répartition des effectifs est également hétérogène sur le territoire. Cette répartition reflète en partie l'organisation de l'administration policière (présence des services centraux du ministère de l'Intérieur à Paris ou d'écoles de police et de gendarmerie dans certains départements), et en partie le jeu des mutations successives par lesquelles les agents cherchent à se rapprocher de leur région d'origine. Certaines disparités s'expliquent aussi par la prise en compte

[1] Syndicat de la magistrature, *Cartes judiciaires*.
[2] *Cf.* par exemple le document « Insécurité et délinquance en 2021 : bilan statistique », publié en juin 2022.

de certains indicateurs (nombre d'infractions enregistrées) ou de caractéristiques locales (montagne, présence de sites stratégiques ou de quartiers sensibles).

Carte de la répartition des policiers et gendarmes par département (INSEE)

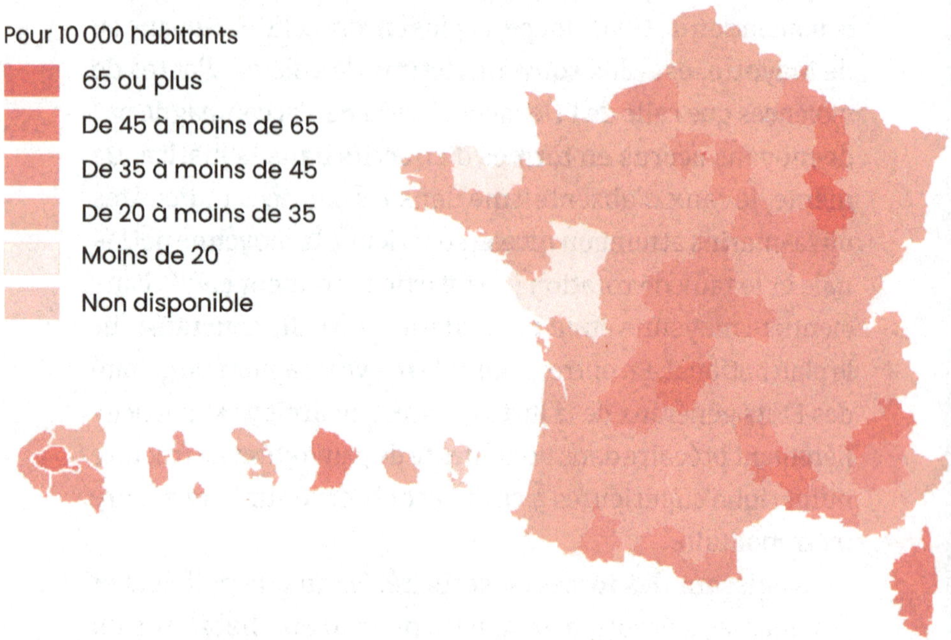

Champ : France, hors Mayotte.
Source : INSEE, Siasp 2019, recensement de la population 2017.

Néanmoins, les écarts semblent parfois difficiles à justifier : on constate des taux de moins de 20 policiers et gendarmes pour 10 000 habitants en Vendée, dans les Deux-Sèvres, le Maine-et-Loire et la Côte-d'Armor, et de plus de 45 pour 10 000 habitants en Corse, dans la Meuse, les Hautes-Alpes ou en Guyane.

Si une nouvelle méthode de répartition selon des critères plus objectifs est en cours de construction au niveau national, les sous-jacents de cette répartition ne sont pas rendus publics par le ministère. Les soumettre au débat pourrait par exemple permettre de mieux prendre en compte des facteurs comme la typologie de la criminalité locale, ou le stock de plaintes non traitées dans le rééquilibrage des moyens, plutôt que les contingences politiques ou l'impact de faits divers. Selon l'analyse du ministère de l'Intérieur sur la géographie de la délinquance conduite en 2022[1], 1 % des communes les plus touchées concentrent 45 % des violences sexuelles et 84 % des vols violents sans armes. À l'inverse, aucun fait n'est enregistré dans 29 % des communes pour les destructions et dégradations volontaires et dans 95 % d'entre elles pour les vols avec armes.

[1] Interstats: *Géographie de la délinquance à l'échelle communale en 2022.*

03

QUALITÉ DE SERVICE

Une dégradation régulière de plusieurs indicateurs clefs de l'efficacité des services publics de sécurité et de justice

Évolution du délai moyen de traitement des affaires judiciaires entre 2005 et 2019 (en nombre de mois)

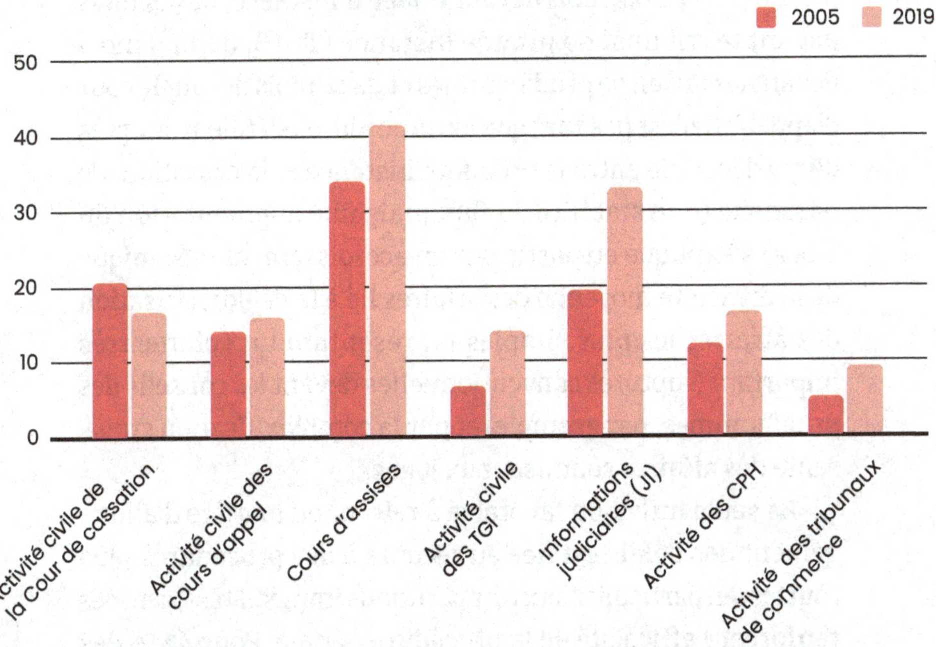

Sources : États généraux de la justice. Données des rapports d'activité et de performance 2007 et 2020. Pour les informations judiciaires, données issues des chiffres clefs de la Justice, SDSE.

1. L'allongement des délais de jugement et d'exécution des décisions de justice fragilise considérablement la qualité du service public

Si l'analyse de l'activité des différentes juridictions (pénales, civiles, commerciales) entre 2005 et 2019 démontre une relative stabilité de l'activité s'agissant des flux (nombre de nouvelles affaires à traiter), les délais de jugement n'ont cessé d'augmenter, ainsi que, corrélativement, les stocks d'affaires[1].

[1] Source : Rapport EGJ, p. 37.

Ainsi, en 2019, le délai moyen pour obtenir une décision de justice était de 6,2 mois devant le juge d'instance, de 9,4 mois devant le tribunal de grande instance (TGI[1]), de 14,5 mois devant le conseil de prud'hommes et de 14 mois devant la cour d'appel[2]. Il n'est pas rare que les procédures s'étalent sur près d'une décennie entre la première instance et la cassation. Ce paradoxe (une stabilité du flux mais une augmentation du stock) s'explique en partie par un accroissement mécanique de la difficulté moyenne des affaires lié à la déjudiciarisation des affaires les plus simples représentant un volume très important (ruptures conventionnelles devant les conseils des prud'hommes, par exemple) et par la complexification croissante des affaires soumises aux juges.

La seule inflexion favorable à relever en matière d'allongement des délais est liée au recours à des procédures plus courtes, en particulier aux comparutions immédiates[3], censées renforcer l'efficacité de la procédure pénale. Pour 42 % des auteurs d'infraction jugés par cette procédure, le délai de jugement est de moins de 2 jours[4].

La justice civile, justice qui concerne la plus grande part des justiciables dans leur vie quotidienne (conflits familiaux, contentieux entre un particulier et un commerçant, différend de voisinage, etc.) est particulièrement touchée par la raréfaction des moyens. Si, entre 2004 et 2019, le nombre de nouvelles affaires civiles a décru, respectivement de 5,4 % et de 13,5 % pour les TGI et les cours d'appel, sur cette période, le nombre d'affaires terminées a diminué de 5,5 % en première

[1] Devenu tribunal judiciaire (TJ) depuis le 1er janvier 2020.

[2] Source : vie-publique.fr.

[3] Une comparution immédiate est un mode de saisine du tribunal dans lequel le mis en cause est traduit immédiatement devant le tribunal par le procureur de la République. Cette procédure est applicable aux délits punis d'au moins deux ans, ou, en cas de flagrant délit, d'au moins six mois.

[4] Source : bulletin statistique du ministère de la Justice, chiffres 2018.

instance et de 15 % en appel, conduisant à un accroissement continu du stock d'affaires non jugées et des délais de jugement. Le comité des États généraux de la justice explique le tarissement de la filière de recrutement des civilistes par l'importante dégradation des conditions de travail, le temps imparti à chaque dossier étant devenu insuffisant pour rendre la justice dans des conditions satisfaisantes, notamment pour accorder un temps suffisant aux audiences — où sont entendus les justiciables — afin de dégager du temps à l'activité rédactionnelle.

Dans la juridiction administrative, l'augmentation du nombre d'affaires traitées n'a pas permis d'absorber l'inflation du contentieux (230 000 affaires enregistrées en 2015, 286 000 en 2021, soit +25 % en 6 ans), conduisant à une hausse massive des stocks de dossiers, et à un délai de jugement moyen des affaires ordinaires (hors procédures d'urgence, ordonnances...) de 1 an 4 mois et 11 jours.

En outre, **les décisions de justice sont souvent exécutées avec retard, ce qui nuit à la pertinence et à l'efficacité de la réponse judiciaire**. À cet égard, l'allongement des délais d'exécution des décisions de justice est particulièrement problématique pour les publics les plus fragiles, notamment les enfants qui devraient être éloignés de façon immédiate d'un parent violent. Ainsi, les données administratives[1] montrent qu'un tiers des départements français présentait en 2019 des délais d'exécution des mesures d'assistance éducative en milieu ouvert (AEMO)[2] supérieurs à quatre mois, et pouvant parfois être supérieurs à un an, et que 8 à 9 % de l'ensemble de ces

[1] Rapport Inspection générale des affaires sociales/Inspection générale de la Justice de 2019 sur l'exécution des mesures judiciaires en matière de protection de l'enfance.

[2] Mesures majoritairement ordonnées par les juges des enfants, destinées à accompagner et protéger un ou plusieurs enfants dans leur milieu familial, grâce à l'intervention régulière de travailleurs sociaux pour une période donnée, jusqu'à la cessation du danger ou des difficultés.

mesures sont en attente de mise en œuvre. L'absence d'exécution diligente de ces mesures de prévention est ainsi susceptible de conduire à leur caducité, l'absence d'arrêt de la dégradation de la situation familiale pouvant, devant la mise en danger des enfants concernés, conduire à des mesures de placement que l'AEMO visait justement à prévenir.

2. Bien qu'affichée comme prioritaire, la fonction d'investigation continue d'enregistrer des résultats en baisse, en particulier dans les affaires les plus complexes

Maillon clé de la chaîne pénale, les effectifs de police judiciaire (police et gendarmerie) ont augmenté de 7 % en moyenne entre 2017 et 2022[1]. Cette évolution est inférieure à celle des effectifs affectés au renseignement (+18 %) ou à la lutte contre l'immigration illégale (+19 %), mais supérieure à celle des effectifs affectés au maintien de l'ordre (+4 %).

Malgré ce renforcement de moyens, la tension sur les services persiste de manière inégale selon les territoires, avec un déficit marqué d'officiers de police judiciaire dans la région parisienne et les grandes agglomérations tandis que d'autres régions se trouvent en situation de sureffectif au regard de l'activité constatée. L'affectation des moyens et des renforts prend en effet peu en compte les niveaux d'activité : les directions départementales de la sécurité publique (police nationale) ayant bénéficié de plus de renforts d'enquêteurs sont celles où le nombre de dossiers par enquêteur était d'ores et déjà le plus faible (Lozère, Creuse, Eure)[2]. Ainsi, dans les grandes

[1] Cour des comptes, « Les moyens affectés aux missions de police judiciaire », mai 2023.
[2] *Ibid.*

agglomérations, les stocks de procédures dans les services de police témoignent de l'accumulation des plaintes et des affaires, que les hausses ponctuelles d'effectifs ne suffisent pas à compenser.

Dans ce contexte, les taux d'élucidation des affaires connaissent une nette dégradation : sur les 2,4 millions de faits constatés en moyenne par an (stable sur la période 2017-2022), les taux d'élucidation de certaines infractions sont en chute significative (-16 points pour les infractions économiques et financières ; -2 points pour les atteintes aux biens ; -15 points pour les violences sexuelles). Le taux d'élucidation des homicides a chuté quant à lui de 67 % à 62,6 %[1].

Cette répartition inadaptée des moyens et l'engorgement de certains services qui en découle contribuent au rallongement des délais de traitement des plaintes et au délaissement de certains contentieux comme les infractions économiques et financières. Elle contribue à une perte de sens des agents et au déficit d'attractivité de la filière investigation, marquée par un environnement juridique et technique contraignant, des exigences de formation importantes et une forte pression professionnelle et médiatique.

Pour pallier ce déficit, la loi d'orientation et de programmation du ministère de l'Intérieur (LOPMI) adoptée en janvier 2023 prévoit que tous les nouveaux policiers et gendarmes soient formés aux fonctions d'officier de police judiciaire (OPJ), ainsi que la création d'assistants d'enquête, bien que les missions de ceux-ci aient été en partie censurées par le Conseil constitutionnel, faute de contrôle suffisant par un OPJ formé.

[1] Cour des comptes, *La gestion des ressources humaines au cœur des difficultés de la police nationale, les enjeux structurels pour la France*, novembre 2021.

3. Les conditions de prise en charge des personnes condamnées ne permettent pas d'assurer une réinsertion de qualité et de prévenir la récidive

Le milieu ouvert — utilisé notamment comme alternative aux courtes peines d'emprisonnement — a vu ses moyens diminuer relativement à l'augmentation de la charge de travail. Alors que le nombre de personnes prises en charge en milieu ouvert a plus que doublé entre 1981 et 2021 (passant d'un peu moins de 80 000 personnes à plus de 160 000[1]), les moyens dédiés n'ont pas été adaptés. En 2021, le nombre moyen de mesures suivies par un conseiller pénitentiaire d'insertion et de probation excédait la norme européenne (70 contre 60 maximum[2]), au détriment de la prise en charge des individus condamnés.

En ce qui concerne les personnes condamnées à des peines de prison ferme, la surpopulation carcérale et l'état des établissements pénitentiaires obèrent la capacité de la justice à offrir des perspectives de réinsertion. En lien avec la sévérité croissante des juridictions et le recours plus fréquent à la détention provisoire[3], la population carcérale a crû de manière continue entre 2002 et 2020, passant d'environ 48 600 à plus de 70 600 personnes détenues[4]. Malgré les programmes de construction du ministère de la Justice, cette augmentation de la population détenue ne s'est pas accompagnée d'une évolution concomitante des infrastructures carcérales. Ainsi, au 1er décembre 2021, le taux moyen d'occupation des

[1] *Cf.* rapport EGJ, p. 61.
[2] *Cf.* rapport EGJ, p. 62.
[3] *Cf.* rapport précité, p. 57.
[4] *Cf.* rapport précité, p. 59.

établissements pénitentiaires s'élevait à 115 % (138 % pour les seules maisons d'arrêt).

Les conditions de prise en charge des personnes condamnées, en milieu ouvert comme fermé, conditionnent directement la capacité de la justice à favoriser la réinsertion et à prévenir la récidive. L'accès à la formation, aux soins ou au travail, déterminants pour renforcer les chances de réinsertion des personnes concernées, est en effet diminué par la suroccupation des établissements.

FAITS MARQUANTS DE L'ANNÉE Octobre 2021 – avril 2022 : les États généraux de la justice, la construction collective et démocratique d'un diagnostic partagé sur l'état d'un service public

Pendant six mois, d'octobre 2021 à avril 2022, à la demande du président de la République et sous le pilotage du garde des Sceaux, un comité indépendant des « États généraux de la justice », présidé par le vice-président honoraire du Conseil d'État (J.-M. Sauvé) et composé notamment de représentants du Parlement, d'universitaires et de magistrats, a conduit des travaux visant à mener « une réflexion approfondie et sans tabou sur les maux d'une institution au cœur du fonctionnement de la République ».

Ce comité a organisé une vaste consultation ouverte à tous les publics (citoyens comme professionnels de la justice), des auditions et consultations d'un grand nombre d'acteurs du monde judiciaire ou le côtoyant (police nationale et gendarmerie, notaires, associations, organisations syndicales, etc.), des visites de terrain et phases d'immersion. Il a par ailleurs mis en place des groupes de travail – dont certains sectoriels – composés d'acteurs de la justice et d'experts. L'objectif de cette démarche était de formuler un état des lieux sur la justice en

France et d'aboutir à des propositions précises à remettre au gouvernement.

À la connaissance des auteurs de ce rapport sur l'état des services publics, cette démarche est inédite, notamment par l'ampleur des consultations menées — y compris en associant les citoyens — et des moyens octroyés à l'exercice, ainsi que par la liberté de ton donnée aux rédacteurs du rapport final et le caractère systémique des propositions de réformes formulées.

Cette expérience devrait devenir une démarche de référence pour l'ensemble des services publics, qui ont également besoin d'un diagnostic d'ensemble éclairé par les faits et élaboré avec les usagers, et de propositions systémiques et radicales si nécessaire, de nature à améliorer les conditions d'exercice des agents publics et la qualité du service public rendu. Son intérêt demeurera toutefois dépendant de la mise en œuvre effective des mesures nécessaires dégagées au stade du diagnostic.

04

ÉGALITÉ FACE À LA LOI

De la répartition des moyens à la sévérité des peines, des inégalités de traitement en fonction des formes de criminalité

Évolution des effectifs par action du programme Police nationale de 2010 à 2020 (ETPT)

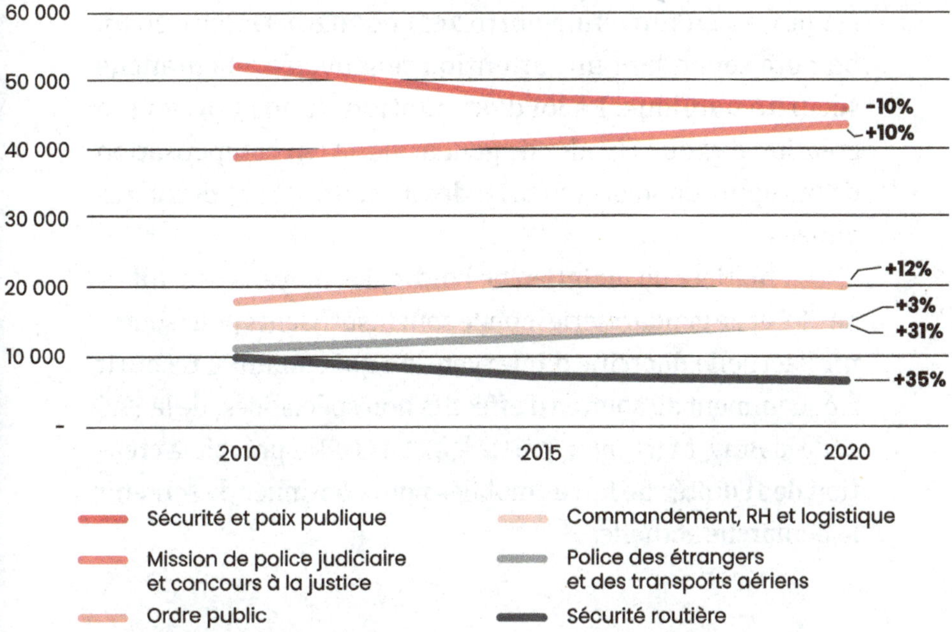

Source: Cour des comptes, 2021.

1. Une attribution des moyens de sécurité tributaire des orientations politiques

L'attribution des moyens aux différentes missions en matière de sécurité et de justice est le reflet direct de priorités politiques en la matière. Dès lors, le renforcement des effectifs de sécurité dans la dernière décennie a été très variable selon les branches concernées.

Ainsi, la période de 2015 à 2020 a été marquée par un ciblage des renforts sur les politiques de lutte contre l'immigration irrégulière et aux contrôles aux frontières (+14 % d'effectifs entre 2015 et 2020) et dans une moindre mesure de la police judiciaire (+6 %).

En matière de sécurité publique, le recul des effectifs présents sur le terrain est marqué depuis une décennie (-2 points en moyenne entre 2011 et 2020). Depuis 2020, on note cependant une attention renouvelée à la branche sécurité publique. La loi d'orientation de 2023 prévoit la création de 200 brigades de gendarmerie (en compensation de la suppression de 500 brigades au cours des 15 dernières années).

En matière de maintien de l'ordre, les moyens des unités de CRS et de gendarmerie mobile sont insuffisants pour soutenir l'actuelle doctrine d'intervention qui conduit à recourir fréquemment au soutien d'effectifs non spécialisés, de la BAC et de la Brav-M (*cf. infra*, partie 5.4). La LOPMI prévoit la création de 11 unités de forces mobiles pour continuer de soutenir la démarche actuelle.

2. Les moyens déployés sont très hétérogènes en fonction des types de délinquance et de mission considérés

Le Parlement, par l'intermédiaire de la loi pénale, établit une hiérarchie dans la gravité des faits commis, et donc des préjudices causés à la société, en distinguant les contraventions, les délits et les crimes. Pourtant, certains types de délinquance bénéficient d'une attention et de moyens disproportionnés par rapport à leur fréquence dans la société, sans qu'il soit possible d'établir que cela soit lié à leur gravité.

En tout état de cause, l'allocation des moyens — par définition limités — en matière de justice et de sécurité, aujourd'hui orientée pour répondre avant tout à des enjeux de communication de court terme, ne permet pas de construire une stratégie de long terme de nature à répondre aux besoins des citoyens en matière de sécurité et de justice.

1. Les moyens dédiés à la lutte contre le trafic de stupéfiants et contre l'immigration illégale sont en augmentation constante malgré une efficacité limitée

Politique prioritaire pour le gouvernement, la lutte contre le trafic de stupéfiants concentre, avec la lutte contre l'immigration illégale, une part considérable des moyens financiers, opérationnels et humains des forces de sécurité. Cela s'illustre par la mise en œuvre de nouvelles stratégies locales de sécurité privilégiant le recensement et le démantèlement systématique des « points de deal » par la présence renforcée d'effectifs de sécurité publique et d'unités de force mobile.

S'ils peuvent parfois rétablir temporairement la tranquillité d'une rue au bénéfice de la population, ces déploiements d'effectifs parviennent difficilement à endiguer les réseaux de trafiquants de drogue ancrés localement et structurés au niveau international, et peinent à montrer leur efficacité malgré les moyens investis, de l'avis même des forces de l'ordre[1]. Dans le même temps, la répartition des moyens d'investigation ne permet pas de traiter efficacement les stocks importants que ces affaires génèrent.

Ce ciblage des moyens sur le trafic de stupéfiants peut s'expliquer par plusieurs motifs d'ordre politique, dont notamment la visibilité de cette délinquance dans l'espace public, et la visibilité subséquente des interpellations et des

[1] Voir l'étude de Terra Nova réalisée en octobre 2020, « Cannabis: pour une autre stratégie policière et pénale », Mathieu Zagrodzki. Extrait p. 16 : « L'impression générale qui ressort est de "vider l'océan avec une petite cuillère", de déplacer les problèmes ou encore de juste retarder les choses, les dealers interpellés quand une affaire est menée à son terme étant rapidement remplacés et le trafic reprenant de ce fait très rapidement, étant entendu que les quantités de produit saisies ne sont qu'une goutte d'eau dans ce marché très lucratif. »

investigations conduites pour la réduire, comme en témoignent les nombreuses opérations de communication organisées lors de saisies de substances illicites ou de démantèlement de points de trafic. Selon l'INSEE, la quasi-totalité des infractions à la législation sur les stupéfiants sont élucidées[1], ce qui en fait un objet de communication efficace, à l'instar des atteintes aux personnes[2], et à la différence des vols sans violence contre des personnes, des cambriolages de logements ou des vols liés aux véhicules (taux d'élucidation de moins de 8 % au bout d'un an en 2021).

Si la nouvelle stratégie de lutte contre le trafic de stupéfiants de proximité permet à court terme de déplacer les nuisances causées par le trafic, elle ne traite pas le problème de fond de sa rentabilité. Selon une étude[3] commandée en 2021 par le Collectif pour une nouvelle politique des drogues (CNPD), qui regroupe 19 organisations parmi lesquelles Médecins du monde, ASUD (Autosupport des usagers de drogues), la Fédération Addiction, Police contre la prohibition ou le Syndicat de la magistrature, une majorité de Français considèrent que la politique de répression mise en place depuis la pénalisation des drogues en 1970 n'est efficace ni pour faire reculer le trafic, ni pour prévenir la consommation de drogues. Les Français restent en effet les plus gros consommateurs de cannabis d'Europe[4].

[1] « 97 % des infractions constatées en 2019 ont été élucidées au bout de trois mois, et 99 % dans l'année qui a suivi. » Source : *Sécurité et société*, édition 2021, sur le site de l'INSEE.

[2] Plus de la moitié des atteintes aux personnes enregistrées en 2021 sont élucidées au bout d'un an, en particulier les homicides (74 % au bout d'un an).

[3] *Le Monde*, « Une très forte majorité de Français interrogés favorables à "un débat sur la politique des drogues" », 21 janvier 2021.

[4] Observatoire européen des drogues et des toxicomanies (OEDT), Rapport européen sur les drogues 2021, tendances et évolutions, p. 51.

2. Les moyens octroyés à la lutte contre les violences intrafamiliales ou contre les accidents mortels du travail sont insuffisants pour permettre une amélioration des résultats

L'enjeu des moyens consacrés aux violences contre les femmes est mis en lumière de manière croissante dans le débat public, à la fois au regard de leur prévalence (en 2021, les services de sécurité ont enregistré 208 000 victimes de violences conjugales, soit une augmentation de 21 % par rapport à 2020)[1] et du fait des annonces successives de priorisation politique (grande cause nationale en 2017 et 2018).

Selon un rapport sénatorial de 2020[2], si cette politique a fait l'objet d'une augmentation progressive de moyens depuis 2010, les annonces de moyens nouveaux s'appuyaient en réalité souvent sur des mesures déjà existantes et déjà financées[3]. En particulier, le montant annoncé d'un budget d'1,1 milliard d'euros (pour 2020) — montant identifié comme le budget public annuel nécessaire pour une action permettant aux femmes victimes de violences conjugales d'en sortir[4] — ne correspondait que pour moitié à des crédits réellement disponibles (crédits de paiement).

Compte tenu de la hausse des plaintes enregistrées, cela se traduit par un retard dans le traitement des plaintes, qui ne se

[1] Service statistique ministériel de la sécurité intérieure, *Interstats Analyse* n° 53 — Les violences conjugales enregistrées par les services de sécurité en 2021.

[2] Rapport d'information n° 602 (2019-2020), déposé le 8 juillet 2020 : https://www.senat.fr/rap/r19-602/r19-6021.pdf.

[3] Par exemple, les postes d'intervenants sociaux en commissariats et gendarmeries, psychologues, ou encore de correspondants locaux de lutte contre les violences intrafamiliales annoncés dans le cadre du Grenelle de la lutte contre les violences conjugales de 2019 existaient déjà.

[4] Rapport 2018 du Haut Conseil pour l'égalité entre les hommes et les femmes: *Où est l'argent contre les violences faites aux femmes?*; montant correspondant à l'hypothèse haute, réalisée à partir du nombre de femmes déclarant des violences conjugales.

résorbe pas. Ainsi, dans le champ de l'investigation, seulement 38 % des cas de violences sexuelles enregistrés sont élucidés en moins de trois mois, contre 62 % des homicides, et 61 % des coups et blessures volontaires en 2021. Par ailleurs, selon l'INSEE (enquête Cadre de vie et sécurité), seulement 0,6 % des viols ou tentatives de viol auraient donné lieu à une condamnation en 2020[1].

Pour accélérer le traitement du stock et du flux, et mieux accompagner les victimes, la loi LOPMI prévoit le doublement du nombre d'enquêteurs spécialisés (4 000 contre 2 000 aujourd'hui) et des intervenants sociaux police-gendarmerie (600 contre 400 actuellement). La possibilité de porter plainte en dehors d'un commissariat, et y compris en ligne ou en visioconférence *via* l'application « Ma sécurité », va être généralisée.

De la même façon, on constate que la question de la lutte contre les accidents mortels du travail fait l'objet d'un sous-investissement chronique. En effet, alors que le nombre de morts d'accident du travail a continuellement crû pour passer d'environ 500 à environ 750 par an depuis une dizaine d'années (+50 %)[2], on constate que les délais de traitement par les différentes autorités sont particulièrement longs : lorsque l'affaire est poursuivie par un tribunal, il s'écoule en moyenne 4 ans entre la transmission du procès-verbal par l'inspection du travail au procureur de la République et une éventuelle date d'audience. S'agissant du volet judiciaire, les lacunes s'expliquent en partie par l'absence de stratégie pénale en la matière, en particulier en matière de répression des « patrons voyous ».

[1] *Le Monde*, « Violences sexistes et sexuelles: "Le faible nombre de condamnations incite à trouver de nouvelles façons de travailler" », Magali Lafourcade, octobre 2022.

[2] Assurance maladie et Eurostat: *Accidents de travail mortels par 100 000 travailleurs, par sexe.*

3. La lutte contre la criminalité économique et financière, notamment la délinquance dite « en col blanc », fait l'objet d'un faible investissement politique et budgétaire

Un rapport de 2020 établi par trois corps d'inspection de l'État (IGF/IGA/IGJ[1]) sur les moyens alloués à la lutte contre la délinquance économique et financière[2] montre que cette catégorie de criminalité fait l'objet d'une attention politique limitée, de moyens insuffisants et fait état de résultats « globalement décevants[3] ».

La mission souligne par exemple que, toutes infractions confondues, le délai moyen entre la date des faits et celle de la condamnation était de onze mois pour les condamnations intervenues en 2018, sauf en matière économique et financière où ce délai dépassait trois ans, voire cinq pour la fraude fiscale et les infractions aux prestations sociales. Le rapport note que le ministère de l'Intérieur « considère que cette délinquance ne constitue pas une priorité au regard d'autres enjeux », comme le terrorisme, la lutte contre le trafic de stupéfiants et les atteintes aux biens, et ce bien que la complexité des infractions rende pourtant nécessaire une approche interministérielle poussée et des moyens conséquents.

La dispersion des moyens, la complexité de l'organisation et le manque d'effectifs spécialisés, dans la police et la gendarmerie comme dans la magistrature, nuisent à l'efficacité du traitement de dossiers, qui sont souvent complexes et nécessitent un

[1] Respectivement Inspection générale de l'administration, Inspection générale des finances et Inspection générale de la justice.

[2] Elle concerne des infractions très hétérogènes comme les atteintes à la probité (corruption, trafic d'influence, prise illégale d'intérêt, etc.), la délinquance financière (abus de biens sociaux, délits boursiers, etc.), les infractions fiscales et douanières, le blanchiment, la délinquance dite « astucieuse » (abus de confiance, extorsion, escroquerie, etc.), et les infractions à la législation du travail.

[3] Rapport d'inspections IGA/IGF/IGJ, « Évaluation des moyens alloués à la lutte contre la délinquance économique et financière », avril 2020.

haut niveau de technicité. Même là où la délinquance économique et financière a bénéficié de moyens dédiés — par exemple *via* la création des groupes d'intervention régionaux (GIR) permettant d'entraver les délinquants *via* le volet patrimonial en l'absence de justification de ressources, dans une perspective de lutte contre le blanchiment — ces outils ont souvent été mobilisés surtout contre le trafic de stupéfiants. Cette lacune est confirmée par le récent rapport d'évaluation de la France par le GAFI[1], paru en 2022, qui note notamment que « malgré une augmentation des effectifs, le manque de ressources en enquêteurs spécialisés a un impact sur les délais d'investigation, en particulier dans les cas complexes de blanchiment de capitaux[2] ».

La mobilisation limitée des forces de l'ordre et de la justice en la matière ne semble pas pouvoir s'expliquer par une raréfaction de ce type de délinquance. À titre d'illustration, les atteintes à la probité (corruption, détournement de fonds publics, prise illégale d'intérêts, favoritisme, etc.) constatées par les services de police et de gendarmerie ont augmenté de 28 % entre 2016 et 2021, selon une étude du ministère de l'Intérieur et de l'Agence française anticorruption publiée en octobre 2022[3]. Elle ne peut pas non plus s'expliquer par la faible importance des montants en jeu ; à titre illustratif, l'INSEE estime que la fraude à la TVA aurait atteint entre 20 et 26 milliards d'euros[4] en 2012, et le syndicat Solidaires Finances

[1] Groupe d'action financière, organisation intergouvernementale qui fixe les normes internationales en matière de blanchiment des capitaux et de financement du terrorisme et évalue leur mise en œuvre par les pays membres.

[2] GAFI, *Les mesures de la France pour lutter contre le blanchiment de capitaux et le financement du terrorisme*, 17 mai 2022.

[3] Interstat, *Analyse* n° 50, « Les atteintes à la probité enregistrées par la police et la gendarmerie depuis 2016 ».

[4] Blog de l'INSEE : *Estimer la TVA non recouvrée à partir des contrôles fiscaux*, 16 décembre 2022.

publiques estime que la fraude fiscale globale atteindrait annuellement entre 80 et 100 milliards d'euros en France.

3. La sévérité des peines semble différer en fonction du type de criminalité considéré et de son degré de priorisation politique

La réponse pénale, théoriquement proportionnée à la gravité des faits et à la personnalité de l'auteur, peut prendre trois formes, de la plus légère à la plus lourde : une procédure alternative aux poursuites (36 % des auteurs poursuivables en 2019), une composition pénale (5 %), ou une poursuite devant une juridiction d'instruction ou de jugement (49 %), cour d'assises, tribunal correctionnel ou juridiction pour mineurs[1].

La réponse pénale en matière de stupéfiants apparaît particulièrement diligente. D'après une enquête de l'INSEE de 2021[2], en 2019, les affaires traitées par les parquets ont concerné 160 000 auteurs, dont les trois quarts pour des faits d'usage de stupéfiants. Après un premier examen par le parquet, 16 % des affaires concernant des auteurs de trafic et 3 % des auteurs d'usage ne sont pas poursuivables[3]. Quand les affaires sont poursuivables, la quasi-totalité des auteurs font l'objet d'une réponse pénale (98 %), dont la moitié de mesures alternatives aux poursuites pour des cas d'usage de drogues. Néanmoins, depuis le 1er septembre 2020, la réponse pénale a évolué avec

[1] Source précitée: *Sécurité et société*, INSEE Références, édition 2021.

[2] Source précitée: *Sécurité et société*, INSEE Références, édition 2021, chapitre 2.7.

[3] Affaire non poursuivable: affaire traitée par le parquet qui a été classée sans suite parce que les poursuites étaient impossibles, soit pour un motif de fait (auteur inconnu par exemple), soit pour un motif de droit (absence d'infraction par exemple). Affaire poursuivable: affaire traitée par le parquet dans laquelle il n'existe aucun motif de fait ou de droit rendant impossible la poursuite devant une juridiction pénale. Une affaire poursuivable peut donner lieu à un classement sans suite pour inopportunité de la poursuite, à une alternative à la poursuite, à une composition pénale, ou à une poursuite.

l'introduction de l'amende forfaitaire délictuelle (AFD) pour usage de stupéfiants, dressée par les forces de l'ordre, par ailleurs pointée du doigt par la Commission nationale consultative des droits de l'homme[1] pour la perte de garanties qu'elle entraîne pour les justiciables. Ainsi, le nombre d'AFD dressées, qui concernent majoritairement des hommes jeunes[2], est passé de 106 476 en 2021 à 143 447 en 2022 (+ 34 %)[3]. Pour les auteurs de trafic, le taux de poursuite est de 63 %, soit un taux largement supérieur à la moyenne toutes infractions confondues (53,6 %). Devant les tribunaux, les auteurs de trafic sont sanctionnés dans 86 % des cas d'une peine d'emprisonnement, en tout ou partie ferme pour la moitié d'entre eux.

Par contraste, la réponse pénale à la délinquance économique et financière se caractérise, comparativement à la délinquance de droit commun, par un faible taux moyen de poursuites (29,7 % contre 53,6 % toutes infractions confondues) et, corrélativement, un recours important aux alternatives aux poursuites. Ainsi, par exemple, les infractions à la législation sur les sociétés donnaient lieu, en 2018, à des procédures alternatives aux poursuites par le parquet dans près de 92 % des cas. En outre, le taux de relaxe, à 9,3 %, est élevé et supérieur à la moyenne tous contentieux confondus (6,5 %). Par ailleurs, les personnes condamnées pour délits de favoritisme — qui sont, par définition, commis par des personnes en mesure d'en favoriser d'autres — sont, selon le rapport, « presque exclusivement

[1] CNCDH, *Généralisation de l'amende forfaitaire délictuelle: Un recul des droits pour les justiciables*.

[2] Selon le document « Insécurité et délinquance en 2021 : bilan statistique » publié par le ministère de l'Intérieur en juin 2022, les mis en cause pour usage de stupéfiants ayant fait l'objet d'une AFD sont jeunes: en 2021, près de huit mis en cause sur dix (78 %) ont moins de 30 ans et la moitié (55 %) a moins de 24 ans.

[3] Ministère de l'Intérieur, *Bilan 2022 de la lutte contre les drogues*.

sanctionnées de peines symboliques[1] ». Ce traitement inégal des types de délits recoupe, par construction, des groupes de population différents et témoigne d'une priorisation politique qui pose question.

[1] Médiapart, *Un rapport pointe une lutte insuffisante contre la délinquance en col blanc.*

05

RESPECT DES DROITS FONDAMENTAUX

Des atteintes récurrentes aux droits des citoyens et des défaillances dans la protection des libertés publiques

Population carcérale et capacité opérationnelle en France depuis 1990

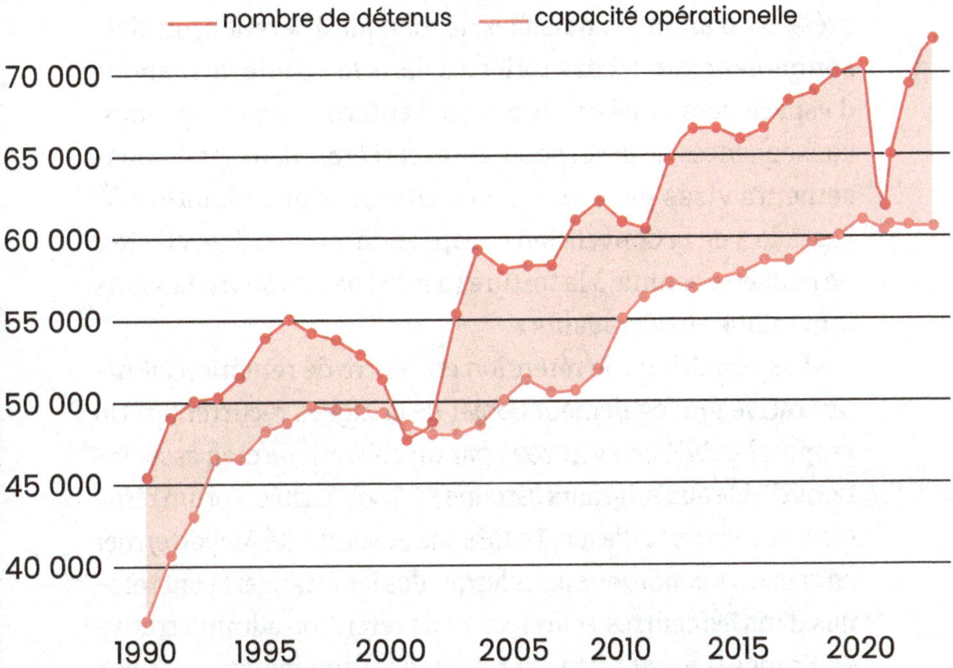

Source : Observatoire des disparités de la justice pénale, juillet 2022, d'après statistiques DAP au 1er janvier de chaque année.

1. La surpopulation carcérale et la dégradation des établissements pénitentiaires au détriment des droits fondamentaux des justiciables

La surpopulation carcérale (*cf.* partie 3.3) et le mauvais état des infrastructures pénitentiaires (en particulier les maisons d'arrêt) conduisent à une prise en charge indigne des détenus. La France a été plusieurs fois condamnée par la Cour européenne des droits de l'homme (CEDH) pour violation de la convention du fait de traitements inhumains et dégradants.

Ainsi, par exemple, la CEDH relevait, dans un arrêt du 30 janvier 2020, Affaire J.M.B. et autres contre France[1], que la présence d'animaux nuisibles, le manque d'aération, un cloisonnement partiel des toilettes dans la cellule, le manque d'espace personnel et des temps d'enfermement trop longs, conséquences de la surpopulation carcérale dans les établissements visés par l'arrêt, constituaient une violation de l'article 3 de la Convention européenne au titre duquel « Nul ne peut être soumis à la torture ni à des peines ou traitements inhumains ou dégradants ».

Les conditions de rétention en centre de rétention administrative font également l'objet de critiques récurrentes. Un rapport[2] publié en avril 2023 par un collectif de cinq associations d'aide aux migrants (Groupe SOS Solidarités, Forum réfugiés, France terre d'asile, La Cimade et Solidarité Mayotte) met en cause les conditions dans lesquelles les étrangers sont retenus dans les centres et les locaux de rétention administrative en France (LRA et CRA), en raison notamment d'un manque d'effectifs dû à la faible attractivité de ces postes. Il dénonce en particulier la rétention de mineurs qui représenteraient près de 11 % des personnes en CRA à Mayotte. La durée moyenne de rétention a doublé depuis 2017 pour atteindre 23 jours en France métropolitaine, alors que les reconduites à la frontière sont souvent réalisées dans les premiers jours lorsqu'elles sont possibles. La loi LOPMI prévoit le doublement du nombre de places en CRA mais pas d'amélioration de la qualité de prise en charge. Par ailleurs, si le futur projet de loi immigration devrait proposer la fin de la rétention des mineurs, cette mesure ne concernerait *a priori* que l'Hexagone et exclurait Mayotte.

[1] Affaire n° 9671/15.

[2] La Cimade, *Centres et locaux de rétention administrative, rapport national et local*, 2022.

2. L'allongement des délais pour rendre la justice et les conditions matérielles d'organisation des audiences peuvent conduire à un non-respect des droits fondamentaux

Parmi les caractéristiques du procès équitable prévues par la Convention européenne des droits de l'homme figure le droit, pour tout justiciable, à ce que sa cause soit entendue dans un « délai raisonnable ». En France, son application se heurte à la surcharge des divers ordres juridictionnels.

L'allongement des délais de la justice a en effet conduit la France à être régulièrement condamnée par la Cour européenne des droits de l'homme pour non-respect de ce « délai raisonnable » tel que prévu par l'article 6 § 1 de la Convention, ainsi libellé : « Toute personne a droit à ce que sa cause soit entendue [...] dans un délai raisonnable, par un tribunal [...], qui décidera soit des contestations sur ses droits et obligations de caractère civil, soit du bien-fondé de toute accusation en matière pénale dirigée contre elle[1]. » Ainsi, par exemple, dans la justice civile, lorsqu'il faut attendre 12 mois pour un divorce simple ou 15 mois pour rencontrer le juge aux affaires familiales hors divorce, on peut considérer que l'accès au droit dans les conditions prévues par la Convention européenne des droits de l'homme n'est pas garanti.

Dans le domaine pénal, si les délais ont tendance à se raccourcir avec le développement des procédures accélérées (comparution immédiate, comparution sur reconnaissance préalable de culpabilité)[2], les conditions d'organisation matérielle des audiences en comparution immédiate peuvent s'avérer problématiques pour assurer la défense de la personne mise

[1] Voir par exemple l'affaire Goetschy c. France, arrêt du 8 février 2018.
[2] https://www.insee.fr/fr/statistiques/5763627?sommaire=5763633#titre-bloc-14.

en cause. En effet, compte tenu de leur multiplication et du manque de moyens (notamment de salles), il est fréquent que ces audiences se tiennent à une heure avancée de la nuit, ce qui affecte les conditions de défense des individus concernés.

De surcroît, l'allongement des délais de justice peut conduire à des périodes de détention provisoire très longues, où une personne est privée de sa liberté sans être déclarée coupable. En France, selon l'Observatoire des prisons, la détention provisoire — pourtant censée demeurer l'exception et non la règle — est tendanciellement en hausse depuis 2015, notamment du fait de l'augmentation du recours à la comparution immédiate, avec environ 50 000 personnes placées en détention provisoire en 2015, pour 55 000 en 2017 et près de 61 000 en 2021[1]. Cela peut conduire à des situations contrevenant aux dispositions de l'article 5 paragraphe 3 de la Convention européenne des droits de l'homme, relatif au droit à la liberté et à la sûreté, qui prévoit que toute personne doit être jugée dans un délai raisonnable ou libérée pendant la procédure. Ainsi, la CEDH a condamné la France en estimant qu'une période de détention provisoire de plus de 4 ans et 3 mois n'était pas acceptable si elle n'est pas strictement justifiée, au regard notamment de la gravité des faits reprochés à la personne mise en examen et de la complexité des investigations nécessaires[2].

- 15 mois : temps d'attente pour rencontrer le juge aux affaires familiales hors divorces (12 mois pour les divorces).
- 61 000 personnes placées en détention provisoire en 2021 contre 50 000 en 2015.

[1] Observatoire des prisons, section française, « Détention provisoire, l'interminable attente », 15 février 2023.

[2] *Cf.* par exemple CEDH 3 octobre 2013, Vosgien contre France, req. n° 12430/11.

3. Certaines méthodes et pratiques policières conduisent à des discriminations qui remettent en cause l'égalité des citoyens devant les institutions et devant la loi

Les méthodes d'intervention, de surveillance et de maintien de l'ordre diffèrent en fonction des territoires, avec des pratiques discriminatoires dans les quartiers populaires. Ainsi, pendant la crise sanitaire, les contrôles de respect du confinement, du couvre-feu et du port du masque ont été ciblés de façon disproportionnée dans les quartiers populaires[1]. Le taux de verbalisation en Seine-Saint-Denis a été trois fois supérieur à la moyenne nationale pendant le confinement[2]. Certaines mesures comme le couvre-feu ont pu être appliquées plus sévèrement dans les quartiers populaires : c'est le cas par exemple à Nice où la mesure devait être respectée à partir de 20 heures, contre 22 heures dans les autres quartiers. Or rien ne permettait d'établir une propension plus élevée des habitants de ces quartiers à se soustraire aux normes sanitaires, bien que les conditions de vie de nombreux habitants (logements exigus) aient rendu leur respect plus contraignant en pratique. Les contrôles des comités opérationnels départementaux antifraude (CODAF) se sont « enrichis » des contrôles pour motifs sanitaires pour réunir du renseignement et/ou entraver le trafic de stupéfiants par la fermeture temporaire, et ce de façon spécifiquement ciblée dans les quartiers populaires.

[1] Jérémie Gauthier, « État d'urgence sanitaire : les quartiers populaires sous pression policière », in Solène Brun et Patrick Simon (dir.), Dossier « Inégalités ethno-raciales et pandémie de coronavirus », *De facto* [en ligne], 19 mai 2020, mis en ligne le 15 mai 2020.

[2] Libération, « Bilan, confinement : en Seine-Saint-Denis, un taux de verbalisation trois fois plus important qu'ailleurs », 26 avril 2020.

En 2019, des cellules de lutte contre l'islamisme radical (CLIR) ont été mises en place dans toutes les préfectures pour lutter contre le « séparatisme islamiste ». Les préfets s'appuient sur la circulaire datant du 27 novembre 2019 intitulée « Lutte contre l'islamisme et les différentes atteintes aux principes républicains », mais celle-ci ne comprend aucune définition précise de ce phénomène[1], ce terme étant parfois utilisé de façon interchangeable avec d'autres (« communautarisme », « repli identitaire », « islam politique », « actes contraires aux valeurs de la République »). Or ce flou doctrinal favorise l'inscription arbitraire ou insuffisamment justifiée de commerces ou d'associations dans le suivi des CLIR, en particulier dans un contexte de pression politique forte et d'injonctions à « faire remonter » des cas, imposées à toutes les préfectures (signalements d'associations séparatistes, suggestions de dissolutions).

Les contrôles d'identité ciblent aussi de façon disproportionnée les personnes racisées. Une enquête publiée en 2017 par le Défenseur des droits 2 met en évidence que les jeunes perçus comme noirs ou arabes ont vingt fois plus de risques d'être contrôlés que les autres. Ces personnes risquent aussi davantage d'avoir une relation dégradée avec les forces de sécurité[3]. L'État a fait l'objet de condamnations pour « faute lourde » en raison de ces discriminations[4]. Par ailleurs, ces contrôles d'identité permettent rarement de réprimer ou de prévenir la commission d'un délit ou d'un trouble à l'ordre public, ou de

[1] Secrétariat général du comité interministériel de prévention de la délinquance et de la radicalisation, *Stratégie gouvernementale contre le séparatisme.*

[2] Défenseur des droits, *Enquête sur l'accès aux droits: Relation police/population, le cas des contrôles d'identité.*

[3] Selon l'enquête, 40 % des personnes affirment avoir été tutoyées (contre 16 % pour la population générale), 21 % insultées (contre 7 %). 20 % disent aussi avoir été brutalisées lors du dernier contrôle.

[4] Cour d'appel de Paris, 24 juin 2015.

nourrir une enquête, ce qui est pourtant leur objectif au titre de l'article 78-2 du code de procédure pénale.

4. Les pratiques adoptées en matière de maintien de l'ordre, en particulier lors des manifestations, menacent l'exercice des libertés publiques et individuelles

Le maintien de l'ordre doit permettre l'exercice de la liberté de manifester tout en assurant la sécurité des personnes et des biens, en obéissant à un critère d'absolue nécessité pour l'usage de la force, et en respectant sa proportionnalité, ainsi que la priorité donnée au dialogue, à la désescalade et à l'évitement de la confrontation. Depuis des années, le Commissariat aux droits de l'homme de l'Organisation des Nations unies, le Conseil de l'Europe, la Commission nationale consultative des droits de l'homme (CNCDH), le Défenseur des droits[1] et plusieurs organisations non gouvernementales mettent régulièrement en cause certaines pratiques des forces de sécurité françaises, dont en particulier un recours à la force parfois excessif et irrégulier dans le cadre du maintien de l'ordre.

Cette situation est aggravée par une doctrine qui autorise le recours à certaines techniques telles que la « nasse » (ou encerclement) et à des armes de capacité intermédiaire dites « moins létales » (lanceurs de balles de défense LBD ou « flash-ball ») et des grenades de désencerclement, qui ne permettent pas de cibler efficacement des individus ni de garantir le respect de l'intégrité physique des manifestants dans le cadre du maintien de l'ordre.

[1] Défenseur des droits, *Manifestations: La défenseure des droits rappelle ses recommandations sur le respect des règles de déontologie par les forces de sécurité*, mars 2023.

Quatre ans après les manifestations des Gilets jaunes marquées par plus de 19 000 tirs de LBD, et de nombreux blessés[1] notamment oculaires, le début de l'année 2023 a été marqué par de nombreux incidents au cours des manifestations contre la réforme des retraites : 17 enquêtes ont ainsi été ouvertes à l'IGPN entre le 19 janvier et le 27 mars, tandis que la Défenseure des droits avait été saisie près de 90 fois début avril[2].

Dans un rapport publié en mai[3], la contrôleure générale des lieux de privation de liberté dénonce de surcroît des atteintes graves aux droits fondamentaux des gardés à vue après des manifestations contre la réforme des retraites, soulignant le caractère « massif et préventif » et donc illégal de ces arrestations, 80 % d'entre eux ayant été libérés sans poursuites judiciaires. En effet, **le seul fait de participer à une manifestation non déclarée ne constitue pas un délit, tant que les forces de l'ordre n'ont pas exigé la dispersion après deux sommations**, comme le rappelle la CNCDH dans un avis publié le 23 mars 2023[4]. La contrôleure générale des lieux de privation de liberté considère que cette pratique constitue « une instrumentalisation des mesures de garde à vue à des fins répressives ».

Pour compenser d'anciennes suppressions de poste et soutenir la doctrine actuelle de maintien de l'ordre, la police nationale recourt à l'envoi d'agents de sécurité publique de la brigade anti-criminalité (BAC) et de la nouvelle brigade de répression de l'action violente motorisée (Brav-M) pour

[1] Entre novembre 2018 et novembre 2019, 2 500 manifestants et 1 800 membres des forces de l'ordre ont été blessés, selon les chiffres du ministère de l'Intérieur.

[2] *Ouest-France*, « Retraites. La Défenseure des droits a reçu 90 saisines liées au maintien de l'ordre en manifestation », 4 avril 2023.

[3] Contrôleur général des lieux de privation de liberté, *Enquête sur les mesures de garde à vue prises dans le contexte des manifestations contre la réforme des retraites*, 3 mai 2023.

[4] CNCDH, *Liberté de manifester et liberté de la presse en danger.*

procéder aux interpellations, mais ces derniers ne sont pas formés au maintien de l'ordre, contrairement aux CRS et aux gendarmes mobiles. La Brav-M est particulièrement décriée pour ses méthodes, et des comportements inadaptés[1]. Elle a fait l'objet d'une pétition exigeant sa suppression qui a rassemblé 246 000 signatures, sans être pour autant débattue à l'Assemblée nationale[2].

Au-delà des techniques de maintien de l'ordre, l'interdiction de plus en plus fréquente de certaines manifestations, ainsi que les stratégies d'interpellations massives (dont certaines préventives) et de judiciarisation de l'ordre public, constituent autant d'entraves sérieuses à la liberté de manifester, à la liberté d'expression et à la liberté d'aller et venir, droits consacrés par la Déclaration des droits de l'homme et du citoyen et la Convention européenne des droits de l'homme.

S'il n'existe qu'une obligation de déclaration et non pas d'autorisation préalable[3] pour organiser une manifestation, le droit français laisse la possibilité aux autorités compétentes d'interdire une manifestation en cas de « réel danger » de troubles graves à l'ordre public et d'absence d'autre moyen que l'interdiction pour contenir ces troubles. Or ce danger est interprété de façon large, comme en témoignent les arrêtés pris sur instruction du ministre de l'Intérieur visant à interdire les « concerts de casseroles[4] » en anticipation de déplacements présidentiels et ministériels, la manifestation du collectif Adama Traoré le 8 juillet 2023, afin de prévenir « des troubles à l'ordre public » à la suite de la mort de Nahel ou encore les

[1] Libération, « Témoignage, Après les insultes et les coups, les Brav-M accusées d'agression sexuelle par le jeune manifestant tchadien ».

[2] Libération, « Maintien de l'ordre, Dissolution de la Brav-M : après la pétition enterrée, l'Assemblée refuse un débat dans l'hémicycle ».

[3] Décret-loi du 23 octobre 1935.

[4] France Bleu, « Réforme des retraites : existe-t-il des arrêtés anti-casseroles ? »

manifestations de l'ultradroite, afin de prévenir le risque de propos contraires aux valeurs de la République[1]. **La jurisprudence de la Cour européenne des droits de l'homme rappelle pourtant dans sa décision Faber de 2012 que l'autorité publique doit garantir le droit de manifester, y compris lorsque la manifestation défend des idées pouvant être jugées dérangeantes ou choquantes.** La banalisation des mesures d'interdiction est un dangereux précédent, celles-ci pouvant alors concerner toutes les oppositions ayant un discours jugé non conforme. Certains arrêtés ont fait l'objet de suspension par le tribunal administratif.

FAITS MARQUANTS DE L'ANNÉE Évolutions législatives récentes : l'ordre public à tout prix ?

Pour reprendre les termes du sociologue Christian Mouhanna, l'ordre n'est pas « l'absence de bruit, de contestation, de conflit » qui sont consubstantiels à une société démocratique et libre. Or, au-delà de la doctrine de maintien de l'ordre, l'ensemble de notre arsenal législatif et réglementaire ne cesse, au nom de l'ordre et de la sécurité, d'accroître les moyens de surveillance des populations et d'encadrer de plus en plus strictement les libertés publiques fondamentales que sont le droit de manifester et celui d'aller et venir.

Pour ne citer que quelques exemples très récents depuis 2020 :

- la loi du 25 mai 2021 dite « sécurité globale[2] » institutionnalise le rôle des sociétés de sécurité privée qui peuvent se voir confier des missions par les préfets, notamment dans le cadre

[1] *Le Monde*, « Gérald Darmanin demande aux préfets d'interdire toutes les manifestations de l'ultradroite ».

[2] Plusieurs dispositions inquiétantes avaient été censurées par le Conseil constitutionnel, notamment le transfert d'attributions de police judiciaire vers les polices municipales, l'usage de drones en surveillance des manifestations ou le délit de provocation à l'identification de policiers.

de grands événements (coupe du monde, JO) et dans la protection d'individus contre les actes de terrorisme;

- la loi relative à la responsabilité pénale et à la sécurité intérieure (RPSI) de janvier 2022, complétée par le décret du 19 avril 2023, rend possible l'utilisation des drones pour la surveillance des manifestations, dénoncée par l'ONG Amnesty International pour son caractère dissuasif[1], mais aussi pour «la surveillance des frontières», pour «la prévention des atteintes à la sécurité des personnes et des biens dans des lieux particulièrement exposés» à des délits, «pour maintenir ou rétablir l'ordre public» ou pour la prévention d'actes terroristes; signe que cette autorisation est très large: le préfet de Bordeaux vient de l'autoriser tout l'été 2023 pour réprimer les rodéos urbains[2];

- la loi du 24 janvier 2023, dite LOPMI, prévoit l'extension du dispositif d'amende forfaitaire délictuelle — qui consiste à déléguer un pouvoir judiciaire aux policiers et aux gendarmes — à 29 nouvelles infractions[3], dont l'entrave à la circulation, qui pourrait être appliquée à des manifestations selon la Ligue des droits de l'homme; elle durcit également les sanctions en cas de refus d'obtempérer;

- le nouveau projet de loi relatif aux Jeux olympiques et paralympiques de 2024 autorise le recours aux caméras augmentées et à des scanners corporels pour toute grande manifestation sportive, et augmente la répression des intrusions en établissements sportifs, ce qui pourrait dissuader des actions militantes non-violentes selon la CNCDH[4].

[1] Amnesty International, *Drones de surveillance en France, ce qu'il faut savoir*, 21 décembre 2021.

[2] France Bleu, «Rodéos urbains: la police autorisée à utiliser des drones à Bordeaux», 16 mai 2023.

[3] La loi LOPMI étend ce dispositif qui concernait 11 délits (conduite sans permis, usage de drogue...) à 29 autres: vente à la sauvette, filouterie de carburant, tags, intrusion dans un établissement scolaire, atteintes à la circulation des trains, *striking* (fait d'entrer sur un terrain de sport).

[4] CNCDH, *PJL Jeux Olympiques et paralympiques: le président de la CNCDH alerte l'Assemblée nationale.*

Ces évolutions législatives très rapides s'inscrivent dans la continuité d'une banalisation des régimes juridiques d'exception tels que le recours à l'état d'urgence, mis en œuvre en 2015 à la suite des attentats du Bataclan mais prorogé jusqu'en octobre 2017 et dont les outils, notamment la fermeture administrative de lieux de culte, la perquisition administrative, l'assignation à résidence ou la surveillance d'individus inscrits au Fichier des signalements pour la prévention de la radicalisation à caractère terroriste (FSPRT), ont été inscrits dans le droit commun par la loi renforçant la lutte contre le terrorisme de 2017.

Les lois successives relatives à l'état d'urgence sanitaire ont contribué à étendre le champ de ce contrôle en autorisant sur de longues périodes des mesures privatives de libertés (confinements, couvre-feu, interdiction de se réunir à plus de 6 personnes, mises à l'isolement, interdiction de déplacements au-delà de 1 ou de 100 km du domicile) sans que les méthodes permettant d'évaluer leur nécessité (pilotage par le taux d'incidence qui lui-même dépend de la politique de dépistage) ou de démontrer leur efficacité (effet sur le taux d'incidence) soient satisfaisantes. Elles ont rendu possible la vérification par des agents de sécurité intérieure de données de santé personnelles (statut vaccinal) et la modulation de la liberté d'aller et venir en fonction de ce statut (passe sanitaire[1]). Elles ont confié des pouvoirs nouveaux aux préfets, notamment la possibilité de renforcer ces mesures ou d'accorder des dérogations « selon les circonstances locales ».

Comme en 2015, dans l'état d'urgence lié au terrorisme qui avait vu un détournement de ces outils pour d'autres objectifs (entrave de manifestants écologistes ou syndicalistes, lutte contre l'immigration clandestine ou le trafic)[2], les mesures autorisées par l'état d'urgence sanitaire ont été utilisées à d'autres fins (lutte contre le trafic de stupéfiants avec la fermeture administrative d'établissements supports au trafic, couvre-feu à des

[1] Voir l'avis du Défenseur des droits.
[2] CNCDH, *Avis sur le suivi de l'état d'urgence.*

fins de maintien de l'ordre en Guadeloupe et lors du référendum en Nouvelle-Calédonie) sans qu'il y ait eu nécessité pour l'autorité administrative de s'en justifier.

La création par la LOPMI de la possibilité pour un préfet de déclarer un état d'urgence local pour un mois renouvelable est l'aboutissement de cette logique de banalisation, qui fait entrer dans le droit commun le recours au droit d'exception.

06

RAPPORTS ENTRE POLICE, JUSTICE ET POPULATION

Une distance croissante qui nourrit une perte de confiance

La réduction de la place de la prévention dans les missions des acteurs de la sécurité et de la justice — mais aussi parmi les acteurs sociaux — et le développement de la vidéosurveillance sont deux orientations marquantes de l'évolution des relations entre police et population durant les vingt dernières années. Elles semblent contribuer à un éloignement des citoyens de ces institutions et à des questionnements sur la confiance dans les institutions policière et judiciaire.

1. Des missions de prévention dépriorisées depuis 2003 malgré leur intérêt majeur

Depuis les années 2000, les moyens dédiés aux missions de prévention de la délinquance ont été globalement réduits. Ces missions impliquent un large panel d'acteurs : police et gendarmerie (patrouilles pédestres, délégués à la cohésion police population, permanences de gendarmerie, référents scolaires), police municipale, éducateurs de la prévention spécialisée, médiateurs de rue (souvent portés par les communes) ou encore acteurs sociaux (centres sociaux, associations d'éducation populaire) et/ou locaux (bailleurs, sociétés de transport). Depuis la loi du 5 mars 2007 relative à la prévention de la délinquance, les actions de l'ensemble de ces acteurs doivent être coordonnées par le maire dans le cadre des conseils locaux de sécurité et de prévention de la délinquance[1].

Cette réduction est marquée en ce qui concerne la prévention spécialisée, qui relève depuis 1986 de la compétence

[1] Ces CLSPD, pilotés par les maires, sont notamment obligatoires dans les villes de plus de 5 000 habitants ou comprenant un quartier dit politique de la ville.

départementale obligatoire et s'inscrit dans la protection de l'enfance, et dont les moyens financiers et humains sont réduits progressivement depuis 2010. Faute de moyens budgétaires et arguant de l'insuffisance des évaluations d'impact d'une action dont les effets ne peuvent être visibles qu'à long terme, de nombreux départements ont réduit leurs financements pérennes parfois jusqu'à 50 %[1]. À l'instar des acteurs de la médiation, rattachés à des communes ou à des centres sociaux ou associations de quartier, les associations de prévention spécialisée s'appuient sur des financements de plus en plus précaires, comme en témoigne le recours contraint à des appels à projets[2] et à des aides temporaires ou ponctuelles de l'État *via* la stratégie pauvreté ou la politique de la ville (exemple de l'opération « bataillons de la prévention » attribuant 600 postes dans 45 quartiers de France[3]). Cette précarité, dénoncée par la fédération du secteur[4], renforce les difficultés de recrutement qui touchent déjà l'ensemble des métiers du champ socio-éducatif et fragilise durement ces structures.

Depuis 2003, les missions de prévention de la gendarmerie et de la police nationale ont été parmi les premières à pâtir de la diminution des effectifs. **Lancée en 1998, la doctrine de « police de proximité » avait pour objectif de renouer le dialogue avec la population et de renforcer les missions de prévention. À la suite de l'abandon de cette doctrine à partir de 2003, les missions de prévention ont pâti de la suppression de 10 000 postes de policiers et de gendarmes entre 2007**

[1] Voir la mission d'information de 2017.

[2] On peut souligner l'exemple éclairant de l'appel à projets « Repérage et mobilisation des invisibles » porté par le ministère du Travail qui recoupe notamment la mission historique des clubs de prévention auprès des jeunes, mais pour lequel ces derniers n'étaient paradoxalement pas éligibles.

[3] « 45 quartiers prioritaires vont accueillir des "bataillons de prévention" ».

[4] Le CNLAPS défend la pérennisation du financement des postes attribués dans le cadre des « bataillons » et du plan « Pauvreté ».

et 2012, ce qui a conduit les forces de sécurité à se recentrer sur le volet police secours et répressif. Leurs interventions, souvent motorisées, sont désormais ciblées sur des interpellations, ce qui a rendu bien plus rares les occasions d'échanges avec la population dans un contexte apaisé.

Si le rétablissement d'une « police de sécurité du quotidien » avait été annoncé en 2017, elle s'est essentiellement traduite par le renforcement de 1154 effectifs dans 62 quartiers dits de « reconquête républicaine » (dont 5 en zone gendarmerie), l'encouragement des patrouilles pédestres et une démarche de concertation locale. Dans un rapport récent[1], la Cour des comptes a souligné la satisfaction des partenaires locaux, tout en regrettant l'absence d'indicateur clair pour définir ou mesurer à la fois les objectifs poursuivis ainsi que l'amélioration des relations entre police et population. Depuis 2019, le ministère de l'Intérieur a également créé 34 nouveaux postes de délégués cohésion police population (DCPP). Par ailleurs, le rôle du policier référent scolaire, qui participe à la sensibilisation des élèves sur diverses thématiques (addictions, harcèlement scolaire) et au traitement préjudiciaire des comportements délinquants des mineurs, est reconnu. La gendarmerie a de son côté mis en place des permanences, y compris dans les mairies, et devrait créer 200 nouvelles brigades en zone rurale.

Si la police municipale peut être un acteur efficace en matière de prévention et de médiation pour réduire les incivilités, assurer la propreté et la tranquillité publiques, elle apparaît de manière croissante en substitution des missions de la police nationale. En 2021, elle est implantée dans 4 555 communes, en particulier dans le sud-est de la France, pour un total de

[1] Rapport de la chambre régionale des comptes de Bourgogne, Rapport n° 11-016.

24 000 agents (+24 % entre 2002 et 2018[1]) : service municipal optionnel dès que la taille de la commune dépasse 2 000 habitants, il est également coûteux et la répartition des effectifs ne reflète pas nécessairement le besoin local. Par ailleurs, **de plus en plus de communes lui confient des missions d'intervention et de répression afin de compenser des effectifs de police nationale sur la voie publique jugés insuffisants.** Elles sollicitent de plus en plus l'armement des policiers municipaux, et les derniers débats sur la loi sécurité globale montrent une volonté d'accroître les pouvoirs judiciaires des policiers municipaux.

2. Un déploiement croissant de la vidéosurveillance coûteux et aux résultats incertains

Depuis les années 2010, la vidéosurveillance a été déployée de façon massive dans un nombre croissant de communes. Estimé à 10 000 en 2011, le nombre de caméras sur la voie publique a été multiplié par plus de six entre 2010 et 2018 (plus de 60 000 selon la direction des libertés publiques et des affaires juridiques du ministère de l'Intérieur), dans plus de 4 000 communes[2].

Si le rapport commandé par le ministère de l'Intérieur en 2009 pour justifier l'augmentation du nombre de caméras en France[3] conclut à l'efficacité de la vidéo, il met cependant en avant des résultats qui semblent indiquer l'inverse : **une moyenne d'une affaire élucidée par mois grâce à la**

[1] Soit +6 000 agents en 8 ans, une progression similaire en volume à celle connue sur la période 2002-2010. Cour des comptes et chambres régionales des comptes, *Les polices municipales*, rapport public thématique, octobre 2020.

[2] Cour des comptes et chambres régionales des comptes, *Les polices municipales*, rapport public thématique, octobre 2020.

[3] Rapport sur l'efficacité de la vidéoprotection, ministère de l'Intérieur, de l'Outre-mer et des Collectivités territoriales, juillet 2009.

vidéosurveillance sur l'ensemble du territoire français, et une hausse de la délinquance plus forte dans les villes où la vidéosurveillance est plus implantée. Une étude scientifique conduite par le centre de recherche de l'École des officiers de la gendarmerie nationale en 2021 conclut, après des observations sur la métropole de Grenoble, à l'inefficacité du dispositif tant en termes de dissuasion que de contribution à l'élucidation des enquêtes judiciaires[1], ce qui corrobore les constats de nombreuses études étrangères[2].

Réponse « visible » au sentiment d'insécurité, bien que coûteuse et soulevant des interrogations du point de vue du respect de la vie privée, cette technique demeure largement développée par les maires et encouragée par l'État qui finance ces investissements à 50 % dans le cadre du Fonds interministériel de prévention de la délinquance (FIPD) , et en fait une contrepartie pour les communes qui demandent des effectifs complémentaires de police nationale sur leur territoire dans le cadre des contrats de sécurité intégrée.

3. Un déficit de confiance entre police, justice et population

Les défaillances réelles ou perçues des institutions policières ou judiciaires, qu'elles soient dues à des causes structurelles (déficit de moyens ou de formation, délais excessifs, etc.) ou des comportements individuels, conduisent à altérer la confiance des citoyens dans ces institutions. Cette confiance est pourtant une condition *sine qua non* de la légitimité de ces services publics, mais également de leur efficacité, dès lors que

[1] *La Gazette des communes*, synthèse d'étude.

[2] Revue *Après-demain*, 2010.

l'expression de la demande de sécurité et de justice (appel au 17, dépôt de plainte) est à la source de la plupart des procédures pénales.

En juin 2020, 72 % des habitants de l'Union européenne déclarent avoir plutôt confiance dans les services de sécurité de leur pays, soit un niveau similaire à celui de l'armée (73 %) mais nettement plus élevé que celui enregistré à l'égard du système judiciaire (53 %). Cette opinion n'est pas uniformément répandue en Europe. De manière générale, elle est largement partagée dans les pays scandinaves (Danemark, 92 % ; Finlande, 91 % ; Suède, 89 %) mais plus discutée en Bulgarie (43 %), Slovaquie (45 %). Avec un taux de 68 %, la France se situe légèrement en deçà de la moyenne européenne (72 %)[1].

Un autre chiffre est mis en évidence par le ministère : en 2020, plus de 27 600 actes de violences contre les policiers auraient été recensés, contre seulement 13 392 en 2000. Cela représente près de 8 faits par jour qui sont recensés à Paris (2 912 faits), 2 292 en Seine-Saint-Denis et 1 298 dans le Nord, les deux autres départements les plus concernés[2]. Cette augmentation significative peut être en partie la résultante d'un biais d'enregistrement, la déclaration de violence étant encouragée par la hiérarchie policière dès lors que les personnels concernés risquent d'être mis en cause pour violence illégitime. En tout état de cause, elle témoigne d'une dégradation des relations entre police et population.

Cette distance police-population a des conséquences nombreuses, à la fois sur l'efficacité des forces de sécurité (faiblesse du renseignement humain, moindre recours à l'appel au 17 et augmentation subséquente des temps d'intervention,

[1] *Sécurité et société – INSEE Références*, édition 2021.

[2] *Le Monde*, « Les actes de violence à l'égard de la police nationale ont plus que doublé en 20 ans ».

inefficacité des campagnes de sensibilisation ou de prévention auprès des jeunes), **et sur les conditions et la qualité de vie au travail des agents, et donc sur l'attractivité de ces métiers difficiles dont l'exercice est rendu plus pénible voire dangereux par la dégradation de cette relation.**

Les actions dédiées au rapprochement police-population font l'objet de financements au travers du Fonds interministériel de prévention de la délinquance (FIPD), dont le budget est récemment passé de 69,4 millions d'euros en 2022 à 84,4 millions d'euros en 2023. S'il permet de soutenir des actions d'intérêt (découverte des missions des services d'incendie et de secours, débats entre jeunes et policiers, etc.), le montant de ce fonds ainsi que le nombre élevé de priorités qu'il doit financer (installation de vidéosurveillance, sécurisation des écoles et des établissements publics, prévention auprès des jeunes, réinsertion des anciens détenus...) contraignent ces actions à rester marginales, tandis qu'elles devraient figurer parmi les missions socle du ministère. Chaque financement est par ailleurs conditionné à un cofinancement par la collectivité territoriale qui en bénéficie et ne peut sécuriser des postes pérennes, ce qui conduit à précariser certains postes clés, tels que les travailleurs sociaux chargés de l'accueil des victimes, affectés en commissariat ou en brigade de gendarmerie, sur lesquels il devient difficile de recruter.

Chiffres essentiels

800 homicides en 2009, chiffre à peu près stable depuis 10 ans.

Moins de 3 % de la population française est touchée chaque année par des agressions non létales depuis le milieu des années 1990.

14 % des victimes de menaces ou violences à caractère raciste ont porté plainte.

60 % des personnes de plus de 14 ans en France métropolitaine jugent satisfaisante à très satisfaisante l'action des forces de l'ordre.

28 % la jugent insatisfaisante.

73 € par habitant (0,21 % du PIB) sont consacrés à la justice en France, contre une médiane européenne de 78 € (0,35 % du PIB).

250 000 policiers et gendarmes en France en 2023, cela représente 10 % des agents publics d'État. Depuis 2013, ces effectifs sont en hausse chaque année.

22,5 milliards d'euros : moyens consacrés par la collectivité publique aux forces de sécurité intérieure en 2023.

34 agents de police pour 10 000 habitants en moyenne, mais la répartition des effectifs est hétérogène sur le territoire et les écarts semblent parfois difficiles à justifier.

1 % des communes les plus touchées concentre 45 % des violences sexuelles et 84 % des vols violents sans arme.

29 % des communes n'enregistrent aucun fait pour les destructions et dégradations volontaires.

95 % des communes n'enregistrent aucun fait pour les vols avec armes.

1 an 4 mois et 11 jours : c'est le délai de jugement moyen des affaires ordinaires en 2021 (hors procédures d'urgence, ordonnances...).

67 % → 62,6% : baisse du taux d'élucidation des homicides entre 2017 et 2022.

48 600 → 70 600 : évolution de la population carcérale entre 2002 et 2020.

115 % : taux moyen d'occupation des établissements pénitentiaires en 2021.

En 2021, seules **54 %** des violences sexuelles ont été élucidées en moins d'un mois, contre 75 % des homicides et coups et blessures volontaires.

34 % : augmentation du nombre d'amendes forfaitaires délictuelles entre 2021 (104 476) et 2022 (143 177).

63 % : taux de poursuites pour les auteurs de trafic.

29,7 % : taux moyen de poursuites pour la délinquance économique et financière. Ce taux s'élève à 53,6% toutes infractions confondues.

15 mois : temps d'attente pour rencontrer le juge aux affaires familiales hors divorces (12 mois pour les divorces).

61 000 personnes placées en détention provisoire en 2021 contre 50 000 en 2015.

17 enquêtes ouvertes par l'IGPN pour violences policières entre le 19 janvier et le 27 mars 2023.

80 % des gardés à vue après des manifestations contre la réforme des retraites ont été libérés sans poursuite judiciaire.

-50 % de baisse des financements pérennes depuis 2010 dans de nombreux départements pour la prévention de la délinquance.

68 % des Français déclarent avoir plutôt confiance dans les services de sécurité du pays contre 72 % en moyenne dans l'Union européenne.

27 600 actes de violences contre les policiers recensés en 2020 contre 13 392 en 2000. Cette augmentation significative peut être en partie la résultante d'un biais d'enregistrement.

Fonctionnement et financement des services publics

Introduction

Les services publics poursuivent, dans chaque secteur, des objectifs propres visant à l'émancipation et à l'autonomie des citoyens, à leur permettre une vie digne, à leur offrir des conditions de vie sûres sanitairement, socialement et physiquement. Leur fonctionnement et leur financement ne constituent pas des buts en eux-mêmes, et les objectifs de finances publiques ou de gestion des ressources humaines ne sauraient tenir lieu de finalité. Ils constituent néanmoins les moyens indispensables de l'efficacité des services publics et de leur contribution au contrat social. Les agents publics sont en effet un des maillons clés de l'organisation des services publics, notamment ceux avec lesquels la population est en relation au quotidien (écoles, hôpitaux, forces de sécurité intérieure, administration fiscale, etc.). Pourtant, alors que la « ressource humaine » est indispensable au bon fonctionnement et au dimensionnement adéquat des services publics – exigences consubstantielles de l'égalité devant le service public –, force est de constater que l'attractivité des métiers du service public est en forte diminution et que les agents qui les portent sont de plus en plus fréquemment en difficulté. La fermeture de services d'urgences la nuit et le week-end durant la période estivale constitue une parfaite illustration des conséquences directes de cette tendance.

Au-delà des enjeux techniques et budgétaires, le niveau et les modalités de financement des politiques publiques traduisent des choix politiques et, fondamentalement, une conception plus ou moins ambitieuse du service public. Ils conditionnent également les modalités et le sens du travail des plus de 5,5 millions d'agents publics en France qui, au quotidien, permettent l'action de l'État, des collectivités territoriales et des hôpitaux, sans compter les agents de la Sécurité sociale ou des grands services publics dits de réseau (La Poste, SNCF, EDF, etc.).

Or, conséquence directe d'une politique de maîtrise de la masse salariale publique continûment poursuivie depuis plus de dix ans – par le non-remplacement d'agents partant à la retraite et le gel du point d'indice –, la désaffection à l'égard des emplois publics place les organisations chargées d'un service public en situation de tension, contraintes parfois d'arbitrer entre dégradation des conditions de travail des agents ou dégradation du service rendu à l'usager. À cet égard, le non-remplacement d'agents à la faveur de la numérisation des services publics paraît de plus en plus créateur de fractures, notamment dans l'accès aux droits à mesure qu'il s'accompagne de la suppression d'implantations physiques de services publics.

Ainsi, derrière les concepts *a priori* techniques d'attractivité, de masse salariale, d'externalisation, de dépenses ou d'investissements publics ou de prélèvements obligatoires, transparaissent des arbitrages concrets sur le dimensionnement du service public, qu'il s'agisse de son maillage territorial, de sa capacité à attirer et conserver des talents engagés au quotidien auprès des citoyens, de son degré d'ambition de solidarité et de protection des citoyens. Assurer le fonctionnement du service public n'est pas une dépense inutile mais un investissement au profit de tou.te.s, ainsi que l'a rappelé l'exceptionnelle mobilisation publique à l'occasion de la crise sanitaire.

Rémunérer dignement les agents publics et assurer des conditions favorables d'exercice de leurs missions déterminent la qualité du service rendu, la réactivité et l'adaptabilité de l'action publique aux mutations. Garantir la qualité, la permanence et l'efficacité publiques exige en contrepartie une contribution, qui – pour être acceptable – doit être expliquée et répartie à raison des facultés contributives de chacun·e.

Le présent chapitre propose une analyse des principaux enjeux, des choix humains ou financiers opérés pour le service public, et offre des éléments à même de nourrir le débat démocratique sur ces questions.

Force est de constater que l'attractivité des emplois publics est en baisse **(1)**, tendance qui s'explique tant par la dégradation continue des conditions d'exercice des métiers et, corrélativement, de la santé des agents publics **(2)** que par la priorité donnée ces dernières décennies à une stratégie de maîtrise de la masse salariale publique, reposant principalement sur la maîtrise des effectifs et la stagnation voire diminution des rémunérations **(3)**.

Ces choix politiques, témoins de l'absence de capacité publique à construire une vision de la gestion des ressources humaines de long terme au bénéfice de la recherche d'économies budgétaires de court terme, ont été complétés par une externalisation croissante de missions et de tâches par les administrations publiques, dont les polémiques récentes ont pu mettre en lumière le caractère contre-productif **(4).**

Un redimensionnement financier et RH de la fonction publique apparaît indispensable, ne serait-ce que pour restaurer l'attractivité des métiers essentiels au fonctionnement du pacte démocratique et social (école, santé, etc.). La conduite de cette démarche ambitieuse forme, avec l'exigence de financement de la transition écologique **(5)**, « mutation d'ampleur comparable à une révolution industrielle mais plus rapide » qui exigera au moins 70 Mds € par an, et la préservation de nos stabilisateurs et droits sociaux **(6)**, une stratégie d'ensemble d'investissements d'avenir et de garantie de la promesse républicaine d'égal accès au service public. En l'état, le paradigme de la réduction des dépenses publiques semble, plus que jamais, demeurer l'option principale des pouvoirs publics **(7)**, alors que des propositions crédibles, de recours à la dette et/ou à une fiscalité ciblée et temporaire, sont discutées dans le débat public national et européen.

01

ATTRACTIVITÉ DE LA FONCTION PUBLIQUE

Une préoccupation grandissante dans un contexte de vieillissement de ses agents

1. Indicateur d'attractivité de la fonction publique, le nombre de candidatures à l'entrée aux concours a été divisé par quatre depuis 1995

Le rapport annuel 2022 sur l'état de la fonction publique met en avant une baisse du nombre de candidats aux concours depuis presque trente ans. Si celle-ci peut notamment s'expliquer par la réduction du nombre de postes offerts, elle est également le signe d'une fonction publique moins attractive, comme en atteste la baisse globale de la sélectivité aux concours. La sélectivité, c'est-à-dire le nombre de présents pour un admis aux concours, en illustre donc le niveau d'exigence.

Cette tendance s'observe pour les concours des trois versants de la fonction publique :

- **Dans la fonction publique de l'État (FPE),** le nombre de candidats aux concours externes a baissé de 11 % en 2020 par rapport à 2019. Par exemple, pour le même nombre de postes offerts en 1997 et 2017 (environ 39 000), le nombre de candidats présents au concours a été divisé par 2,5, passant de 642 000 à 256 000. La sélectivité décroît elle aussi progressivement à partir de 2007, jusqu'à atteindre un niveau historiquement bas en 2018[1] ;
- **Dans la fonction publique territoriale (FPT),** 49 600 candidats se sont présentés en 2019 aux concours organisés par la Ville de Paris et le CNFPT, pour 10 200 places offertes. Seuls 9 420 candidats y ont été admis. La sélectivité de ces concours (5,8 candidats pour un lauréat, hors concours

[1]Voir le recensement économique de la commande publique – chiffres 2019 : economie.gouv.fr/files/files/directions_services/daj/marches_publics/oecp/recensement/ppt-recensement chiffres 2019.pdf?v=1617900774.

de la Ville de Paris) évolue elle aussi à la baisse depuis la première moitié de la décennie[1] ;

- **Dans la fonction publique hospitalière (FPH)** enfin, le concours d'attaché d'administration hospitalière démontre bien les difficultés rencontrées par les hôpitaux : le nombre de candidats présents a chuté de 18 % entre 2014 et 2017, alors que le nombre de postes à pourvoir augmentait[2].

Évolution du nombre de candidats présents et de la sélectivité (présents/postes offerts) des concours externes de la FPE entre 1985 et 2018

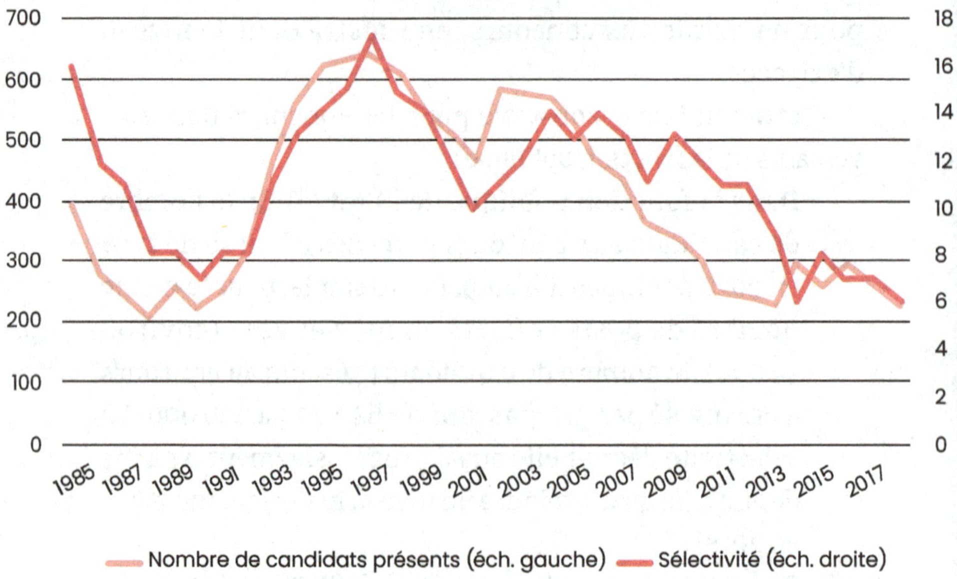

Depuis 2013, on observe par ailleurs que le nombre de recrutements effectifs aux concours externes de la FPE est inférieur au nombre de postes offerts. En 2019, 37 087 candidats sont recrutés sur les 40 540 postes offerts. Ainsi, à l'issue de la phase

[1] Projet de loi de finances pour 2020 : Fonction publique, Avis n° 146 (2019-2020), tome VI, déposé le 21 novembre 2019, https://www.senat.fr/rap/a19-146-6/a19-146-6_mono.html.

[2] *Ibid.*

de recrutement, 91 % des postes offerts sont pourvus, en légère baisse par rapport à 2018.

2. Le défi de l'attractivité est d'autant plus crucial considérant le vieillissement des agents publics, dont plus d'un tiers ont plus de 50 ans

Dans le même temps, la France, comme l'ensemble des pays membres de l'OCDE, fait face à des changements démographiques importants, en particulier le vieillissement de sa population. Au sein de l'OCDE, la fonction publique représente bien souvent le premier employeur national. Le vieillissement de la population n'est donc pas sans conséquence sur les effectifs des administrations publiques[1]. En France, à fin 2021, la fonction publique emploie 5,7 millions de personnes, tous statuts confondus, selon le ministère.

On constate notamment que la part des agents de la fonction publique de plus de 50 ans n'a cessé de croître depuis 1992, et ce dans ses trois versants. **Cette tendance est encore plus forte dans la fonction publique territoriale**, où près de la moitié des effectifs sont âgés de plus de 50 ans[2].

Cette évolution démographique, qui entraînera des vagues de départ à la retraite massives dans les prochaines décennies, pose de nombreux défis, à commencer par la transmission des connaissances acquises par les agents en fin de carrière aux plus jeunes générations. Elle apparaît d'autant plus cruciale que la part de contractuels dans les administrations continue

[1] « Renforcer l'attractivité de la fonction publique en France: Vers une approche territoriale », *OECD Public Governance Policy Papers*.

[2] Rapport annuel sur l'état de la fonction publique — édition 2022, DGAFP, https://www.fonction-publique.gouv.fr/files/files/Publications/Rapport%20annuel/2022/RA_2022_web.pdf.

d'augmenter et que les concours d'accès à la fonction publique attirent de moins en moins de candidats.

3. Cette dynamique de long terme est étroitement liée au nombre de postes, aux conditions de rémunération et à la capacité du service public à s'adapter aux enjeux d'avenir

Enfin, s'il semble aujourd'hui urgent de prendre des mesures concrètes en matière d'attractivité et de recrutement, il faudra toutefois attendre plusieurs années pour que leurs effets se fassent sentir. Il s'agira, par exemple, de reconquérir les plus jeunes générations, par exemple les talents de la filière numérique, que le secteur public peine encore à attirer compte tenu des efforts déployés par le secteur privé pour les recruter. Les employeurs publics devront également veiller à l'embauche de populations de plus en plus âgées, n'ayant pas nécessairement débuté leur carrière dans la fonction publique.

02

SANTÉ ET CONDITIONS DE TRAVAIL

Une dégradation de la santé au travail des agents dans les trois fonctions publiques et des politiques de prévention limitées

1. L'augmentation continue des jours d'absence pour raison de santé et des arrêts de longue durée dans la fonction publique est particulièrement marquée dans les fonctions publiques territoriale et hospitalière

Dans un rapport de 2021[1], la Cour des comptes enregistre « une croissance régulière et soutenue » des arrêts maladie dans la fonction publique entre 2014 et 2019. Le nombre moyen de jours d'absence pour raisons de santé progresse de 21 % pour l'ensemble de la fonction publique sur la période. Alors qu'en 2014 un agent public était absent en moyenne 10 jours, le nombre s'élève à 12 jours en 2019, soit de l'ordre de 11,9 millions de jours d'arrêts supplémentaires. Dans son Rapport sur l'état de la fonction publique, la DGAFP relève qu'en 2021 les absences pour raison de santé sont plus importantes dans la fonction publique que dans le secteur privé.

Cette hausse des absences touche l'ensemble des tranches d'âge[2] et des catégories de la fonction publique avec quelques disparités. Les agents les plus exposés à des conditions de travail pénibles telles que le travail de nuit, le travail répétitif, des contraintes physiques intenses, l'exposition à des produits nocifs ou à des risques psychosociaux « sont les plus susceptibles de déclarer un état de santé dégradé[3] ». De fait, la Cour estime que les catégories A sont moins exposées aux catégories de pénibilités identifiées que les agents de catégorie B et C, dans la mesure où les agents de cette catégorie ont moins tendance à s'absenter que les agents des catégories B et C. Elle

[1] Cour des comptes, *Rapport sur La rémunération des agents publics en arrêt maladie*, juin 2021.

[2] DGAFP, *Rapport sur l'état de la fonction publique*, 2022, p. 212.

[3] Cour des comptes, 2021, *op. cit.*

note également une augmentation des arrêts maladie avec l'âge : l'âge moyen des agents territoriaux est de 45,5 ans, contre 42,7 ans dans la fonction publique de l'État (FPE) et 41,9 ans dans la fonction publique hospitalière (FPH).

Nombre moyen de jours d'absence au cours de l'année par personne pour raison de santé dans les différents versants de la fonction publique et le secteur privé

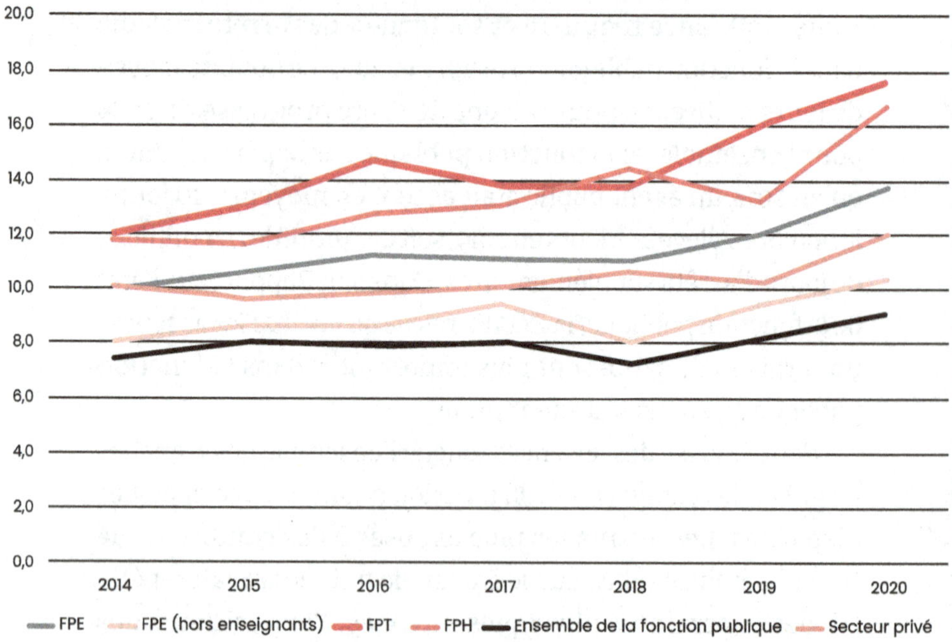

Lecture : En 2020, les agents de la fonction publique en emploi au sens du BIT ont été absents en moyenne sur l'année 10,8 jours pour raison de santé. Sont prises en compte ici les absences pour maladie (y c. garde enfant malade) ou accident du travail.
Source : INSEE, enquêtes Emploi. Traitement DGAFP – SDessi.
Champ : France entière (hors Mayotte), salariés. Hors apprentis, stagiaires, contrats aidés, salariés des particuliers employeurs et salariés travaillant à domicile.

Si la tendance générale est à la hausse, le rapport de la Cour des comptes souligne la forte disparité entre les fonctions publiques, puisque cette progression est plus importante pour les fonctions publiques territoriale (FPT) et hospitalière (FPH). Entre 2014 et 2016, alors que le secteur privé connaît une augmentation du nombre de jours d'absence pour raison de santé de 0,3 jour par an (soit une augmentation de 3 % sur la période concernée), on passe à 0,7 jour (soit une hausse de 9 %) dans la FPE.

Dans la FPT, ce nombre de jours connaît une hausse de 3,9 jours (33 %). Il augmente de 1,4 jour au sein de la FPH, soit une augmentation de 12 %[1], où trois catégories de personnel sont particulièrement touchées par les risques professionnels : les aides-soignants, les personnels infirmiers et les agents de bio-nettoyage. Dans cette même fonction publique hospitalière, la forte progression des jours d'absences pour raison de santé s'accompagne d'une augmentation croissante de la fréquence des accidents du travail (+40 % entre 2002 et 2011, fréquence stable depuis cette date)[2].

2. La prévalence des troubles musculosquelettiques combinée à une lente prise de conscience des causes organisationnelles des risques psychosociaux explique la dégradation continue de la santé au travail au sein de la fonction publique

En constante augmentation depuis 2007, les troubles musculosquelettiques et la souffrance psychique (stress, burn out, dépression, anxiété, troubles du sommeil, syndrome post-traumatique, etc.) constituent l'essentiel des maladies à

[1] Alors qu'à la suite de l'instauration d'un jour de carence dans la fonction publique (du 1er janvier 2012 au 1er janvier 2014, puis à partir de 2018) a été constatée une baisse des arrêts maladie de courte durée dans la FPE, le Rapport annuel sur l'état de la fonction publique 2020 montre que, dans la FPT et la FPH, cette mesure n'a pas eu d'effets significatifs, ni sur la proportion d'agents absents pour raison de santé, ni sur la répartition d'arrêts par durée.

[2] DGT, *Bilan des conditions de travail 2020*, Annexe 1 : « Les chiffres clés des accidents du travail, accidents de trajet et maladies professionnelles dans la fonction publique ».

caractère professionnel[1]. Alors que les troubles musculosquelettiques touchent davantage les ouvriers que les cadres, leur augmentation constitue un des phénomènes structurants de la santé au travail au sein de la fonction publique lors des dix dernières années. Peu reconnue, la prévalence des affections psychiques augmente pour sa part avec l'échelle sociale, et augmente avec la dégradation des facteurs organisationnels, relationnels et éthiques depuis 2013[2].

La progression générale des arrêts maladie dans la fonction publique est corrélée à une augmentation des troubles musculosquelettiques (TMS), première cause des maladies professionnelles déclarées dans les secteurs privé et public. Dans la fonction publique, les agents de la FPT et la FPH sont les plus touchés par les TMS. Entre 2014 et 2021, les TMS sont en croissance continue dans la FPT comme dans la FPH[3] : ces troubles constituaient 92,1 % des maladies professionnelles des agents de la FPT en 2016, 95,9 % en 2021[4] ; ils représentaient 76,7 % du total des maladies professionnelles dans la FPH en 2014, contre 87,2 % en 2021[5]. Le phénomène de sous-déclaration ou sous-reconnaissance des maladies professionnelles constitue en outre une limite pour mesurer les maux au travail[6] :

[1] Les maladies à caractère professionnel recouvrent les maladies ou symptômes susceptibles d'être d'origine professionnelle. Ainsi, tout symptôme ou pathologie considéré par le médecin du travail comme ayant un lien avec l'activité professionnelle exercée, mais non inscrit dans les tableaux des maladies professionnelles, est reconnu en tant que maladie à caractère professionnel. *Cf.* Santé publique France, 2023, *Programme de surveillance des maladies à caractère professionnel en France, Résultats 2012-2018*.

[2] Thomas Montpellier, p. 234.

[3] CNRACL-Banque nationale de données, *Rapport statistique — Fonction publique territoriale*, 2021.

[4] Sur les 2443 événements recensés, 63,1 % ont été suivis d'un arrêt de travail, soit un total de 239 589 jours d'arrêt.

[5] Sur 1734 événements recensés, 69,6 % d'entre eux ont donné lieu à un arrêt maladie, soit un total de 172 395 jours d'arrêt.

[6] La sous-déclaration des maladies professionnelles correspond à la part des pathologies d'origine professionnelle qui n'entrent pas dans le circuit de

Santé publique France estime la sous-déclaration des TMS de l'ordre de 53 % à 73 % pour la période allant de 2009 à 2015[1].

En ce qui concerne les affections psychiques liées au travail, 99 % des facteurs d'exposition professionnelle incriminés par les médecins du travail sont des facteurs organisationnels, relationnels et éthiques, secteurs public et privé confondus[2]. Les enquêtes Conditions de travail de la DARES réalisées entre 2013 et 2019 montrent que, dans l'ensemble, les relations au travail dans la fonction publique sont plus dégradées que dans le secteur privé[3]. Plus d'un quart des agents déclarent vivre des tensions avec leurs supérieurs hiérarchiques (28 % en 2013 et 26 % en 2019) ou avec leurs collègues (25 % en 2013 et 26 % en 2019). En 2019, alors que 67 % des salariés du privé se disent aidés par leur hiérarchie lors de l'exécution d'un travail délicat ou compliqué, seuls 59 % des agents de la FPE se sentent aidés, contre 66 % des agents de la FPH et 67 % des agents de la FPT.

Par ailleurs, entre 2013 et 2019, le manque de reconnaissance des agents croît fortement dans les trois fonctions publiques et est très supérieur au niveau rencontré dans le secteur privé. En 2019, alors que 28 % des salariés du privé considèrent ne pas recevoir le respect et l'estime que mérite

réparation alors que les victimes auraient pu prétendre à une indemnisation. *Cf.* « Estimation de la sous-déclaration des TMS en France: évolution entre 2009 et 2015 », 2021.

[1] Stéphanie Rivière, James Alvès, Sabira Smaili, Yves Roquelaure et Juliette Chatelot, « Estimation de la sous-déclaration des TMS en France: évolution entre 2009 et 2015 », 2021.

[2] Santé publique France, *Programme de surveillance des maladies à caractère professionnel en France, Résultats des Quinzaines MCP sur la période 2012-2018*, p. 47.

[3] Bénédicte Castéran-Sacreste et Daphné Chédorge-Farnier, « Les conditions de travail dans la fonction publique avant la crise sanitaire », DGAFP, Point Stats, 2023, https://www.fonction-publique.gouv.fr/files/files/Publications/Publications%20Etudes%20et%20statistiques/Point%20stat/2023/Conditions-de-travail-FP-avant-la-crise-sanitaire.pdf.

leur travail, ce manque de reconnaissance touche 37 % des agents publics (38 % des agents de la FPE, 31 % des agents de la FPT et 43 % des agents de la FPH). Les conditions de réalisation du travail sont également en cause : en 2019, alors que les fonctionnaires étaient dans l'ensemble 33 % de moins que les salariés du privé à déclarer avoir le sentiment d'être inutiles, ils étaient au contraire 13 % de plus à ne pas avoir la fierté du travail bien fait, et 24 % plus nombreux à estimer être en sous-effectifs pour réaliser leur travail, en particulier dans la fonction publique hospitalière[1]. La prégnance de ce sentiment d'absurdité et de perte de sens du travail par les agents publics est appuyée par une enquête du collectif Nos services publics conduite auprès de 4 500 agents publics, en 2021, après la crise sanitaire[2].

3. Tardive, la réponse publique aux problèmes de santé des agents publics peine à se concrétiser

Alors que l'émergence d'un droit de l'hygiène et de la sécurité au travail au cours du XIXe siècle — puis d'un droit de la santé au travail au tournant du XXIe siècle — s'est développée dans le secteur privé dans un contexte où le travail était avant tout industriel et ouvrier, il faut attendre le début des années 1980 pour que soient adoptées les premières législations en matière de santé au travail dans la fonction publique[3]. Ces vingt

[1] DGAFP, « Les conditions de travail dans la fonction publique avant la crise sanitaire », p. 6 et 7.

[2] Nos services publics, « Perte de sens chez les agents des services publics », 2021, https://nosservicespublics.fr/perte-de-sens.

[3] L'intégration des préoccupations relatives à la qualité des conditions de travail et à la santé au travail dans le droit de la fonction publique prend forme avec le décret du 28 mai 1982 relatif à l'hygiène et à la sécurité du travail ainsi qu'à la prévention médicale dans la fonction publique. Avant ce décret, seuls les établissements publics à caractère industriel et commercial étaient concernés par la réglementation générale applicable aux établissements du secteur privé.

dernières années, malgré les concertations engagées entre les acteurs de la santé au travail ou encore la multiplication des plans « santé au travail » à l'échelle nationale et régionale, les propositions de réforme peinent à trouver une traduction et à produire des effets.

En 2014, le rapport sur la médecine préventive dans les trois fonctions publiques dresse le constat d'**une « pénurie vécue mais non mesurée » de médecins du travail dans les trois fonctions publiques, comme dans le privé**. En 2020, le ministère du Travail relevait que « la fonction publique est toujours le parent pauvre de la santé au travail. L'absence de pilotage au niveau national, comme dans l'instance du Conseil d'orientation des conditions de travail (COCT) pour le secteur privé, le manque d'indicateurs et de données exploitables pour l'évaluation, l'absence d'assureur au niveau national, la pénurie des médecins de prévention, l'insuffisante formation et le manque de reconnaissance des conseillers et des assistants de prévention, constituent autant de lacunes. Pour autant, les agents de la fonction publique sont particulièrement exposés aux risques, y compris psychosociaux[1] ». Ce constat, déjà formulé dans le cadre du rapport de 2014 sur la médecine préventive dans les trois fonctions publiques[2], a été réitéré en 2021, dans le cadre du rapport sur la rémunération des agents publics en arrêt maladie de la Cour des comptes.

[1] Direction générale du travail, « Les conditions de travail en 2020 », *Bilan & Rapports*, 2021, https://travail-emploi.gouv.fr/IMG/pdf/conditions_de_travail_-_bilan_2020.pdf.

[2] Ministère de l'Intérieur, ministère des Affaires sociales et de la Santé, ministère de l'Éducation nationale, de l'Enseignement supérieur et de la Recherche, « Rapport sur la médecine de prévention dans les trois fonctions publiques », 2014.

03

MASSE SALARIALE PUBLIQUE

Un pilotage quasi exclusivement centré sur des considérations de maîtrise de la croissance de l'emploi et des rémunérations

Les dépenses de personnel de l'État se sont élevées à 134,7 Md€ en 2021, soit 32 % des dépenses nettes du « budget général ». Elles ont servi à rémunérer 2 millions d'agents[1]. En 2021, les traitements bruts représentent une dépense de 57,4 Md€ et les primes et indemnités 20 Md€. S'y ajoutent 12,5 Md€ de cotisations sociales payées par l'État employeur autres que ses contributions au régime de retraite de ses fonctionnaires, 0,8 Md€ d'allocations et prestations sociales hors retraites et 44 Md€ de contribution d'équilibre au compte d'affectation spéciale (CAS) Pensions.

1. Sur longue période, la part des fonctionnaires dans l'emploi total et par rapport à la population a diminué

La loi de finances fixe les crédits de personnel par mission et programme, ceux-ci n'étant pas fongibles avec les autres crédits des missions et programmes[2]. Elle fixe aussi, depuis 2006, des plafonds d'emplois par ministère en équivalents temps plein (ETP). Les schémas d'emplois (solde entre les entrées et les sorties d'ETP prévues entre le 1er janvier et le 31 décembre d'une année donnée) sont établis par les ministères en concertation avec la direction du budget, en cohérence avec les crédits de personnel et les plafonds d'emplois arbitrés.

[1] On dénombre ici uniquement les agents (y compris contractuels) des ministères, hors établissements publics, y compris les charges patronales. Source: DGAFP, SDessi.

[2] Le principe de fongibilité asymétrique précise qu'à l'intérieur de chaque programme le responsable peut en théorie affecter les crédits entre les différentes actions et les différents titres, mais aussi en leur sein, sous réserve de ne pas dépasser le plafond des dépenses de personnel.

Part des agents titulaires de la fonction publique dans l'emploi total

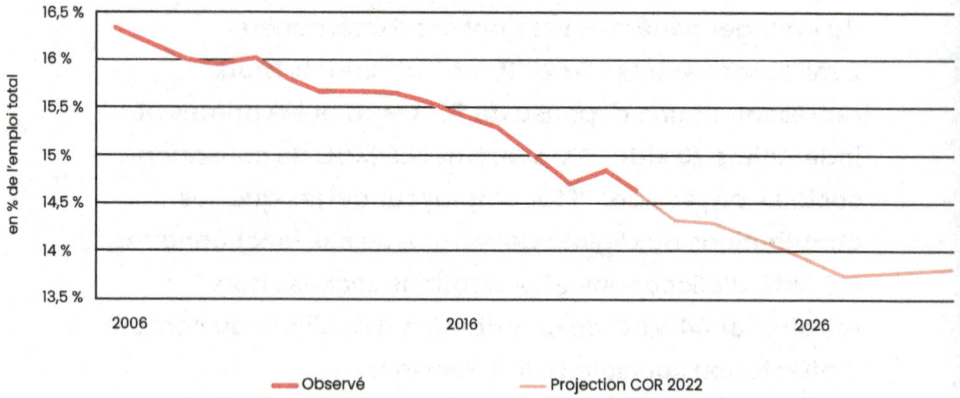

Source: rapport Conseil d'orientation des retraites, septembre 2022.

Le taux d'administration[1] renseigne sur l'ampleur du maillage administratif dans le pays et donne une indication sur la taille du secteur public dans la société. Le nombre total d'agents publics a augmenté en volume depuis 2000 : on en dénombrait alors 4,8 millions, contre 5,4 en 2012 et 5,7 en 2021 (dont 4 millions de fonctionnaires, 1,2 million de contractuels et 0,5 million sous autre statut). En 2020, le taux d'administration (hors militaires) dans les trois versants de la fonction publique est de 74 agents pour 1 000 habitants (hors Mayotte) : 82 ‰ en Île-de-France, 90 ‰ dans les DOM et 71 ‰ en moyenne en région. Selon l'INSEE, entre 2011 et 2018, le taux d'administration civile de l'État diminue quel que soit le type d'aire, particulièrement dans les communes de la couronne. Le taux d'administration de la fonction publique territoriale décroît dans l'aire d'attraction de Paris, mais est stable dans les autres grandes aires et augmente d'autant plus que l'aire

[1] Le taux d'administration résulte du rapport entre les effectifs du secteur public d'une part et la population totale ou la population cible de l'action publique d'autre part.

est petite. Enfin le taux d'administration hospitalier diminue dans les grandes aires et augmente dans les petites et moyennes.

Cette baisse relative du nombre de fonctionnaires — dans tous les versants de la fonction publique — est visible sur les 20 dernières années. Entre 1997 et 2021, l'emploi dans l'ensemble de la fonction publique (hors contrats aidés) et dans chacun de ses « versants » a augmenté de 22 %, soit de 0,8 % en moyenne annuelle, contre 17 % pour l'emploi privé et 13 % pour la population en France. Après une rapide progression dans la décennie 1996-2006, une inflexion peut être notée dans les années 2007-2012 suivie d'une nouvelle hausse à partir de 2013. Si on se concentre sur le champ plus restreint des fonctionnaires, ils représentent en 2006 16,3 % des effectifs en emploi dans l'ensemble de l'économie : ils sont 14,6 % en 2021 et devraient tomber d'ici 2030 à 13,8 %.

2. Depuis une dizaine d'années, se matérialise une tendance haussière au recrutement de contractuels

Depuis 2016, cette baisse des fonctionnaires est compensée par un recours croissant aux contractuels et contrats aidés. Ainsi le nombre de fonctionnaires, qui représentent deux tiers des agents publics, baisse de 0,5 % en 2021 par rapport à l'année précédente, tandis que le nombre de contractuels augmente de 2,8 %, pour représenter plus d'un cinquième des agents publics. Parallèlement, le nombre des bénéficiaires de contrats aidés rebondit nettement (+19,9 % sur une année), pour représenter un agent sur dix en 2021.

En 2021, 520 000 contractuels étaient recrutés au sein de la fonction publique d'État. 436 000 étaient employés par les collectivités territoriales et leurs établissements publics.

275 000 contractuels étaient en poste au sein de la fonction publique hospitalière, tous ces chiffres étant en augmentation progressive sur longue période : les contractuels représentaient un agent sur six en 2011, contre un agent sur cinq en 2021[1].

Part des agents contractuels de la fonction publique parmi l'ensemble des agents publics

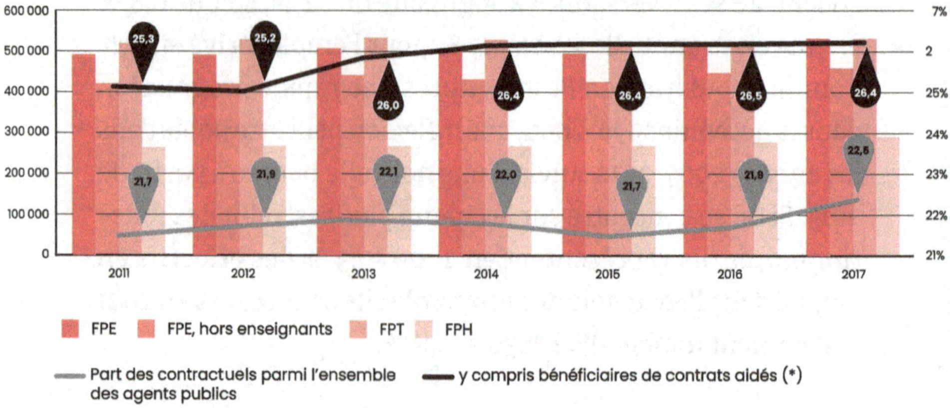

Source: Siasp, INSEE. Traitement DGAFP — Dessi.
Champ: Emplois principaux, situés en métropole et DOM (hors Mayotte). Agents ayant occupé au moins un emploi actif non annexe dans l'année. 22,5 % des agents de la fonction publique présents au cours de l'année 2017 sont contractuels (hors contrats aidés). En 2017, 531 600 contractuels occupent leur poste principal dans la FPE.
(*) En % de l'emploi public (c'est-à-dire hors bénéficiaires de contrats aidés).

3. Outre la réduction des effectifs, la contrainte sur la masse salariale a également porté sur les rémunérations en baisse depuis 2000

La baisse de ces effectifs des fonctionnaires s'accompagne d'une difficulté croissante à recruter. Ainsi en 2022 environ 6 000 emplois n'ont pas été remplacés. L'attractivité de la fonction publique, et plus précisément les salaires moins intéressants dans le public que dans le privé, sont des raisons avancées.

[1] Source: Siasp, INSEE. Traitement DGAFP — Dessi.

Entre 2009 et 2019, le salaire net moyen en équivalent temps plein des salariés de la fonction publique, et notamment des fonctionnaires, est resté quasi stable en euros constants (-0,9 % sur la période, soit -0,1 % en moyenne chaque année). Sur la même période, le salaire net moyen en équivalent temps plein des salariés du secteur privé a augmenté de 13,1 %, en euros constants, soit de 0,6 % par an en moyenne. La décomposition *infra* par fonction publique entre 2010 et 2020 permet de souligner l'effort particulièrement important demandé à la FPT.

Ce phénomène peut s'illustrer par la chute du salaire des enseignants entre 1980 et 2022. **Les jeunes enseignants sont passés d'un salaire équivalent à 2,3 fois le SMIC en 1980 à un salaire à peine au-dessus du SMIC aujourd'hui (1,2 × le SMIC)**[1]. Cette perte de pouvoir d'achat du fait de la sous-indexation du point est également visible au niveau de chaque professionnel : malgré les passages d'échelons à mesure de l'expérience, la rémunération de chaque individu stagne dans le temps. Ils perdent en valeur du point ce qu'ils gagnent en progression de carrière, ce qui conduit leur rémunération réelle à stagner, voire à diminuer en période de forte inflation[2].

[1] Lucas Chancel, janvier 2022. Les données présentées ici ne prennent pas en compte les primes dont bénéficient les enseignants. Sur la période 1980-2004, Bouzidi *et al.* (2007) montrent que l'inclusion des primes tend à renforcer encore le déclassement subi par les enseignants.

[2] Nos services publics, mai 2022, *« Monter un escalator qui descend », comment le gel du point et la politique de primes neutralisent la progression de carrière des enseignants.*

Évolution comparée du salaire net moyen en euros constants, dans la fonction publique et dans le secteur privé

en %	2010	2011	2012	2013	2014	2015	2016	2017	2018	2019	2020
FPE (ensemble)	1,3	-0,1	-0,7	-0,7	-0,2	0,4	0,2	1	-1,2	-0,1	1
FPT	-0,1	-0,8	-0,5	-0,1	0,9	0,8	0,4	1	-0,9	0,4	0,8
FPH (ensemble)	0,6	-1,7	-0,3	-0,5	0,3	0,9	0,4	0,3	-1	-0,8	5,9
Secteur privé	0,5	0,2	-0,4	-0,3	0,5	1,1	0,5	0,9	0,4	1,2	3,2

Sources: Fichier général de l'État (FGE), DADS, Base tous salariés, Siasp, INSEE. Traitements INSEE, Drees, DGCL — Desl et DGAFP — SDessi.

Champ pour la FP: y compris bénéficiaires de contrats aidés, en équivalent temps plein mensualisé.
FPE: France métropolitaine jusqu'en 2009, France (hors Mayotte) à partir de 2010. Hors militaires, apprentis.
FPT: Salariés à temps complet des collectivités locales jusqu'en 2008. Hors militaires, apprentis, assistants maternels et familiaux.
FPH: Hors militaires, apprentis, assistants maternels, internes et externes des hôpitaux.
Champ pour le privé: France (hors Mayotte), en équivalent temps plein mensualisé, salariés du privé et des entreprises publiques, y compris bénéficiaires de contrats aidés et de contrats de professionnalisation; hors apprentis, stagiaires, salariés agricoles et salariés des particuliers employeurs.

04

EXTERNALISATION DANS LES SERVICES PUBLICS

Sous-traitance et recours aux cabinets de conseil, un enjeu de souveraineté longtemps ignoré mis au jour par la crise sanitaire

En avril 2021, le collectif Nos services publics estimait le recours à l'externalisation (*i.e.* le fait de confier à un acteur privé la réalisation de tout ou partie de l'action publique) à 160 Md€, soit l'équivalent de la moitié du budget de l'État, interrogeant la capacité de la puissance publique à agir et à prendre des décisions de manière souveraine[1].

Évolution des dépenses de conseil des ministères civils au titre des marchés conclus après 2014

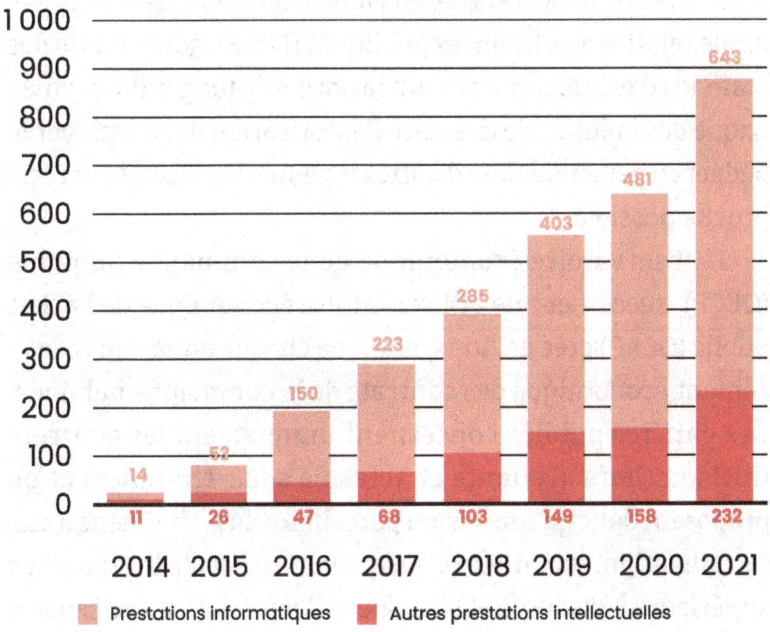

[1] *160 Md€ d'externalisation par an : comment la puissance publique sape sa capacité d'agir.*

1. Si l'externalisation constitue une composante ancienne de l'action publique, la tendance récente fait état d'une croissance bien qu'encore peu mesurée

Si l'étendue du phénomène a longtemps été occultée par le manque de données publiques, on observe une accélération à partir du milieu des années 1990, qui s'explique notamment par le développement du droit de la concurrence au niveau européen. À cela s'ajoute l'entrée en vigueur, en 2006, de la loi organique relative aux finances publiques (LOLF), qui instaure des plafonds d'emplois et introduit la norme de fongibilité asymétrique des crédits, c'est-à-dire l'autorisation de redéployer le budget du personnel vers d'autres types de dépenses, sans réciprocité possible.

L'Observatoire économique de la commande publique (OECP), successeur de l'Observatoire économique de l'achat public (OEAP) créé en 2005, effectue chaque année un recensement économique des contrats de la commande publique. Les chiffres publiés concernent uniquement les contrats initiaux (hors avenants et actes de sous-traitance) et ne proposent donc qu'une vision parcellaire du phénomène d'externalisation. Par ailleurs, jusqu'en 2018, seuls les marchés supérieurs à 90 000 € HT faisaient l'objet d'un recensement obligatoire.

Depuis 2019, doivent également faire l'objet d'un recensement les contrats mettant en œuvre la procédure expérimentale « achats innovants », pour un montant compris entre 25 000 € HT et 100 000 € HT. L'évolution du mode de calcul et l'absence de publication des données sources ne permettent donc pas de retracer précisément l'évolution du montant de la commande publique depuis 2005. On constate toutefois une forte augmentation du montant total de la commande publique depuis 2017, passant de 90 Md€ à 152 Md€ en 2021[1], qui ne peut pas seulement s'expliquer par une amélioration dans la remontée des données par les acheteurs publics, comme l'explique l'OECP.

2. Marqueur de l'accélération de la tendance à l'externalisation, le recours aux cabinets de conseil a doublé ces cinq dernières années, portant atteinte aux principes de transparence et de bonne gestion des deniers publics

Tout récemment, le recours à l'externalisation a suscité de nombreuses inquiétudes, lorsque des parlementaires ont révélé le recours massif de l'État aux cabinets de conseil dans l'élaboration de politiques publiques en pleine crise sanitaire. La gestion de la campagne de vaccination constitue sans doute le cas le plus emblématique de ce phénomène jusqu'alors méconnu du grand public : révélé par la Commission des finances de l'Assemblée nationale en février 2021, le montant total des prestations de conseil commandées par l'État en la matière tout au long de la crise s'élèverait à près de 11 millions d'euros[2].

Le rapport de la commission d'enquête du Sénat relative à l'influence des cabinets de conseil sur les politiques publiques[3] indique ainsi qu'en 2021 les dépenses de conseil de l'État au

[1] Ministère de l'Économie, des Finances et de la Relance, « Recensement économique de la commande publique, Chiffres 2019 », avril 2021, https://www.economie.gouv.fr/files/files/directions_services/daj/marches_publics/oecp/recensement/ppt-recensement % 20chiffres % 202019.pdf? v = 1617900774.

[2] Communication sur les contrats conclus par le ministère des Solidarités et de la Santé avec des cabinets de conseil depuis l'engagement de la crise sanitaire.

[3] Commission d'enquête relative à l'influence des cabinets de conseil sur les politiques publiques.

sens large ont dépassé le milliard d'euros, dont 893,9 millions pour les ministères et 171,9 millions pour un échantillon de 44 opérateurs. La commission d'enquête, qui qualifie le recours aux cabinets de conseil de « phénomène tentaculaire », souligne par ailleurs le manque de transparence de l'État sur la question et donc la difficulté à établir un périmètre précis (liste de groupements de marchandises concernés, prise en compte des dépenses informatiques, etc.) et à chiffrer le coût de ces prestations.

Elle aura tout de même permis de proposer, pour la première fois, une évaluation des dépenses de conseil des ministères à périmètre constant depuis 2018. Et si l'apparition du phénomène est bien antérieure à cette date, le rapport révélait tout de même que ces dépenses avaient plus que doublé entre 2018 et 2021.

3. L'encadrement récent et concentré sur les fractions les plus médiatisées du recours aux cabinets de conseil laisse cependant en dehors de ce périmètre le secteur informatique

Le rapport sénatorial a ainsi contribué à une prise de conscience collective sur l'ampleur du phénomène, donnant lieu, en réaction, à la publication de plusieurs circulaires ayant pour objet l'encadrement du recours par les administrations et les établissements publics de l'État aux prestations intellectuelles. Début 2022, le Premier ministre s'engageait à « au moins 15 % de baisse » du volume de dépenses en conseil extérieur pour l'année 2022 par rapport à 2021, sur les sujets de transformation et de stratégie (c'est-à-dire hors dépenses liées à l'informatique). Il demandait également que soit justifié le recours à un prestataire externe, notamment en raison de l'absence de disponibilité, de compétences ou de ressources internes permettant de répondre au besoin identifié par le service l'ayant exprimé. Un an plus tard, une autre circulaire se penchait plus particulièrement sur le cas des dépenses en prestations intellectuelles informatiques de l'État et proposait de nouvelles modalités d'encadrement pour ce type d'externalisation, qualifiée d'excessive au moins dans certaines fonctions dans un rapport IGF-CGE sur les ressources humaines de l'État dans le numérique. En effet, celui-ci évalue le montant des prestations informatiques à 1,5 Md€ en 2021 et le rythme moyen d'augmentation à 16 % par an depuis 2017[1].

Début 2023, un rapport publié par l'IGF jaugeait la mise en œuvre de la circulaire de janvier 2022 dans les services concernés et concluait notamment que :

- celle-ci avait bien été déclinée par l'ensemble des ministères et dans les trois mois qui suivaient sa publication ;
- l'objectif de réduction de 15 % des dépenses en conseil entre 2021 et 2022 avait été atteint (35 %).

Cette cible de réduction semble toutefois bien insuffisante au regard de la forte augmentation des dépenses en conseil constatée sur la période de crise sanitaire et de la part prépondérante prise par le conseil en stratégie et en organisation à compter de l'année 2017.

[1] Gouvernement, « Les ressources humaines de l'État dans le numérique », janvier 2023, https://www.transformation.gouv.fr/files/ressource/Rapport_filiere_numerique_Etat_20230616.pdf.

Juin 2022 : Le Conseil d'État rend obligatoire la mise en place d'une procédure non numérique pour les demandes de titre de séjour, soulignant la tension entre numérisation des services publics et l'exercice effectif de leurs droits par les usagers

Initiées à la fin des années 1990 avec le lancement du Programme d'action gouvernemental pour la société de l'information (PAGSI), les politiques de généralisation des téléservices et de dématérialisation des procédures administratives ont conduit au développement croissant de nouveaux outils et services numériques (tels que France Connect) ainsi qu'à la numérisation d'un grand nombre de démarches administratives. Parallèlement, ces politiques de dématérialisation des services publics ont été accompagnées d'une réduction de la présence de guichets de service public sur le territoire[1].

Or, si la numérisation — parfois appelée « dématérialisation » — a permis d'améliorer l'accès aux procédures administratives pour les usagers les plus connectés et les plus à l'aise avec les procédures administratives informatisées, la disparition des guichets au profit d'une relation administration-administré de plus en plus médiée par le numérique constitue un frein dans l'accès aux services publics pour un grand nombre d'individus et notamment pour les plus précaires.

Entre 2011 et 2021, la proportion des personnes de 18 ans ou plus ayant effectué au moins une démarche en ligne a doublé[2]. Pourtant, un adulte sur trois déclare avoir renoncé au moins une fois à réaliser une démarche administrative en ligne au cours de l'année 2021. Ce phénomène touche en particulier les plus âgés et les plus modestes. Les raisons invoquées sont multiples : difficulté à comprendre la procédure,

[1] Défenseur des droits, « Dématérialisation des services publics : trois ans après où en est-on ? », Rapport de février 2022, https://www.defenseurdesdroits.fr/sites/default/files/atoms/files/ddd_rapport-dematerialisation-2022_20220307.pdf.

[2] François Gleizes, Amandine Nougaret, Anne Pla et Louise Viard-Guillot, « Un tiers des adultes ont renoncé à effectuer une démarche administrative en ligne en 2021 », *INSEE FOCUS*, n° 267, 2022, https://www.insee.fr/fr/statistiques/6438420.

délais d'attente trop longs, manque de compétences, interlocuteur éloigné, manque d'informations, accès difficile à Internet, etc. Si les trois quarts de ces personnes ont pu effectuer cette démarche d'une autre manière, un quart a renoncé définitivement à accomplir la démarche administrative visée.

Dans les rapports de 2019 et de 2022 sur la dématérialisation des services publics, le Défenseur des droits rappelait que les dispositifs socio-techniques déployés dans le cadre de l'administration pouvaient ainsi constituer un facteur d'éloignement des usagers des services publics et un frein dans leur accès aux droits[1]. Celui-ci soulignait l'importance de préserver des modalités d'accès multiples aux services publics afin que les individus aient le choix du « mode de relation avec l'administration » qui leur convient le mieux.

Il rappelait notamment la nécessité de ne pas enfermer les administrés dans une relation exclusivement numérique et le besoin d'organiser un accompagnement des administrés dans leurs démarches qui ne se limite pas au numérique.

Le rapport de 2022 souligne l'insuffisance de la réponse politique face à la disparition des services publics de proximité. La politique récente de création des espaces France services, visant à développer des « guichets multiservices » dans la continuité des Maisons de services publics (MSP) puis des Maisons de services au public (MSaP), ne répond pas, en l'état, à la demande de guichets de proximité, notamment dans les territoires ruraux.

En l'absence de guichets, l'enjeu du travail d'accompagnement administratif est pris en charge par un écosystème d'acteurs dont ce n'est pas la vocation principale

[1] Défenseur des droits, « Dématérialisation et inégalités d'accès aux services publics », Rapport de 2019, https://www.defenseurdesdroits.fr/sites/default/files/atoms/files/rapport-demat-num-21.12.18.pdf ; Défenseur des droits, « Dématérialisation des services publics : trois ans après où en est-on ? », Rapport de février 2022, https://www.defenseurdesdroits.fr/sites/default/files/atoms/files/ddd_rapport-dematerialisation-2022_20220307.pdf/.

(associations, aidants familiaux, professionnels, secrétaires de mairie dans les petites communes, etc.). Cet enjeu d'accompagnement dans l'accès aux droits nourrit également l'émergence d'une multitude d'acteurs privés qui proposent aux administrés un accompagnement administratif payant[1].

En juin 2022, le Conseil d'État rend obligatoire, pour la première fois, la mise en place d'une solution de substitution aux services en ligne pour les demandes de titre de séjour[2]. Cette décision généralise l'obligation de mise en place d'alternatives aux services en ligne à l'ensemble des « démarches particulièrement complexes et sensibles ».

La numérisation des démarches administratives par le gouvernement doit désormais se faire dans l'obligation de garantir « un accès normal des usagers au service public et l'exercice effectif de leurs droits ». Six jours plus tard, cette décision est appuyée par l'arrêt Xavier Lucas c. France, rendu par la Cour européenne des droits de l'homme (CEDH)[3] . Dans cet arrêt, la CEDH condamne l'État français. Elle estime qu'en faisant prévaloir l'obligation de saisir la cour d'appel par l'intermédiaire de la plateforme numérique e-barreau « sans prendre en compte les obstacles pratiques » auxquels le requérant peut se heurter, la Cour de cassation a fait preuve d'un « formalisme excessif ».

Ces deux décisions rappellent, chacune dans son champ, le caractère prioritaire de l'accès aux droits des administrés sur la tendance politique à la numérisation des procédures.

[1] Laura Fernandez Rodriguez, « Services publics: quand dématérialisation rime avec marchandisation », *La Gazette des communes*, 31 janvier 2022, https://www.lagazettedescommunes.com/787485/services-publics-quand-dematerialisation-rime-avec-marchandisation/.

[2] Conseil d'État, « Démarches administratives en ligne: le Conseil d'État fixe un cadre général et se prononce sur les demandes de titre de séjour », Décision de justice, 3 juin 2022, https://www.conseil-etat.fr/actualites/demarches-administratives-en-ligne-le-conseil-d-etat-fixe-un-cadre-general-et-se-prononce-sur-les-demandes-de-titre-de-sejour.

[3] CEDH, Affaire Xavier Lucas c. France, 2022, n° 001-217615, 9 juin 2022, https://juricaf.org/arret/CONSEILDELEUROPE-COUREUROPEENNEDESDROITSDELHOMME-20220609-001217615.

05

FINANCEMENT DE LA TRANSITION ÉCOLOGIQUE

Longtemps invisibilisée, l'urgence écologique exige aujourd'hui d'importants investissements publics et privés estimés à au moins 2,5 points de PIB

1. Des investissements publics historiquement non calibrés selon leur impact écologique

La question de l'impact écologique des financements publics a longtemps été invisibilisée, au profit de leur impact économique et social.

Des travaux récents ont permis de mettre en évidence que, depuis 1978, la moitié des subventions publiques à l'activité économique était attribuée aux 25 % des entreprises les plus émettrices de gaz à effet de serre (industrie manufacturière, production et distribution d'électricité et de gaz)[1]. Ces aides représentaient 0,75 % du PIB en 1978. En forte croissance depuis 2012, ces subventions au quartile le plus polluant des activités économiques représentaient 1,6 % du PIB en 2021. Celles à destination des 25 % d'activités économiques les moins polluantes (médias, activités immobilières hors construction) sont restées stables sur cette période, et représentent environ 0,3 % du PIB.

Dans les dernières années, une classification des dépenses de l'État en fonction de leur contribution positive ou négative à la transition écologique — dépassant le seul enjeu des émissions de gaz à effet de serre — a été mise en place. Le « budget vert de l'État[2] » — annexé au PLF — recense désormais les dépenses de l'État ayant un impact marqué sur l'environnement. En 2023, 33,9 Md€ ont un impact favorable,

[1] Anne-Laure Delatte, *L'État droit dans le mur*, 2023, Fayard.

[2] Élaboré par le Commissariat général au développement durable (CGDD) du ministère de la Transition écologique et de la Cohésion des territoires et par la direction du Budget (DB), la direction de la Législation fiscale (DLF) et la direction générale du Trésor (DGT), rattachées au ministère de l'Économie, des Finances et de la Souveraineté industrielle et numérique (MEFSIN). Ce budget présente l'impact environnemental des crédits budgétaires et des dépenses fiscales inscrits dans le PLF dans le but d'évaluer leur compatibilité avec les engagements de la France.

principalement au travers de crédits budgétaires. À l'inverse, 19,6 Md€ ont un impact défavorable ; il s'agit principalement de dépenses fiscales[1]. Si la complétude de cet outil pourrait encore être améliorée, ce budget, qui présente une vision consolidée des financements, à la fois publics et privés, mobilisés en faveur de la transition écologique, met en avant pour la période 2019-2028 un besoin d'investissement supplémentaire d'au moins 25 Md€/an.

Les besoins d'investissements climat en 2030 par rapport à leur niveau en 2021

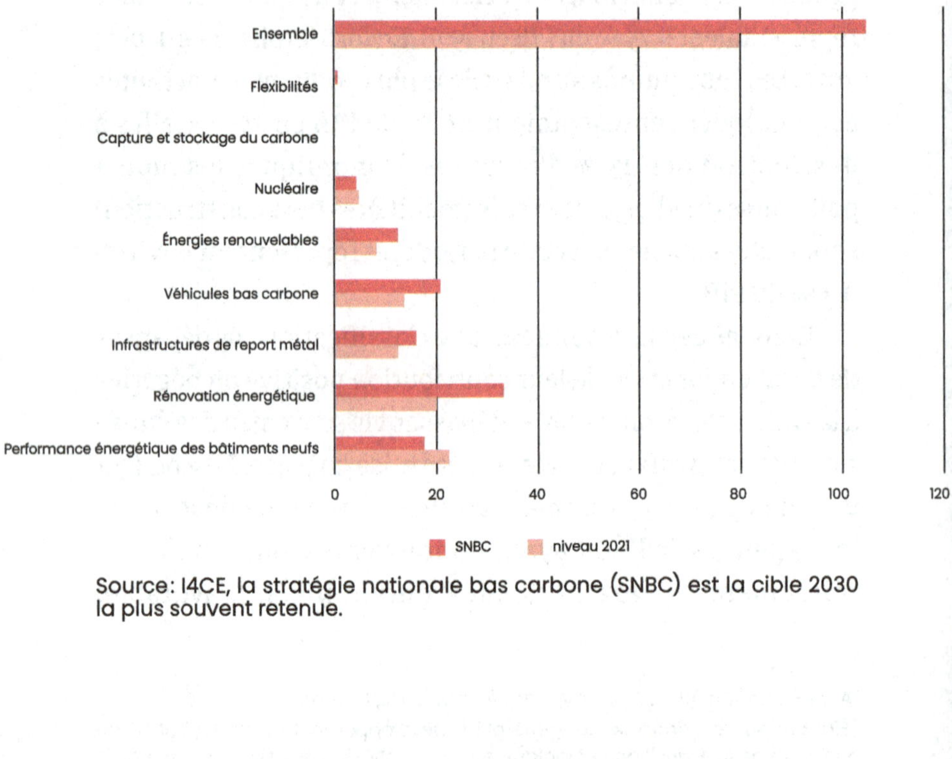

Source: I4CE, la stratégie nationale bas carbone (SNBC) est la cible 2030 la plus souvent retenue.

[1] Les montants ne peuvent pas être comparés: un euro «vert» peut avoir un impact climat bien moindre qu'un euro «brun». La mesure de la réponse aux défis de l'enjeu climatique ne peut être appréciée en termes purement budgétaires et doit s'exprimer dans des échelles en lien avec les objectifs.

2. Des investissements massifs nécessaires à la transition écologique

Les travaux du GIEC mettent en évidence que, pour limiter le réchauffement climatique à l'échelle planétaire à 1,5 °C d'ici à la fin du siècle, les émissions de gaz à effet de serre (GES) doivent culminer en 2025. À travers sa prochaine stratégie climat prévue pour l'été 2023, la France doit tenir compte du nouvel objectif européen de réduire les émissions nettes de GES de 55 % entre 1990 et 2030, bien au-delà des objectifs initiaux, et atteindre la neutralité carbone à horizon 2050, c'est-à-dire un équilibre entre la quantité de gaz à effet de serre émis et celle absorbés par les puits. Le récent rapport Pisani-Ferry-Mahfouz souligne ce point avec clarté : **« Pour atteindre nos objectifs pour 2030 et viser ainsi la neutralité en 2050, il va nous falloir faire en dix ans ce que nous avons eu de la peine à faire en trente ans. »**

Si un consensus existe sur la nécessité, afin d'accélérer la transition, d'accroître les dépenses d'investissement en faveur du climat, le dimensionnement de ce soutien fait débat chez les économistes. L'Institute for Climate Economics (I4CE) estime ainsi que les investissements climat devront atteindre 105,7 milliards d'euros par an d'ici 2030, contre 81,5 milliards d'euros par an en 2021[1]. France Stratégie[2] estime que les investissements du pays devraient croître de 70 milliards d'euros par an pour atteindre les objectifs climat. L'Institut Rousseau[3]

[1] Panorama des financements climat. Y compris les subventions d'investissement mais aussi les prêts et sur un champ plus large que les APU qui inclut des entreprises et établissements financiers publics. L'étude examine les investissements dans trois secteurs du bilan de l'énergie : les bâtiments hors construction, les transports et la branche énergie. L'industrie, l'agriculture, les déchets et la forêt ne sont pas couverts.

[2] Note d'analyse de novembre 2022, « L'action climatique : un enjeu macroéconomique », France stratégie.

[3] 2 % pour 2 °C : les investissements publics et privés nécessaires pour atteindre la neutralité carbone de la France en 2050. L'Institut Rousseau considère, de

estime les investissements supplémentaires à 57 milliards d'euros. Ces chiffres, qui comprennent à la fois des dépenses publiques et privées, ne font pas les mêmes hypothèses sur le niveau de référence, la nature de l'investissement et les secteurs couverts[1].

3. Un amoindrissement de la capacité publique à investir du fait de la diminution des ressources

Au-delà d'un financement insuffisant, il est nécessaire de réorienter les choix d'investissements vers les dépenses ayant un impact favorable sur l'environnement. Parallèlement à la hausse des dépenses favorables, les dépenses défavorables seraient amenées à reculer, notamment si la consommation d'énergies fossiles diminue dans les secteurs bénéficiant aujourd'hui de niches fiscales. Le solde de ces deux tendances — croissance des dépenses favorables et recul des dépenses défavorables — n'est pas clairement identifié et devrait s'exprimer en termes carbone plutôt qu'en termes budgétaires.

Mais parce que les objectifs climatiques se renforcent et parce que les investissements précèdent les économies réalisées sur les dépenses fossiles, on peut penser que la dépense publique nette va croître, au moins temporairement. La nécessité d'un surcroît de dépense publique de 0,5 à 1,5 point de PIB d'ici 2030 est d'ailleurs identifiée dans une étude européenne menée par Agora Energiewende[2].

manière normative, qu'environ deux tiers des investissements supplémentaires doivent être à la charge de l'État.

[1] Hadrien Hainaut, « Investissements climat : la querelle des milliards », Institute for Climate Economics, 7 avril 2023, https://www.i4ce.org/investissements-climat-querelle-des-milliards/.

[2] *How to align the EU fiscal framework with the green deal*, Janek Steitz, Dr Claudio Baccianti.

En tout état de cause, alors qu'il apparaît qu'un effort minimal de l'ordre de 2,5 points de PIB doit être consacré aux investissements en faveur de la transition écologique, la capacité des investisseurs publics à les financer, sauf à recourir à l'endettement[1], semble compromise si les orientations contenues dans le PLPFP 2023-2027 étaient confirmées[2]. En effet, sur la période de programmation, le gouvernement prévoit de poursuivre la baisse des impôts amorcée lors du quinquennat précédent (moins 50 Md€ de ressources publiques) en supprimant notamment des ressources affectées aux collectivités locales, premier investisseur public (CVAE, TH...).

[1] Option qui en soi ne saurait être exclue.

[2] Texte non voté.

06

LE FINANCEMENT DES ORGANISMES DE SÉCURITÉ SOCIALE

Une socialisation de la dépense croissante dans ses visées universelle et redistributive

1. Sur longue période, le système français se caractérise par une part croissante de dépenses socialisées notamment sous l'effet de l'extension du champ de la protection sociale

Originellement, le régime de sécurité sociale français a été conçu suivant une logique assurantielle (modèle bismarckien) : les prestations sont financées par des cotisations sociales (salariés, employeurs) dont le paiement constitue une condition nécessaire pour en bénéficier (régime assurantiel). Dans un tel modèle, les gestionnaires des régimes doivent équilibrer les prestations et les cotisations et, si un déficit apparaît, augmenter le taux des cotisations ou réaliser des économies sur les prestations.

Si elle prend ses origines à la fin du XIXe siècle avec la première loi d'assurance sociale sur les accidents du travail, c'est principalement au lendemain de la Deuxième Guerre mondiale, en 1945, que le champ de la protection sociale s'étend avec entre autres l'assurance vieillesse obligatoire (1974), l'universalisation des prestations familiales (1978), la création du revenu minimum d'insertion (RMI, 1986) et la mise en place de la couverture maladie universelle (CMU, 1999).

Les écarts concernant le ratio de dépenses publiques des pays, indicateur souvent utilisé pour justifier la nécessité de les réduire, dépendent surtout des préférences collectives en termes de socialisation des besoins et de biens publics. **En France, le choix a historiquement été fait d'un système ambitieux et redistributif, que ce soit en matière de santé, de retraite publique, de soutien aux revenus en cas de situation précaire** (assurance chômage). Ainsi, le champ du système de protection sociale explique en majeure partie l'écart du niveau de dépenses publiques françaises par rapport à de nombreux pays.

Dépenses sociales publiques rapportées aux dépenses sociales totales au sein de l'OCDE

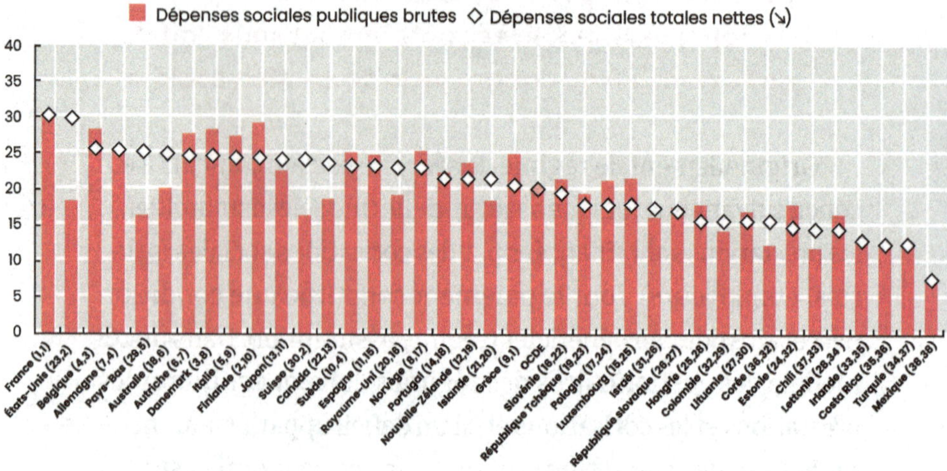

Source : OCDE (2023), Base de données de l'OCDE sur les dépenses sociales.
Lecture : En 2019, les dépenses sociales totales nettes de la France s'élèvent à 30,1 % et les dépenses sociales brutes à 30,7 %, la différence s'expliquant notamment par les cotisations sur ces dépenses.

Par ailleurs, certaines de ces dépenses de protection sociale connaissent une dynamique intrinsèque en raison de facteurs structurels tels que le vieillissement de la population. À titre illustratif de cette socialisation de la dépense, en 2021 en France, les prestations sociales représentent en moyenne 12 350 euros[1] par an et par habitant contre 10 150 euros en moyenne dans l'UE-27.

Afin de faire des comparaisons internationales, le périmètre de la protection sociale — plus large que le périmètre de la seule sécurité sociale — apparaît davantage adapté. La

[1] Les prestations du risque vieillesse-survie — les retraites — restent la première composante avec, en moyenne, 5 300 euros par an et par habitant en 2021 (soit 43 % du total). Du fait de la crise économique, la part des prestations versées au titre du risque emploi — le chômage — s'élèvent à 900 euros en moyenne par habitant en 2021. Les prestations liées au risque santé — les soins — s'élèvent, quant à elles, à 4 550 euros en moyenne par habitant, soit 37 % du total des prestations versées (après 35 % en 2020).

protection sociale englobe en effet les organismes de sécurité sociale (maladie, vieillesse, famille), le régime de chômage et les régimes complémentaires (santé, retraite)[1]. Ainsi, selon l'OCDE, les États-Unis et la France ont des dépenses de protection sociale rapportées au PIB comparables, mais avec une différence de taille : en France la quasi-intégralité des dépenses sont socialisées, tandis qu'aux États-Unis une grande partie relève du marché privé, limitant de fait la capacité des moins dotés en ressources à y accéder et expliquant le caractère profondément inégalitaire du système américain.

Entre 2001 et 2017, les dépenses sociales totales nettes françaises ont moins progressé que celles du Royaume-Uni et des États-Unis, ce qui souligne la stabilité du système redistributif français.

La socialisation de nos dépenses peut s'incarner dans les systèmes français de retraite[2] et de santé[3]. Dans ces deux domaines, la somme des dépenses publiques et privées française est équivalente à celle des principaux pays européens. En revanche, la socialisation des dépenses permet notamment d'assurer un prix d'achat de biens et services inférieur en France[4] et de limiter les dépenses de gouvernance des systèmes de santé[5]. De même, la France est l'un des pays où le reste à

[1] Seuls les comptes de la protection sociale sont comparables sur un champ identique.

[2] Source: OECD Social Expenditures Database (SOCX); OECD Main Economic Indicators Database. See Adema and Ladaique (2009) for more details on the data, sources and methodology. StatLink https://stat. link/kp4d5j.

[3] Joint OECD, EUROSTAT and WHO Health Accounts SHA Questionnaires (JHAQ).

[4] Selon les dépenses de santé en 2021 — édition 2022 DREES — aux États-Unis, en 2017, les niveaux des prix dans le secteur de la santé, avec la France comme pays de référence (base 1), s'élèvent à 1,64. Cela signifie que pour un panier de biens similaires en santé, les prix aux États-Unis sont 64 % supérieurs à ceux pratiqués en France.

[5] Selon les dépenses de santé en 2021 — édition 2022 DREES — en France en 2020, les dépenses de gouvernance des systèmes de santé représentent 5,4 % de la DCSi, dont 2,7 % de dépenses des assurances privées obligatoires ou facultatives,

charge des ménages en santé est le plus faible : 8,8 % de la dépense courante de santé en 2020 (soit le deuxième niveau le plus faible au sein des pays de l'OCDE après le Luxembourg).

Évolution comparée des dépenses sociales totales nettes, en % du PIB

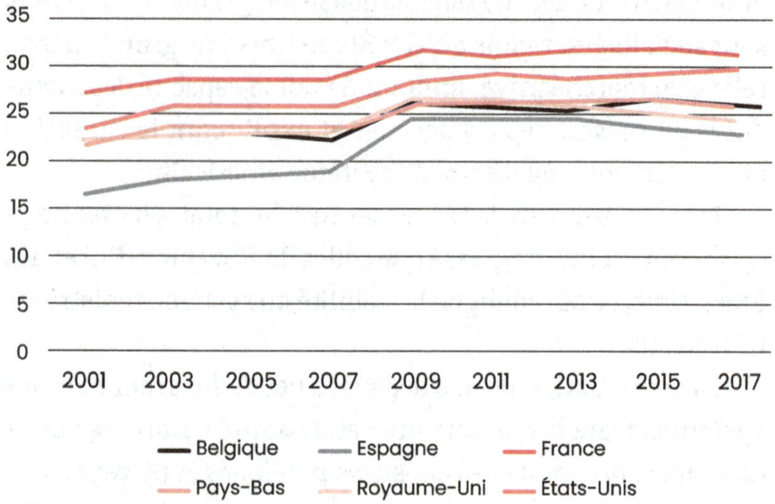

Le mode de financement de la protection sociale, mais également la fourniture de services publics, participent à la redistribution opérée par le système[1]. L'INSEE indique qu'elle est deux fois plus ample en intégrant les services publics plutôt que les seuls prélèvements et transferts monétaires. **Le caractère redistributif du système socio-fiscal français provient donc avant tout des transferts en nature, comme l'éducation, la santé et le logement, qui contribuent pour 50 % à la réduction des inégalités** au sens de la redistribution élargie. Viennent ensuite les prestations sociales monétaires (23 %), les dépenses de

2,4 % de dépenses de l'assurance maladie obligatoire et 0,3 % de dépenses de l'État.

[1] INSEE Références — édition 2021 — dossiers — Réduction des inégalités : la redistribution est deux fois plus ample en intégrant les services publics.

consommation collective (16 %) et les retraites (10 %). *A contrario*, les prélèvements sont eux légèrement anti-redistributifs du fait, d'une part, des taxes sur les produits (telles que la TVA) et des cotisations qui font plus que compenser la progressivité des impôts sur les revenus et le patrimoine et, d'autre part, de la substitution de prélèvements progressifs (baisse de l'IS, suppression de l'ISF) par des prélèvements proportionnels voire régressifs (flat tax, CSG, TVA)[1].

2. L'universalisation progressive du financement de la protection sociale fait désormais des ménages les premiers financeurs des administrations de sécurité sociale

L'universalisation progressive des prestations sociales (assurance maladie, famille, vieillesse...) a constitué une rupture ambitieuse avec la logique assurantielle. La perception des prestations par un individu n'est plus systématiquement conditionnée au paiement préalable de cotisations. Conséquence, le financement de la sécurité sociale a été adapté, l'impôt remplaçant progressivement les cotisations sociales (création et développement de la CSG et de la CRDS, affectation de TVA...). Le lien entre cotisations et prestations a en outre été distendu du fait des allégements et exonérations de cotisations accordées aux entreprises notamment sur les bas salaires[2], ceux-ci

[1] Oxfam France, *Manifeste fiscal juste, vert et féministe: quelles réformes pour un modèle fiscal moins inégalitaire ?*

[2] Suivant une logique de baisse du coût du travail supposée permettre des gains de compétitivité. Certaines de ces baisses de cotisations employeurs n'ont toutefois pas produit les effets escomptés tant en termes de création d'emplois (100 000 emplois selon le bilan de France Stratégie, loin du million escompté par le Medef, le tout pour une dépense de 20 mds d'euros) qu'en termes d'amélioration de la compétitivité (le CAE considère ainsi que les baisses de charges sur les salaires plus élevés (au-delà de 1,6 SMIC) n'ont pas fait la preuve de leur

n'entraînant pas une diminution des prestations dues aux assurés. La sécurité sociale a ainsi évolué vers un modèle hybride où, bien que restant à plus des deux tiers financées par les cotisations sociales, les prestations sont également en partie financées par l'impôt et par l'État.

Évolution du financement de la protection sociale en France depuis 1959

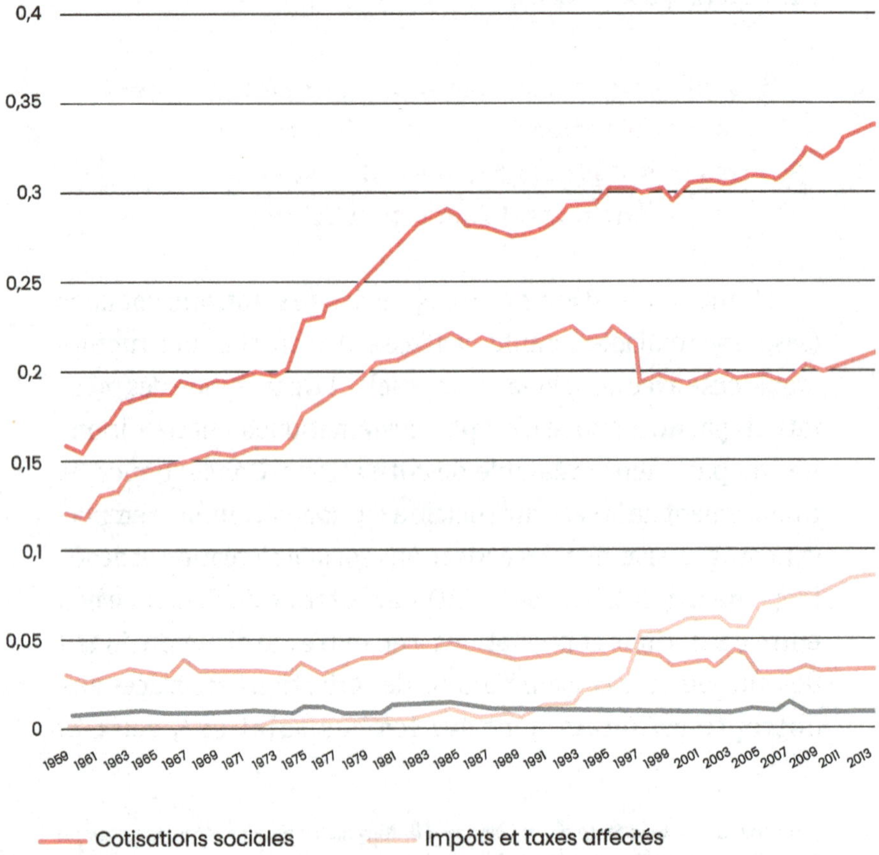

Source : DREES, Comptes de la protection sociale.

efficacité, aucun impact positif sur les exportations n'étant trouvé alors qu'elles étaient en grande partie motivées par un objectif de compétitivité).

Conséquence des mutations de ce mode de financement, les ménages sont désormais les principaux financeurs des administrations de sécurité sociale. En 2020, les administrations de sécurité sociale (ASSO) sont financées à hauteur de 53 % par des prélèvements sur les ménages, qui correspondent essentiellement à des impôts et taxes affectés (35 % des ressources des ASSO) et aux cotisations sociales des assurés (18 %). Les employeurs (entreprises et administrations publiques) assurent pour leur part 47 % du financement des administrations de sécurité sociale, la plus grande partie sous forme de cotisations patronales (40 % des ressources des ASSO). Entre 1990 et 2020, la part de la contribution des ménages au financement des administrations de sécurité sociale s'est accrue de 18 points. Cette évolution, intervenue au cours des années 1990, s'explique principalement par la montée en charge de la Contribution sociale généralisée (CSG) et des exonérations de cotisations sociales patronales, compensées à la sécurité sociale par l'affectation de recettes fiscales le plus souvent à la charge des ménages. Dernier exemple en date : en 2019, avec une hausse de la part de TVA affectée au financement des ASSO, en compensation des baisses de cotisations employeurs créées après la transformation du crédit d'impôt compétitivité ou CICE en allègement de charges.

3. Un renforcement des pouvoirs de contrôle du Parlement concomitant avec une politique de maîtrise de l'augmentation, voire récemment de diminution, des dépenses sociales (% PIB)

Avant 1996, alors même que les masses financières en jeu étaient supérieures à celles du budget de l'État, le contrôle de la politique du gouvernement en matière de sécurité sociale échappait très largement au Parlement en raison du fonctionnement et du financement originellement paritaires de la sécurité sociale.

À la suite de la mise en place de la CSG, les lois de financement de la Sécurité sociale (LFSS) ont été créées en 1995 afin d'accroître les prérogatives du Parlement en matière sociale. L'article 34 al. 19 de la Constitution prévoit désormais qu'elles « déterminent les conditions générales de son équilibre financier et, compte tenu de leurs prévisions de recettes, fixent ses objectifs de dépenses dans les conditions et sous les réserves prévues par une loi organique ». Chaque année, le projet de loi de financement de la Sécurité sociale (PLFSS), après avoir dressé la situation de la branche à la période précédente, fixe les recettes et le déficit prévisionnels de l'année suivante. Ce n'est que dans un dernier temps que les objectifs de dépenses de l'année à venir sont décidés. Ils ne sont pas limitatifs et peuvent être dépassés : un manque de financement n'entraîne pas de refus de remboursement des soins. Le champ des LFSS porte sur les régimes de base et les organismes concourant à leur financement, à l'exception des régimes de retraite complémentaires, de l'assurance chômage ou des dépenses sociales servies par l'État et les collectivités locales (ex. : RSA). Le pilotage par les recettes des organismes de sécurité sociale tient dans cette impossibilité de limiter l'accès aux dépenses sociales. Le niveau des ressources de la sécurité sociale, dont la part contributive diminue depuis plusieurs années, peut être ajusté par la fiscalité et l'affectation à la sécurité sociale de ressources supplémentaires — soit des recettes existantes en provenance de l'État, soit par une augmentation du niveau des prélèvements obligatoires.

La maîtrise de l'augmentation des dépenses de la protection sociale constitue un des facteurs ayant présidé à la création des PLFSS. Cette volonté s'est notamment traduite par la création de l'ONDAM (Objectif national de dépenses d'assurance maladie), lequel constitue un objectif de dépenses à ne pas dépasser en matière de soins de ville et d'hospitalisation dispensés dans les établissements privés ou publics, mais aussi dans les centres médico-sociaux. Un comité spécifique est chargé, au plus tard le 1er juin, d'alerter le Parlement, le gouvernement et les caisses nationales d'assurance maladie en cas d'évolution de ces dépenses incompatible avec le respect de l'objectif national voté par le Parlement dans la LFSS. Si le risque de dépassement de l'ONDAM est jugé sérieux (*i.e.* si son ampleur prévisible est supérieure à un seuil fixé par décret et qui ne peut excéder 1 %), des mesures de régulation doivent être engagées.

Sans préjuger des orientations à venir, une rupture semble se dessiner avec une entreprise de réduction des dépenses sociales succédant à l'effort de maîtrise de l'évolution des dépenses, les récentes réformes de l'assurance chômage (durcissement des règles d'éligibilité, baisse de 25 % de la durée d'indemnisation) et des retraites (recul de l'âge légal de départ à 62 ans) témoignant de cette dynamique.

Janvier 2023 : « il faut augmenter la dette financière pour réduire la dette écologique » déclare Éric Lombard, directeur général de la Caisse des dépôts et consignations

En janvier 2023, le directeur général de la Caisse des dépôts et consignations rappelait, dans une interview à *La Gazette des communes*, que la dette financière était un instrument de politique publique et non une finalité en elle-même. Ce rappel témoigne d'une prise de conscience récente à un très haut niveau des services publics, qui va à l'encontre de la vision longtemps répandue qui faisait de la réduction de la dette publique un objectif en lui-même.

Si les taux d'emprunt ont sensiblement augmenté sur la période récente, pour partie suite à la normalisation progressive de la politique monétaire des banques centrales, la France dispose à court terme de marges de manœuvre pour au moins trois raisons. Les valeurs de ces dernières années le démontrent en premier lieu. En 2021 et 2022, la valeur du PIB a fortement rebondi et le solde stabilisant faisait état d'un déficit de 9 % puis 6,2 % du PIB alors que le solde public était en déficit de 6,5 % puis 4,7 % du PIB. En conséquence, la dette a diminué sur ces deux années. Dans la mesure où le gouvernement estime que le déficit se rapprocherait de 3,4 % dans la seconde partie de l'année 2023, il est possible d'affirmer que la dette demeurera contenue (pour mémoire elle s'établit à 112,5 % du PIB).

En second lieu, la situation de la France doit être appréciée relativement à celles d'autres pays, en particulier européens et de la zone euro. Le *spread*, c'est-à-dire l'écart entre les taux auxquels l'Allemagne (pays de référence pour les marchés financiers) et la France empruntent pour 10 ans était début juillet 2023 de 49 points de base tandis que celui de l'Italie était de 154 points de base, celui de l'Espagne de 100 points de base, celui de la Belgique de 55 points de base, celui du Portugal de 84 points de base. Sans prétendre à l'exhaustivité, cette énumération démontre néanmoins la robustesse de la signature française sur les marchés financiers relativement à ses voisins.

Enfin, l'environnement actuel d'inflation constitue l'occasion de mettre l'endettement financier au service de la dette écologique. Un outil particulièrement pertinent en cette période. Alors que l'écart entre le taux d'intérêt à 10 ans et l'inflation est conséquent, une partie du remboursement de la dette se fera naturellement, en raison de l'érosion liée à l'inflation. En effet, le pouvoir d'achat de chaque euro baisse puisque les prix de ce qu'on achète avec augmentent. Ce qui signifie aussi que chaque euro emprunté coûte, en termes réels (c'est-à-dire en baguettes de pain, en kilos de carottes, etc.), moins cher à rembourser. Mécaniquement, l'inflation fait ainsi diminuer le poids réel de la dette.

L'environnement macroéconomique actuel constitue ainsi l'occasion de réaffirmer des priorités de politiques publiques, en l'occurrence l'habitabilité de la planète. Un tel choix suppose de prendre conscience que la dette financière est une variable technique, dont le niveau fluctue au cours de l'histoire pour divers motifs (choix politiques, réponses à un choc systémique, crises...), alors que la dette écologique est la traduction d'un capital qui s'érode sans réversibilité.

Cette réhabilitation de l'outil de la dette publique est convergente avec d'autres initiatives nationales et européennes visant à rappeler l'importance du levier fiscal, notamment pour couvrir les importants besoins de fonds en matière de transition écologique. Le rapport remis par Jean Pisany-Ferry et Selma Mahfouz recommande ainsi de financer la transition écologique en combinant recours à l'endettement et fiscalité exceptionnelle et temporaire sur le patrimoine financier des plus aisés : « Il ne sert à rien de retarder les efforts au nom de la maîtrise de la dette publique. Sauf à parier sur la technologie, ce ne pourrait qu'accroître le coût pour les finances publiques et l'effort nécessaire les années suivantes pour atteindre nos objectifs climatiques. L'endettement public n'est pas le premier instrument de financement de la transition. Contraindre à l'excès la possibilité d'y avoir recours risque cependant de compliquer encore la tâche des décideurs publics. »

En ce sens, une initiative citoyenne européenne appelant à la mise en place d'un impôt de solidarité sur la fortune (ISF) européen afin de financer la transition écologique a également été enregistrée par la Commission européenne, la mise au vote, prochaine étape, consistant en l'ouverture de la procédure de recueil des soutiens telle qu'exigée par les traités européens (un million de signatures dans au moins sept pays, en un an), condition qui, sous réserve d'être satisfaite, contraint la Commission à engager un débat institutionnel au niveau européen.

Le recours au levier fiscal constitue en outre une approche cohérente avec des objectifs redistributifs. Alors qu'un désendettement par une hausse des prélèvements obligatoires pèse davantage sur les ménages les plus aisés, une baisse de la dépense publique cible proportionnellement les ménages modestes. Les effets de la numérisation excessive des services publics sur le non-recours et la complexification du parcours usager en constituent une illustration manifeste.

07

DÉFICIT PUBLIC ET MODALITÉS DE SON ÉVOLUTION

Une priorité quasi systématique donnée à la baisse des dépenses au détriment d'éventuelles hausses des recettes

Contribution de l'évolution respective des dépenses et des recettes publiques à la réduction du déficit public (« effort structurel », en % du PIB) depuis 1989 et jusqu'en 2027

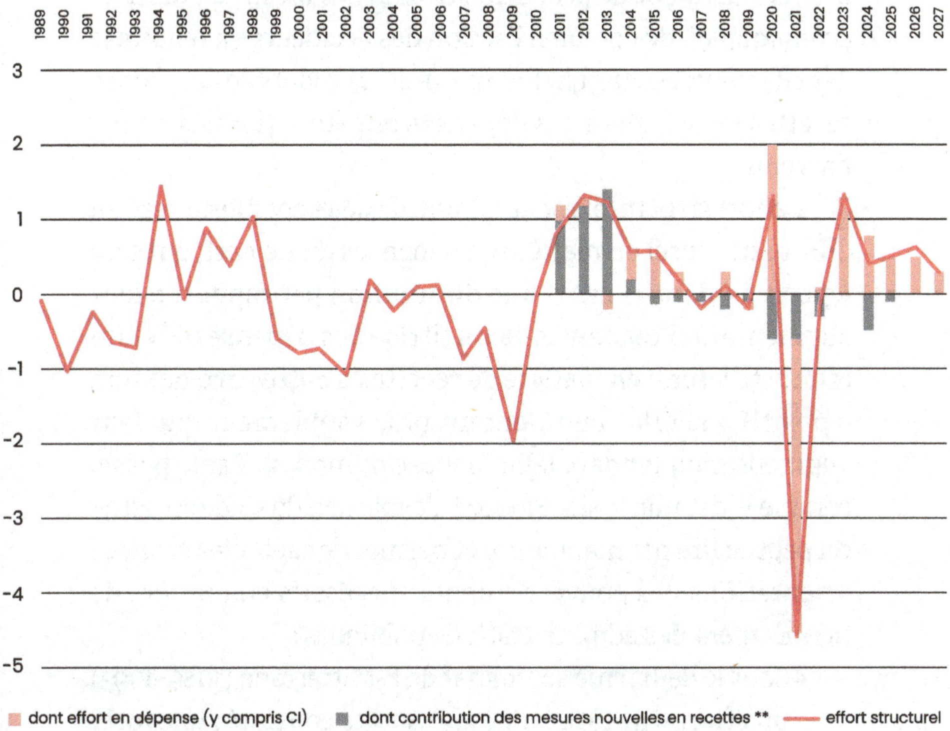

Source: De 1989 à 2011, chiffres Fipeco, de 2011 à 2027 loi de programmation des finances publiques.
Note de lecture: En 2023, le déficit doit être diminué selon les prévisions du gouvernement de 1,3 % de PIB potentiel. Cette diminution s'effectue intégralement par une diminution des dépenses.

1. Sur longue période, un effort structurel différencié selon la majorité politique, tendant récemment à la maîtrise des dépenses

On peut rendre compte des orientations principales des pouvoirs publics en matière de financement des services publics au travers de l'indicateur d'effort structurel, qui mesure la contribution des décisions de politique publique à la réduction du déficit. Si la construction de cet indicateur d'effort structurel peut paraître technique (*cf.* annexe 2), il permet néanmoins utilement de préciser, au-delà des aléas de l'activité économique[1], de combien l'action des décideurs va réduire le déficit public, et dans quelles mesures les leviers de hausse des recettes ou de baisse des dépenses ont été actionnés pour y parvenir.

L'effort structurel est la somme de deux composantes : un effort structurel en matière de dépenses d'une part, qui sera « positif » dans le cas d'une diminution par rapport à leur augmentation tendancielle (maîtrise des dépenses)[2], et un effort structurel en matière de recettes d'autre part, qui sera « positif » si elles augmentent plus rapidement que leur augmentation tendancielle (hausse d'impôts). Par le passé, comme le détaille le site Fipeco[3], l'évolution du solde structurel peut se lire par mandature et permet de capter les grandes orientations des gouvernements successifs en matière de financement des administrations publiques :

- Sous le deuxième septennat de F. Mitterrand (1989-1993) un effort « négatif » de -2,2 % a été constaté : une forte croissance des dépenses publiques (3,5 % en volume en moyenne sur 1989-1992 sous l'effet notamment de la progression des pensions et des dépenses d'assurance maladie et d'éducation) s'est conjuguée à une baisse d'impôts (suppression du taux majoré de TVA et

[1] Le niveau du déficit public dépend fortement de l'activité économique et donc de la situation conjoncturelle. En effet, les dépenses (RSA, assurance chômage, aides sociales) apparaissent contracycliques alors qu'à l'inverse les recettes publiques sont procycliques (leur élasticité depuis les années 1990 est généralement légèrement supérieure à une unité ce qui signifie que les recettes fiscales augmentent tendanciellement un peu plus que la croissance du PIB).

[2] Car une moindre augmentation des dépenses contribue à la réduction du déficit.

[3] François Ecalle, « L'effort structurel de réduction du déficit public depuis 30 ans, Fipeco, 2019, https://fipeco.fr/pdf/0.93179300 % 201559727322.pdf.

allégement de l'IS supérieurs à l'augmentation des cotisations et impôts locaux).

- Sous la cohabitation puis le début du septennat Chirac (1993-1997) un effort « positif » de 2 % : la croissance des dépenses a été comprimée pour être ramenée à 1,8 % en moyenne avec la réforme des retraites ou le contrôle des remboursements d'assurance maladie, mais surtout une forte hausse des prélèvements obligatoires (hausse de 2 points du taux normal de TVA, de l'IS, de la CSG et de la TIPP...) explique l'essentiel de l'effort structurel.
- La cohabitation du septennat de J. Chirac (1997-2002) a conduit à un effort « négatif » de -2,1 % : de fortes baisses des prélèvements obligatoires (allégements de cotisations patronales dans le cadre du passage aux 35 heures, baisse d'un point de la TVA et application d'un taux réduit aux travaux d'entretien, suppression de la composante salariale de la taxe professionnelle...) sont allées de pair avec un rebond de la croissance des dépenses en volume sur les années 1999-2001 (2,4 % en moyenne annuelle) sous l'effet notamment de la mise en place des 35 heures dans la fonction publique et d'une accélération des remboursements d'assurance maladie.
- Le quinquennat de J. Chirac (2002-2007) montre un effort « négatif » limité, de -0,5 % : les prélèvements obligatoires ont d'abord augmenté légèrement avant une forte baisse en 2007 (IR et IS) prise pour moitié dans l'effort de la législature 2002-2007. Sous celle-ci, la croissance des dépenses est restée relativement forte (2,0 % en moyenne sur 2003-2006) sous l'effet notamment de la hausse des dépenses des collectivités locales.
- Le quinquennat de N. Sarkozy (2007-2012), marqué par la crise économique, a conduit à un effort « négatif » de

-1,8 % : les prélèvements obligatoires ont d'abord fortement baissé, dans le cadre de la loi sur le travail, l'emploi et le pouvoir d'achat puis dans le cadre du plan de relance de l'activité économique. Ils ont ensuite augmenté sous l'effet de l'arrêt du plan de relance puis des mesures de redressement budgétaire décidées à partir de l'été 2010 (réforme des retraites). La croissance des dépenses en valeur a nettement ralenti de 2007 (4,4 %) à 2011 (2,1 %) mais l'inflation et la croissance potentielle du PIB ont encore plus fortement ralenti.

- Le quinquennat de F. Hollande (2012-2017) a été marqué par un effort structurel « positif » de 2,5 % : jusqu'en 2013, de fortes hausses des prélèvements obligatoires sont enregistrées, suivies de baisses de moindre ampleur, conduisant à un effort en recettes sur 2012-2017 particulièrement important. À partir de 2013, hors crédits d'impôt, c'est sur les dépenses que l'effort structurel est réalisé, avec une croissance des dépenses en volume ramenée à 1,0 % en moyenne sur 2013-2017. Cet effort structurel en dépenses est légèrement négatif si, conformément aux normes internationales en matière de comptabilité nationale, les importants crédits d'impôts de la deuxième moitié du quinquennat sont ajoutés aux réductions de dépenses publiques.

2. Pour la période à venir, le gouvernement fait état de perspectives de réduction inédites des dépenses et des recettes publiques

Les lois pluriannuelles de programmation des finances publiques imposent un effort structurel minimal pour chaque année de la période de programmation : **sur la période récente**

la tendance est à la baisse des dépenses conjuguée à la diminution des prélèvements obligatoires. La loi de programmation des finances publiques pour les années 2023 à 2027 affiche une volonté de poursuivre et d'accélérer cette tendance, dans une ampleur inédite jusqu'alors[1].

La loi de programmation prévoit pour 2023 une amélioration du solde structurel d'environ 5 Md€. En dépenses, cette amélioration se traduit en une baisse de la dépense d'environ 30 Md€ (obtenue par exemple *via* une revalorisation du point d'indice des fonctionnaires inférieure à l'inflation et sur une demi-année seulement). **En recettes, l'effort structurel est « négatif », c'est-à-dire qu'il conduit à une diminution des recettes, notamment de CVAE en 2024**, suivie de leur stagnation en pourcentage du PIB[2].

3. Le levier fiscal demeure un tabou pour le gouvernement, alors même que le consentement à l'impôt et aux cotisations sociales est réel sous réserve d'un système juste et redistributif

L'augmentation des impôts et des cotisations n'apparaît pourtant pas comme un levier impossible pour le financement des services publics et de la sécurité sociale. Selon une enquête

[1] L'effort structurel correspond à la différence entre la croissance potentielle et l'évolution des dépenses, déduction faite des mesures discrétionnaires en matière de recettes. Exprimé en points de PIB, il comprend deux volets : un effort de hausse des prélèvements obligatoires et un effort de maîtrise des dépenses publiques. L'effort de hausse des prélèvements obligatoires (impôts et cotisations sociales) est égal au rendement total des « mesures nouvelles » concernant ces prélèvements. Il est éventuellement négatif, en termes d'impact sur les finances publiques, si les baisses d'impôts l'emportent sur les hausses.

[2] Absente du graphique, une composante non discrétionnaire est également renseignée par le document du gouvernement. Cette baisse de -25 Md€ s'explique par la hausse mécanique des dépenses sociales et la baisse des recettes suite au ralentissement de l'activité économique. C'est la dimension conjoncturelle des recettes, indépendante des choix gouvernementaux.

récente de la Cour des comptes, la majorité des Français trouvent la redistribution des richesses insuffisante[1].

La question de la redistributivité du système fiscal pourrait contribuer à résoudre le conflit apparent entre financement de notre protection sociale et de nos services publics d'un côté et consentement à l'impôt de l'autre. Une étude de la Banque mondiale, publiée en septembre 2022, montre que le consentement à l'impôt est d'autant plus fort que le système fiscal est progressif et lisible[2]. Si les prélèvements obligatoires sont élevés en France, la progressivité du système fiscal s'est progressivement érodée. L'Institut des politiques publiques a récemment mis en évidence que, quand le taux d'imposition effectif de la majorité des Français, tous prélèvements confondus, est d'environ 50 %, le taux effectif pour les 1 % les plus riches est deux fois moins important[3]. L'impôt sur le revenu ne représente que 2 % du revenu économique des 370 familles les plus riches. Pour les 37 familles les plus riches, il représente 0,2 %[4].

Le modèle des assurances sociales peut également participer à un fort consentement aux prélèvements. Ainsi, selon le baromètre 2021 de la DREES, 60 % des interrogés sont contre une baisse des impôts et des cotisations si cela se répercute par un recul de la protection sociale (retraites, assurance maladie notamment), et l'opposition à cette baisse conjointe augmente sur le moyen terme. Les hausses de cotisation des

[1] Baromètre des prélèvements obligatoires en France, première édition 2021 du Conseil des prélèvements obligatoires.

[2] « How Does the Progressivity of Taxes and Government Transfers Impact People's Willingness to Pay Tax? Experimental Evidence across Developing Countries », Christopher Hoy.

[3] Institut des politiques publiques, « Quels impôts les milliardaires payent-ils ? », Bach *et al.*, n° 92, juin 2023.

[4] « Billionaires Pay Taxes ? » (L. Bach, A. Bozio et A. Guillouzouic). Si les milliardaires ne payent pas d'impôt sur le revenu ou sur la fortune, ils payent en revanche de l'impôt sur les sociétés d'un montant inférieur à 25 %, soit le taux facial.

vingt dernières années, progressives et permettant de financer des prestations auxquelles les cotisants étaient éligibles, n'ont pas entraîné de diminution du consentement aux cotisations des assurés sociaux[1].

Janvier 2023 : L'entrée en vigueur des cours criminelles départementales, illustration des apories d'un discours qui décrète la « confiance » dans les services publics plutôt qu'il ne la construit

Depuis le 1er janvier 2023, les jurys populaires de citoyens tirés au sort au sein des cours d'assises sont privés de la majeure partie de leurs attributions désormais confiées à des cours criminelles départementales composées de magistrats professionnels. Cette réforme, justifiée par ses promoteurs comme devant permettre tant de réduire les dépenses de ces cours que d'accroître la célérité de la justice, effets qui demeurent à prouver, a été prévue par la « loi sur la confiance dans l'institution judiciaire » de 2021. Alors que le rapport conclusif des États généraux de la justice plaidait pour un rapprochement des citoyens et de leur justice, cette réforme semble aller en sens inverse, le jury populaire étant à la fois un instrument historique de 1789, un outil au service de la citoyenneté et un des rares lieux dans les services publics où le pouvoir était directement partagé avec les citoyens.

Loin de constituer une exception, cette loi sur la confiance dans l'institution judiciaire s'inscrit dans la lignée de lois mettant à l'honneur le terme de confiance: loi pour la confiance dans la vie politique (2017), loi pour un État au service d'une société de confiance (2018), loi pour une école de la confiance (2019). Si cette succession témoigne de la conscience de l'existence d'un sentiment de défiance au sein de la société à l'égard de certains services publics, la stratégie retenue semble ignorer que

[1] À paraître, Guillaud, Zemmour et Baudouin, *Le financement des assurances sociales est-il devenu insoutenable ?*

décréter la confiance ne suffit pas: elle doit s'éprouver au quotidien dans le cadre de pratiques, d'expériences qui fondent le rapport entre la population et les services publics.

Les travaux de sociologues sont à cet égard particulièrement éclairants. C'est bien de l'expérience au service public que découle le sentiment de confiance ou de défiance. La multiplicité des expériences expliquent ainsi les divergences parfois très substantielles entre la déclaration par les citoyens de leur confiance dans une institution et leur appréhension concrète de l'égalité de traitement. Ainsi, la confiance manifestée à l'égard de l'institution policière dans les baromètres des services publics tend en réalité à décroître à mesure que le contact avec les policiers est fréquent.

De surcroît, les positions sociales influent sur le rapport de confiance, témoignant d'expériences pratiques désavantageuses pour les classes les moins favorisées. Les résultats de l'enquête Profet (Pratiques et représentations ordinaires face à l'État, 2017) soulignent ainsi que les cadres disent 10 % à 20 % de plus que les ouvriers avoir confiance dans les services publics de la justice, de la police et des impôts. La confiance symbolique dans les institutions est également marquée générationnellement: les jeunes non seulement se prononcent moins sur leur confiance dans ces trois services publics que leurs aînés, mais de plus, lorsqu'ils le font, ils témoignent une moindre confiance que ceux-ci.

Une moindre confiance *a priori* peut également se conjuguer avec un plus grand recours, en pratique, à ces services publics: c'est par exemple le cas du recours à la police, plus fréquent chez les ouvriers que chez les cadres, et cela malgré une moindre confiance symbolique des premiers que des seconds. Ce phénomène peut s'interpréter de deux façons distinctes, bien que compatibles entre elles: l'hypothèse du moindre choix, du fait de moindres ressources ou de plus de nécessités, et l'hypothèse du recours pratique à certains services publics qui dégraderait le niveau de confiance que l'on a dans ceux-ci. Dans le cas de la police, cette deuxième hypothèse est confirmée par l'enquête Profet. Cet état de fait n'est pourtant pas une fatalité, et on retrouve le phénomène inverse pour les services fiscaux: les personnes y ayant été confrontées ont, tendanciellement, une propension plus importante à déclarer une appréhension positive de ces services que celles qui n'y ont pas été confrontées.

Revivifier la confiance, notamment de celles et ceux qui éprouvent des difficultés au contact des services publics, passe donc également par une amélioration des conditions d'exercice des services publics, notamment les plus emblématiques, dans le quotidien des populations (éducation, santé, transports, sécurité, administrations sociale et fiscale). Plus que des lois de principe, c'est de l'expérience pratique des citoyens que découle un lien de confiance envers les services publics.

Annexe 1 : Le financement des services publics — de quoi parle-t-on ?

L'article 1B de la loi organique relative aux lois de finances (LOLF) prévoit un pilotage d'ensemble des dépenses publiques : les lois de programmation comprennent une déclinaison par catégorie d'administrations publiques de l'objectif des dépenses publiques, et notamment le plafond des crédits des missions du budget général ; un objectif de dépenses des régimes obligatoires de base de sécurité sociale ainsi que l'ONDAM. Ces lois ne comportent que des perspectives d'évolution pour leurs recettes, dépenses et soldes qui, si elles n'ont pas de caractère obligatoire, révèlent les évolutions désirées pour nos services publics : ce sont ces évolutions que nos indicateurs cherchent à mettre en évidence.

De grands principes budgétaires permettent un renforcement des contrôles parlementaires sur l'activité budgétaire du gouvernement. Les principes d'unité et d'universalité garantissent la transparence et donc la discussion démocratique du budget : il faut que le budget soit suffisamment analytique pour que la présentation en soit claire. L'universalité vise à séparer de façon stricte les dépenses et les recettes. La non-affectation théorique des recettes aux dépenses vise à éviter que chaque catégorie de recettes soit réservée à la couverture d'une seule catégorie de dépenses. Les dépenses et les recettes doivent donc être considérées comme deux masses indépendantes[1], sans lien

[1] Il existe certes des exceptions mais celles-ci sont justifiées par l'existence d'un lien intrinsèque entre les recettes et les dépenses (protection sociale, comptes d'affectation spéciaux).

autre que global (calcul du solde budgétaire)[1]. Dans une perspective historique, le solde budgétaire, différence entre les recettes et les dépenses, est égal à -6,4 % en 2021 (en 2021, la dépense publique est égale à 59 % du PIB et elle est financée par des recettes publiques qui représentent 52,6 % du PIB).

Le financement des administrations — que l'on segmente traditionnellement entre les administrations publiques centrales (État et ses opérateurs), les administrations publiques locales et les administrations de sécurité sociale — révèle une concentration de la moitié de la masse salariale publique dans la première, de l'investissement public local dans la seconde et de la quasi-totalité des prestations sociales (retraites, santé, redistribution) dans la dernière. Cette répartition reflète ainsi clairement les choix de société opérés en France : l'État assume des services publics dont le cœur du fonctionnement repose sur de la ressource humaine (école, défense, police, justice), les collectivités assument l'essentiel de l'investissement public en lien avec les besoins des territoires (logique de subsidiarité), la Sécurité sociale finance notre modèle social particulièrement protecteur ainsi que la crise sanitaire l'a démontré.

[1] La LOLF prévoit une série d'exceptions à ce principe : les comptes spéciaux et les budgets annexes et trois procédures spécifiques d'affectation.

Principales dépenses et recettes des administrations publiques en 2021

En Milliards d'euros	Administrations publiques centrales	Administrations publiques locales	Administrations de sécurité sociale	Ensemble des administrations publiques[1]
Total des dépenses[1]	**611,9**	**280**	**683,1**	**1475,60**
Dépenses de fonctionnement[2] dont:	193,4	141,9	114,6	449,9
Consommations intermédiaires[2]	40,9	52	32	125
Rémunérations des salariés	150,1	86,5	75,7	312,4
Intérêts versés[2]	31,1	4	3,1	38,1
Prestations sociales en espèces et en nature	126	27,4	518,7	672,1
Transferts courants entre administrations publiques	62,3	3,7	20	0
Autres transferts et subventions	167,8	48,3	20	222,9
Acquisitions nettes d'actifs non financiers, dont:	31,2	54,7	6,6	92,6
Formation brute de capital fixe	30,4	52,7	6,6	89,7

Total des recettes[1]	**468,5**	**279,4**	**666,4**	**1314,90**
- dont Impôts et cotisations sociales	391	163,5	614,1	1168,60
- dont Ventes	27	45,3	22,1	94,4
- dont Revenus de la propriété	8,2	3,1	3,7	14,9
- dont Autres transferts	42,2	67,6	26,6	37,1
Capacité (+) / Besoin (-) de financement	-143,4	-0,6	-16,7	-160,7

En 2021, les dépenses des administrations centrales s'élèvent à 611,9 milliards d'euros et progressent de 4,3 % par rapport à 2020.

1. Dans la colonne « Ensemble des administrations publiques », les transferts entre les trois sous-secteurs (administrations centrales, locales et de sécurité sociale) sont consolidés, si bien que les dépenses et recettes sont inférieures à la somme des dépenses et recettes des trois sous-secteurs.
2. Hors correction au titre des services d'intermédiation financière indirectement mesurés (Sifim) sur les intérêts versés.

Source : INSEE, comptes nationaux, base 2014.

Annexe 2: Solde structurel et effort structurel

Plus que le déficit, le solde structurel s'utilise pour apprécier la viabilité à long terme des finances publiques. En effet, les cycles économiques et les événements ponctuels peuvent influer notablement sur le solde budgétaire. Lors des périodes de ralentissement économique, les recettes publiques ont tendance à diminuer du fait de la baisse des revenus. Ainsi le solde structurel équivaut au solde budgétaire qui serait celui d'un pays avec ses politiques en place si l'économie fonctionnait à son plein potentiel (avec son « PIB potentiel »). Un pays présentant un déficit (primaire) structurel afficherait également un déficit (primaire) même si son économie fonctionnait à plein régime.

La comparaison des soldes structurels demeure néanmoins très fragile pour au moins deux raisons. Premièrement, parce que le solde structurel s'apprécie grâce à l'estimation du PIB potentiel, lequel repose sur des méthodes statistiques et économiques non dépourvues de limites méthodologiques (calcul de l'*output gap*) ainsi qu'en témoigne le fait que les estimations du PIB potentiel des années passées sont fréquemment révisées pour tenir compte des données macroéconomiques sur la croissance dans la période la plus récente. Deuxièmement, les réalités recouvertes par les mesures ponctuelles et temporaires, neutralisées car considérées comme conjoncturelles, varient dans le temps et dans l'espace.

L'effort structurel correspond à la différence entre la croissance potentielle et l'évolution des dépenses, déduction faite des mesures discrétionnaires en matière de recettes. Exprimé en points de PIB, il comprend deux volets : un effort de hausse des prélèvements obligatoires et un effort de maîtrise des dépenses publiques. L'effort de hausse des prélèvements obligatoires (impôts et cotisations sociales) est égal au rendement total des « mesures nouvelles » concernant ces prélèvements. Il est éventuellement négatif, en termes d'impact sur les finances publiques, si les baisses d'impôts l'emportent sur les hausses.

Le site Fipeco explique que la notion d'effort structurel a trois avantages par rapport à celle de solde structurel. D'abord, si l'élasticité des prélèvements obligatoires est supérieure à 1,0, ce qui est plutôt le cas lorsque la croissance du PIB est forte, le solde conjoncturel est sous-estimé et le solde structurel surestimé (et inversement si l'élasticité est inférieure à 1,0). L'effort structurel est, quant à lui, indépendant de la valeur de cette élasticité.

Ensuite, l'estimation de l'effort structurel implique de retenir une hypothèse de croissance potentielle, pour mesurer sa composante relative aux dépenses, alors que l'estimation du solde structurel implique de retenir une hypothèse de niveau du PIB potentiel. Or l'incertitude sur le niveau du PIB potentiel est souvent plus grande que celle sur sa croissance.

Enfin, si la variation du solde structurel d'une année à l'autre résulte surtout des décisions de politique économique relatives aux prélèvements obligatoires et aux dépenses publiques, il est en pratique difficile de décomposer cet ajustement structurel entre une composante relative aux recettes et une autre relative aux dépenses puis de relier chacune de ces deux composantes aux mesures de politique économique. L'effort structurel est quant à lui estimé en faisant la somme d'un effort en recettes et d'un effort en dépenses et l'effort en recettes est lui-même calculé en faisant la somme des mesures nouvelles. La contribution des divers postes de la dépense publique à l'effort en dépenses est également envisageable.

La Commission européenne parle ainsi d'approche « *top-down* » pour l'ajustement structurel et « *bottom-up* » pour l'effort structurel.

Chiffres essentiels

La sélectivité décroît dans les trois fonctions publiques : **-11 % :** le nombre de candidats aux concours externes de la fonction publique d'État (FPE) en 2020.

640 000 en 1997 → **270 000** en 2017 : diminution du nombre de candidates et de candidats aux concours externes d'accès à la fonction publique d'État.

+21 % : augmentation des jours d'absence pour des raisons de santé entre 2014 et 2019.

95,6 % : la part des troubles musculosquelettiques dans les maladies professionnelles des agents de la fonction publique territoriale en 2021.

13,8 % : part projetée des fonctionnaires dans l'ensemble de l'économie en 2030, contre 16,3 % en 2006 et 14,6 % en 2021.

160 milliards d'euros d'externalisation publique totale en 2021.

x 2 : le recours par l'État aux cabinets de conseil en stratégie et informatique entre 2018 et 2021.

25 % : la part des subventions publiques attribuée aux entreprises les plus polluantes.

Seconde place du reste à charge le plus faible des pays de l'OCDE.

+18 % : c'est la hausse ces 30 dernières années de la contribution des ménages au financement des administrations de sécurité sociale (ASSO).

-30 milliards d'euros de baisse des dépenses prévue en 2023 dans le projet de loi de programmation des finances publiques.

0,2 % : le taux moyen d'impôt sur le revenu des 37 familles les plus riches. 60 % des interrogés sont contre une baisse des impôts et des cotisations si cela se répercute par un recul de la protection sociale.

Table des matières

ÉDUCATION

TRANSPORTS

SÉCURITÉ / JUSTICE

FONCTIONNEMENT ET FINANCEMENT DES SERVICES PUBLICS

Conception graphique :
rue.des.malassis@free.fr

Composition et mise en pages :
Le vent se lève...

PEFC
10-31-3532

Certifié PEFC

Ce produit est issu de forêts gérées durablement et de sources contrôlées

www.pefc-france.org

Imprimé en France sur papiers
issus de forêts gérées durablement

Sepec Numérique

1, rue de Prony - ZA des Bruyères
01960 Peronnas

IMPRIM'VERT®

Achevé d'imprimer en janvier 2024
Numéro d'impression : N17932231221

Imprimé en France.